羽川藤永の『朝鮮人来朝図』。江戸城を退場して、浅草の東本願寺に向かう通信使の一行。ひさしの上には「平和」のシンボルである眠り猫が一匹（個人蔵）

酒が入ると『琵琶湖周航の歌』を口ずさむのが好きだった辛基秀（1989年、瀬田唐橋を背景に）

岡山県牛窓町の唐子踊り。通信使の「小童対舞」を真似たと伝えられる

広島県下蒲刈町で復元した朝鮮通信使饗応料理の一部「三汁十五菜」。瀬戸内海の珍味をふんだんに盛り込んだ（広島県呉市下蒲刈町「御馳走一番館」蔵）

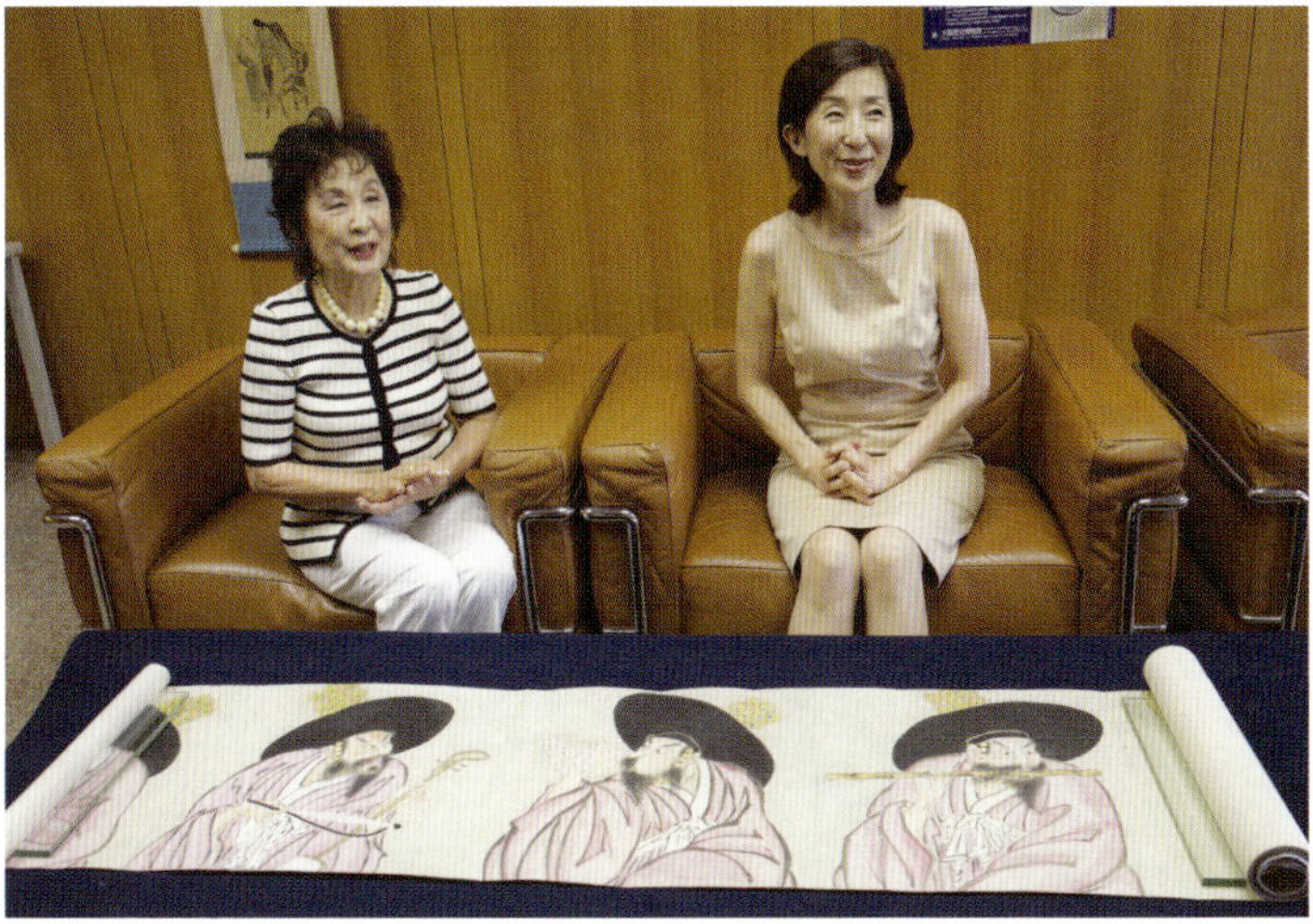

寄贈した朝鮮通信使絵巻の前で辛基秀の思い出を語る辛の妻姜鶴子（左）と長女の辛美沙＝大阪市中央区の大阪歴史博物館、2015年10月　撮影・堀誠

韓国・大邱市郊外の友鹿洞を訪ねた辛理華＝2015年10月　撮影・堀誠

辛基秀《シンギス》朝鮮通信使に掛ける夢

世界記憶遺産への旅

上野敏彦

明石書店

序にかえて

前夜来の激しい雨も収まり、台風一過のように晴れ上がった二〇〇二（平成十四）年の十月七日昼――。

大阪市都島区の西都島福祉会館で営まれた朝鮮通信使研究家、辛基秀《シンギス》の葬儀には、辛を慕う多くの学者・研究者や市民運動家、酒飲み仲間たちが集まっていた。

近くを流れる淀川にはかつて、朝鮮通信使の一行を乗せた豪華船が江戸へ向かうため京都の淀まで航行し、百五十隻もの船団を見送るため三十万人もの浪速っ子たちが楽隊の演奏に合わせて陽気に騒いだ時代もあったという。

豊臣秀吉の「文禄・慶長の役」（壬辰《イムジン》・丁酉倭乱《チョンユウェラン》）による朝鮮侵略を反省する形で徳川家康が誠実に戦後処理を進めた結果、江戸時代の二百四年間に朝鮮から十二回来日した友好の使節が朝鮮通信使である。

政治家、軍人ばかりでなく、学者や医師、画家、書道家、音楽家、料理人など総勢約五百人から成る一行は、日本に再侵略の意思はないか情報収集に努めるとともに、九州から江戸へ向かう各地で庶民と交流して日本文化に大きな花を咲かせた。その様子は葛飾北斎の『東海道五十三次』をはじめ多くの絵画に描かれている。

辛基秀はその埋もれた史実に長年光を当てて映画『江戸時代の朝鮮通信使』などを製作し、江戸時代は「鎖国」で諸外国との交流はなかったと記述してきた学校の教科書を書き換えさせる実績を残してきた。

そんな辛は食道がんの手術を受け大阪市立医療センターで闘病生活を続けてきたが、前々日の五日朝、七十一年の生涯を閉じた。手術からちょうど一年の月日がたっていた。

辛基秀が全国各地の寺社や旧家を訪ねては収集してきた朝鮮通信使と江戸の庶民の交流ぶりを描く絵画や絵巻物、屏風などのコレクション百四十点は、大阪城前に新しくできた大阪歴史博物館の柿《こけら》落としの展覧会に展示されたが、辛本人がこのコーナーを直接目にすることはできなかった。

また、入院中のこの年六月から七月にかけてサッカーのワールドカップ（W杯）の日韓共催が実現し、辛は「両国の若者がベールを取り払って交流を始めた。まるで現代の朝鮮通信使が再来したようだ」と病床でテレビを見ながら友好気運の高まりを喜んだ。

ソウルを出発し、二ヵ月以上かけて栃木県日光市を目指す朝鮮通信使の日韓縦断リレーへの参加も念願だったが、日本側の玄関口である長崎県・対馬の厳原町《いづはら》でパレードが行われている、まさにその日に帰らぬ人となった。

長女美沙と、次女理華に聞き書きしてもらう形で「朝鮮通信使——『誠信の道』を訪ねて」という長期連載を続け、その最終回を掲載した『歴史街道』（PHP研究所）十一月号が、奇しくもこの告別式の日に発売された。

友人代表のあいさつに立った花園大学客員教授の姜在彦《カンジェオン》は「一部の学者の関心でしかなかった朝鮮通信使を国民的関心のレベルにまで引き上げたのはひとえに彼の業績による。奥さんの徹底的なサポートと理解がなくてはなしえなかったと思う。二人のお嬢さんと以心伝心の共同作業をされて最後の仕事を見事にしめくくられた」とたたえた。

葬儀では悲しみに耐える妻、姜鶴子《カンハッチャ》の脇で美沙が「通夜はやり残したことが多い父の思いの丈をぶつけるような土砂降りの天気でしたが、一夜明けすっきりした気持ちで旅立ったと思います」とあいさつすると、列席者の一人一人が青空を見上げ、「そろそろ一杯やりませんか」と誰に対しても気さくに声をかける酒仙の人柄をしのんでいた。

最後に、理華の長男で高校一年の源が、辛がお気に入りの『琵琶湖周航の歌』を歌うと皆が唱和し、葬儀場一帯がこのメロディーと歌声に包まれる中、辛の棺《ひつぎ》は親族らの手によって送り出され、皆に永遠の別れを告げていったのである。

私自身も、辛基秀の急逝に驚き、東京から大阪へ駆けつけ、棺を担がせてもらった一人である。最初の出会いは一九八〇年の春、共同通信大阪社会部で堺支局を担当していた、新聞記者になって二年目のことだった。

朝鮮半島に生まれ、生後まもなく京都へ移った在日コリアン二世の辛は、飲食店を経営しながら朝鮮通信使の史料をコツコツと収集する研究者というイメージだった。誰に対しても気さくでいばらず、いつも夢を失わない性格に魅かれ、長いお付き合いをお願いしてきた。ダンディーに生きる昭和一ケタ世代として敬愛できる気持ちもあったのである。

当時は朝鮮人強制連行や指紋押捺拒否、就職差別、在日三世の法的地位問題など、日韓、日朝がらみでは重いテーマの取材が多かったが、博学で見識のある辛にアドバイスを求めることが少なくなかった。

このころは在日コリアンが活動する場合、韓国支持の「在日本大韓民国居留民団（「在日本大韓民国民団」に改称）」（民団）と北朝鮮支持の「在日本朝鮮人総連合会」（朝鮮総連）のどちらに賛意を示すかという政治的なイデオロギーが始終付きまとったが、辛にはこういう発想を大きく超える世界があった。

若いころ、朝鮮総連の活動家として映画づくりの仕事もしていた彼はイデオロギーの限界というものを肌身にしみて知っていたからだ。

「民団、総連の双方から独立した自由な寄り合いの場を、そして日本人との間に刻まれた溝を埋め、人間的な連帯を築いていきたい」と、一九八四年五月に天王寺に近いＪＲ大阪環状線のガード下に私費を投じて「青丘文化ホール」を開設した。

歴史や文学、映画、料理、音楽などを通じて日本と朝鮮半島の間の友好の橋渡し役を担おうとして作ったこの施設には、まだカルチャーセンターがなかった時代、多くの市民が足を運び、朝鮮の映画を鑑賞したり、ハングルを学んだりした。

日本語を学ぶ機会のなかった在日のオモニ（母親）たちを対象にした識字学級の場に使われたこともある。頭上をゴトン、ゴトン……という電車が通過するときの心地よい響き。そうした人の輪の中にはいつも一杯機嫌で陽気な辛の笑顔があった。

彼は朝鮮通信使の史料発掘のため全国を旅する一方で、北海道のダム建設現場や筑豊の炭鉱町などで戦前の日本の植民地支配に抵抗した朝鮮人労働者のインタビュー取材を続け、一九八六年に『解放の日まで――在日朝鮮人の足跡』という三時間二十分のドキュメンタリー映画を六年がかりで完成させた。

「朝鮮人というと、虐げられた民という、みじめな描き方をされる場合が少なくないが、戦前の日本のファシズムと闘い、日本人の平和運動と共闘した歴史もある。社会の曲がり角にドキュメンタリーの果たした役割は活字より大きい。映像の力を借りてゆがんだ日本と朝鮮の関係を照らし出し、日本人の誤った歴史観をただしていきたい」

辛の言葉に、京都大学名誉教授の上田正昭は「こうした日朝間の陰を認識する作業はとても貴重である。しかし、それだけでは不幸はなくならない。朝鮮通信使の往来という光も同時に見出そうとする辛さんの複眼的思考には常に学ばされた」と講演などで繰り返し強調してきた。

辛基秀の思想と行動の源泉にあるのは、江戸時代の思想家、雨森芳洲《あめのもりほうしゅう》の善隣友好の精神だ。一七〇〇年代初めに朝鮮通信使の一行に対馬から二回同行した芳洲は「朝鮮との外交に当たっては、互いに欺かず争わず真心をもってすべし」と説き続けた平和外交の先駆者である。

今の日本で消費される漬物の第一位はキムチで、焼肉に限らず、찌개《チゲ》（鍋物）、지짐이《チヂミ》（韓国風お好み焼き）などが食生活に自然に入ってきている。

テレビドラマ『冬のソナタ』に始まり、映画『シュリ』のヒット、音楽K－ｐｏｐの流行などで出現した「韓流ブーム」をみても、政治の壁を若者や熟年女性たちの胃袋や五感の感性がのみ込んだようで、世代的にひきずってきた辛の言うところのよどんだ価値観も吹っ飛んだ感じだ。

　隣国の友人たちはどんな生活をしているのかな、という素朴な興味と畏敬の念。そうした次世代へとつなぐ日韓友好の流れを決定的に加速させたのがサッカーのW杯だったと思う。

　近代以降の日本と朝鮮半島の関係は、一九一〇年の韓国併合に始まる日本の植民地支配の三十五年間の歴史が余りにも重く、日韓双方の学者・研究者、ジャーナリズムは「過去の負の遺産」にばかり目が向きがちだった。

　辛基秀はその検証作業をすると同時に、未来志向的な関係を構築するために朝鮮通信使の記録をあらゆる形で残すことにより、不幸な過去を克服しようとしてきたのである。

　雨森芳洲の善隣友好の精神と生き方を現代に受け継ごうとした男、辛基秀の七十一年の生涯をたどる旅を始めていきたい。（敬称略、以下本文、写真説明も）

辛基秀《シンギス》　朝鮮通信使に掛ける夢

――世界記憶遺産への旅

◇目次

第1章　映像にかける志

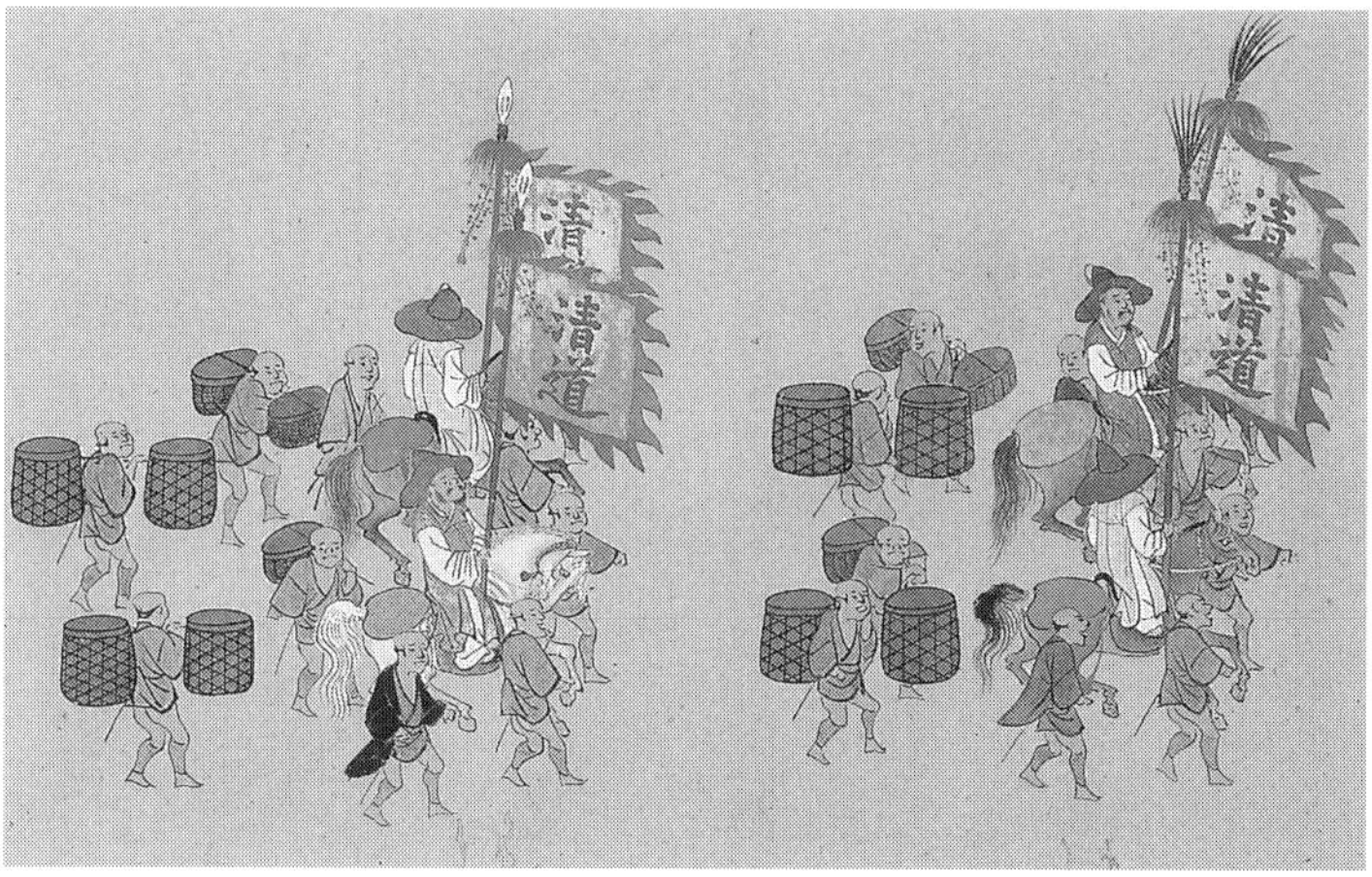

正徳度の通信使行列絵巻のうち「清道」旗の出てくる部分を引用（大阪歴史博物館保管）

1、民衆の温かい眼差し

一九七〇年代の初め、大阪・ミナミの心斎橋にある大丸百貨店。現代美術家の岡本太郎のデザインによる「太陽の塔」が人々の記憶に残る日本万国博覧会が終わりながらも、まだ高度経済成長の余韻に浸っていたころの話である。

バーゲン品を探す客の喧騒をよそに、古書即売会のガラスケースをのぞいていた辛基秀《シンギス》は、一本の絵巻物の前で釘付けになった。

木版刷りの長さ十メートルほどの絵巻物には、神戸大学の大学院生時代から関心を持っていた朝鮮通信使の行列が描かれているのだった。

先頭の人物が「清道」と書かれた大きな旗を誇らしげに持ち、次いでラッパを吹いたり太鼓などを鳴らす楽隊、昇り竜を描いた「形名旗」を高々と数人がかりで持ち上げる面々。それに、みこしに乗ったいかめしい表情の正使や副使……と続き、その周りをはやしながら取り囲む江戸の人々。

通信使一行にはそれぞれの役職名が朱の芋版で押されていた。

「買うべきか否か、さんざん悩みました。その挙げ句、第九回朝鮮通信使の製述官、申維翰《シンユハン》が残した『海游録』（東洋文庫より訳書）という日本紀行を翻訳された姜在彦《カンジェオン》先生からアドバイスを受け、手に入れることを決めたのです。当時で七万円しました。通信使の一行を見つめる民衆の、あこがれにも近い、温かい眼差しを見るうち、ああこれでいい映画ができるかもしれない、と思った。私の史料収集が始まったのは、それからのことです」

戦後五十年に当たる一九九五（平成七）年の夏、辛が二十年前を振り返った際の言葉だが、絵巻物を見つけたころは、本名を名乗って通学していた二人の娘への、周囲からのいじめの問題で悩んでいたという。

美術が好きでまっすぐな性格の長女美沙は中学で学級委員に選ばれると、教師が「この選挙はおかしいからやり直せ」などと言い出す。

次女の理華は友だちが男子にいじめられていると助けに飛んでいくほど活発だったが、演劇などをする際、学年主任が周囲だけをほめて理華本人を無視して自信を失わせたりする。

二人とも、生徒よりも教師から嫌がらせを受けるという理不尽さに、「校長に個別に言ってもらちがあかない。戦後の民主教育というが、人々のよどんだ意識が再生されてきている。こうした偏見と差別の感情は一体どこから生まれてくるのか。父親として何とかしなければならない、と思った」と言う。

そう考えた辛の脳裏に浮かんだのは、戦後日本に進駐したＧＨＱ（連合国軍総司令部）が「ナトコ」という映写機を各地の学校や公民館などに置いて米国の映画を見せ、民主化を進めようとしたエピソードである。

かつて在日本朝鮮人総連合会（朝鮮総連）の文学芸術家同盟で映画作りをしていた経験があるだけに、人々の心にアピールするには活字より映像のほうがはるかにインパクトがあることを知っていた。

一九七四（昭和四十九）年に映像文化協会を設立して、独自の作品作りの準備を始めた。

それから三年後の初春――。

京都で『日本の中の朝鮮文化』という雑誌を発行している朝鮮文化社の鄭詔文《チョンジョムン》から「君が探している朝鮮通信使の絵巻が手に入ったのですぐ見に来るように」と電話が入り、駆けつけると、部屋いっぱいに広げられた色彩豊かな絵巻物に目を奪われた。『朝鮮人大行列図巻』という全八巻からなる、全長が百二十メートルにも及ぶ肉筆の見事な作品だった。

鄭は後に京都市北区紫竹上岸町に朝鮮の石彫や彫刻、陶磁器、絵画、仮面などを集めた高麗美術館を開設したが、「日本にあるわが国の文化財を収集し、南北朝鮮の統一が成就すれば祖国に戻そうとの思いがあった」と言う。

肝心の絵巻物は虫に食われた部分も多く、だいぶ傷んでいたが絵の本体は無事で、そこに描かれていたのは、正徳元（一七一一）年に来日した第八回朝鮮通信使の一行が京都を出発して東海道を江戸へと向かっている場面だった。

一日に三十から四十キロのペースで進む行列の先頭は朝鮮外交の担当役である真文役《しんぶん》の雨森芳洲《あめのもりほうしゅう》、当時四十三歳が務め、しんがりは宗対馬守《そうつしまのかみ》が受け持つ総勢四千八百人にも達する絢爛豪華なパレード。幕府の老中、土屋政直《つちやまさなお》の命令により江戸の町絵師四十三人が急遽駆り集められて描いた一大ドキュメントである。

通信使は道中どんな行列を作っているか、また江戸に入って来る時や江戸城に登城する際の様子などを仔細に描けという指示で、対馬藩の江戸藩邸の一室をアトリエにして作業が行われた。

それも、狩野派のプロに依頼すれば金も時間もかかるという訳で、声をかけやすい町絵師に朝夕の一汁三菜の食事はもちろん、昼は煮魚と酒をふるまうという条件を付け、破格の待遇で働いてもらった。

「町絵師が自由に筆を振るっただけに、人物の表情も生き生きとしていて、とても面白い作品に仕上がっていた。行列の先頭から三分の一くらいまでは緊張した人々が続いたかと思えば、その後は前後左右の人と笑ったり、わらじのひもを締め直す人がいたりと一行の雰囲気がよく出ていました。

この大河絵巻を仔細に見るうち、絵巻物とは単なる絵画ではない、江戸期の記録映画そのものだと思うようになりましてね。この作品が描かれた経緯については慶應義塾大学の田代和生先生が宗家文書の中で見つけた『宗家記録』という史料の記述から明らかになりました。鄭さんは当時三十万円で購入されたのですが、朝鮮通信使の存在が広く知られるようになった今では一億円の値打ちがついたでしょう」

辛がこう説明する絵巻物が入っていた木箱には、尾張徳川家の姫君が京都の近衛家へ嫁ぐ時に持参した宝物で、明治四十四（一九一一）年の秋に二条城の倉庫にあったものを民間に払い下げたと墨で書かれていた。

同じ絵巻物は後に四セットあったことが分かり、後に辛本人も手に入れることになるが、多くの人に見てもらうため、大阪市立博物館（二〇〇二年閉館）に寄贈し、現在は大阪歴史博物館に所蔵されている。韓国の国史編纂委員会と福岡市立博物館にもそれぞれ一セットが収蔵されている。

東京で再現された朝鮮通信使の行列（1996年10月）

「こんな見事な絵巻物が残されていたとは、本当に驚きました。明治四十四年は韓国併合（一九一〇年）の翌年。江戸時代の善隣友好の証となる絵巻は植民地支配をしていく上で邪魔とばかりに払い下げられたのでしょうか。美術商も何が書かれているのか理解できず、買い手もつかないまま、鄭さんのところへ来るまであちこち転々とし、七十年もの歳月がたったのです。

平和な江戸時代が終わり、不穏な征韓論が起きてほぼ百年のちに在日朝鮮人の手に渡ったことにも因縁めいたものを感じました。この壮大な絵巻物を何度も見るうちに、この絵巻を縦糸に、これまで各地で見つかった絵画や祭礼の際の踊りなどを横糸に記録映画を作ればいいものができる、と自信を持った。そこで鄭さんに映画製作の構想を説明し、絵巻を修復してくださるようお願いしたのです」

鄭詔文は京都でも知る人ぞ知る七条の表具師墨申堂に絵巻物を持ち込み、約三百万円払って傷んだ部分を当時使われた和紙に近いものを使って補修する作業を半年ほどかけて行い、完成した巻物は東映の太秦《うずまさ》撮影所へ持ち込み、撮影を行うことにした。

やがて『江戸時代の朝鮮通信使』というタイトルで後に完成するこの映画の企画立案は辛基秀が担当し、シナリオはこの作品を監督した滝沢林三と辛が討議を積み重ねて共同で執筆した。滝沢は血のメーデー事件（一九五二年）で騒擾罪に問われながら約十八年間の長期裁判を闘い無罪判決を勝ち取り、映画『メーデー裁判』を製作したディレクターでもある。

辛がこの映画を企画した当初から製作担当として参加した撮影の高岩仁は、現在は監督として「教えられなかった戦争」シリーズ等の製作に鋭意取り組んでいる。撮影助手の清水良雄は現場録音も担当した。また長距離、長期にわたるロケ期間中、高岩と交替で車を運転した。

映画作りを進めながら精力的に努力したことの一つは、明治維新以後の歴史の歩みの中で埋もれた朝鮮通信使が残した書画陶器等の史料をできるだけ多く見つけ出すこと、もう一つは朝鮮通信使の足跡が朝貢使の足跡として意識的にゆがめられてきた史実を正すことであった。そのためには綿密な歴史考証が欠かせないわけで、戦前の松田甲著『日鮮史話』などを熟読する一方で、奈良の天理大学へ通い朝鮮通信使の時代を含む中・近世日朝関係の先駆的研究者、中村栄孝（一九〇二－八四）に直接指導を仰いだ。

中村は戦前、東京大学文学部を卒業後、朝鮮総督府で『朝鮮史』の編集に携わっており、現地で史料発掘をこつこつと続け、「日本のすがたをアジア史の中で考えてみたい」という実証的研究が評価され、戦後は名古屋大学へ教授で迎えられた。定年後は天理大学へ移り、教鞭をとっていた。

「中村先生は朝鮮通信使の研究をはじめ、秀吉の朝鮮侵略に抵抗して朝鮮側に投降した沙也可という武将の存在にも光を当てました。戦時中のファシズムが荒れ狂う中で、総督府の方針に反対してまでこうした分野の研究をすることがどんなに大変だったかは、先生にお弟子さんがいないという事実からもよく分かりました」

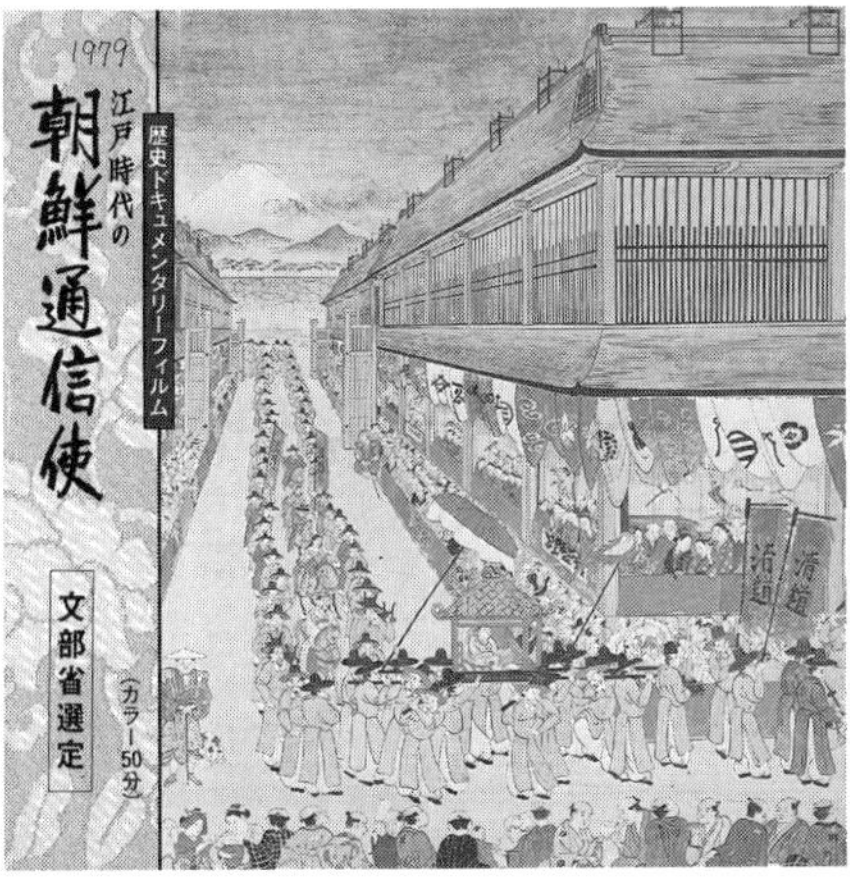

映画『江戸時代の朝鮮通信使』の封切り当時のパンフレット

ところで、日本と朝鮮の外交という意味では、戦乱に明け暮れた室町時代にも朝鮮から通信使は来日し、日本からも使節が派遣されていた。民間サイドの交易も活発だった。

江戸時代の通信使が室町時代のそれと違うのは、文禄・慶長の役の戦後処理の結果始まった善隣友好の使節というほかに、日本、朝鮮の双方に通信使の往来が必要なそれぞれの政治的、外交的事情があったのである。

日本側の目的としては、徳川幕府はまず、海外から通信使の一行を招くことによって諸大名と町民に将軍家の威光を誇示する必要があった。同時に幕府に呼び付ける大名などの行列を通信使にも見せ、朝鮮側を示威する狙いも。

次いで、アジアでの孤立化を防ぐために、通信使を通して朝鮮と、その背後にある大国・中国の情報を集める必要があった。儒学や医学、美術など朝鮮のすぐれた文化が入ってきたことは言うまでもないが、通信使も日本から水車の技術やサツマイモの栽培法などを身に付けて帰っていった。

第三に、幕府が各大名に参勤交代を義務付けたのと同様に、通信使を接待するための財政負担も大きくして幕府の政治的安定を図ろうとした。もっとも幕府自体の出費も大きく、一回の通信使応接にかける費用は幕府の一年分の収入を超える額だった、と伝えられる。

これに対し、朝鮮側が通信使を派遣したのは、隣国・日本の政治、経済、軍事などあらゆる情報を集めるためだった。一行の中の画員は民衆の絵を描く一方で、港湾などの観察スケッチも怠らず、日本が朝鮮を再び軍事的に侵略する意思はないかなどをチェックした。

江戸で大火があったり、浅間山が噴火したりすると、その情報も通信使を通して朝鮮国の都・漢陽《ハニャン》

（現在のソウル）へ伝わっていった、という。

朝鮮側から日本側と国交を結ばなければならなかったもう一つの大きな理由は、背後にいた女真族《じょしん》（後金、のちの清）との関係があったからだ。壬辰倭乱《イムジンウェラン》後、女真族による北からの侵入に悩まされていた朝鮮は、さらに南の日本に再侵略されればどうにも立ちいかなくなる状況下で、日本からの修好の申し出を受けざるを得なかったのである。

冷静に見極めればこうした国内外の政治的事情があって朝鮮通信使は江戸時代に十二回来日した訳だが、十八世紀後半から日本で、自国の文化が優れているとする国学が盛んになるにつれ、日本側の朝鮮に対する意識も冷めてゆく。

その結果、通信使は文化八（一八一一）年の第十二回通信使が対馬止まりの易地聘礼《えきちへいれい》となり、江戸から出向いた幕府の担当者は国書の交換をすませると、文化交流も行わず、引き上げていったと伝えられている。

2、歴史教育のゆがみただす

映画はこうした史実を背景にシナリオを完成させる一方で、対馬から東京までのロケハンは一九七八（昭和五十三）年の夏に二ヵ月間行い、本番の撮影は十月から翌年一月までの四ヵ月かけて実施した。ロケハンで辛基秀は、記録映画『秀吉の侵略』を作った池尚浩《チサンホ》の運転する車で各地を走り回ったが、瀬戸内から対馬へ向かう旅に一週間同行したカメラマンの曺智鉉《チョジヒョン》は当時を思い出して語る。曺は

『部落』（筑摩書房）や『猪飼野《いかいの》』（新幹社）などのいぶし銀のごとく光るモノクロ写真集を出している。

「福山の対潮楼などの朝鮮通信使が滞在したポイントとなるところや通信使が関係する遺跡などを一枚ずつスチールの写真に撮るのが仕事だったが、大変だったのはお寺さんなどに撮影を了解してもらう点だった。当時は朝鮮というとマイナスイメージが強かったからだが、映画を作ることの意味を熱心に説明するうち、かつて朝鮮と交流があった対馬の町役場の理解も得られ、全面的に協力してもらえるようになっていった」

対馬、瀬戸内海、淀川、京都を経て琵琶湖沿いの朝鮮人街道、美濃路、東海道を江戸に至るかつてのゆかりの沿道には、朝鮮通信使にまつわる祭礼や遺物など貴重な記録がたくさん残されている。

朝鮮通信使を現代の映画に甦らせるための素材には事欠かなかったが、辛にとって一番苦労したのは、京都・東山の泉涌寺《せんにゅうじ》所蔵の『朝鮮國使歓待図屏風』という狩野益信が天和二（一六八二）年に描いた八曲一双の屏風を撮影することだった。

皇室ゆかりの寺になぜ朝鮮通信使の屏風があるのか不思議だったというが、この絵は一行の長旅の終着点・江戸に着いて万歳している人たちのくつろいだ様子や、江戸城で正使が将軍に就任祝いの国書を渡す場面が金箔をふんだんに使って描かれていた。

寺側は記念碑的作品にライトを当てられることに難色を示したが、辛が七回も通って趣旨を説明した末、ようやくゴーサインが出た。

のちにこの屏風は徳川家綱が大叔母に当たる東福門院に贈ったものが、東福門院の死後、泉涌寺へ渡ったものであることが分かった。

この屏風は映画のラストシーンに使ったが、地元ではかつて中国から将軍に貢物を届ける朝貢使を描いたものと説明されていただけに、歴史の真実を伝えるための映画作りでは撮影にどうしても必要な作品だったのだ。

そのあたりの心境について辛は『江戸時代の朝鮮通信使』（毎日新聞社）の「あとがきにかえて」の中で、

各地に残る歴史的資料にライトをあてるためには、所蔵者の合意を得ねばならず、一つ一つを繋いでいく作業は、「明治百年」の思想による傷を癒すような、あたかも現代における「通信使」の役割を背負ったようであり、それは、歴史の持つダイナミズムの回復作業には当然の仕事かも知れない

と感想を記している。

撮影の本番では、カメラマン高岩仁の運転するライトバンに照明器具からカメラ、録音装置まで六百キロもの器材を積み込んだ。この車で対馬から東京を往復したが、あまりの重量に高速道路の走行では「待った」がかかり、辛基秀だけが新幹線で移動したこともあったという。

『江戸時代の朝鮮通信使』撮影のクライマックスは何といっても京都・太秦での仕事だった。

高岩は以前、東映太秦撮影所でチーフカメラマンをしていて、激しい労働争議を闘った末、フリーになった経緯があったので、かつての仲間たちが映画の趣旨に賛同して全面協力を申し出てくれた。

スタジオを普通に使えば百万円は支払わなければならないのを、年末の空いている時期を選んで使

い、日本酒の一升瓶を三本差し入れるという破格の条件で、十数人が応援に駆けつけてくれた。

忠臣蔵の撮影が終わった後の松の廊下のセットをそのまま使うことにし、その壁に修復を終えたばかりで裏打ちの糊も乾いていないような百二十メートルもある長大な絵巻物を貼り付ける。

そのわきにレールを走らせ、移動用のカメラで十六ミリフイルムに撮影していく。照明も大型ライトを十数台使ったが、絵巻物に直接光を当てると作品が傷むので反射光を使うというほどの気の配りようだった。

「移動車からの撮影は、一定のスピードで走っていき、ピタッと停めなければならないが、『日本一の技術者』を自負する男が『おれに任せろ』と引き受けてくれた。日本人のねじ曲げられた朝鮮観を修正できると思ったし、在日の人たちにも自信を持ってもらえる。多くの人の善意でこの映画は出来上がっていった」

当初、古美術を使った歴史教育映画を撮るのでは、と軽い気持ちで引き受けた高岩はこう感想を語っていたが、監督の滝沢林三も、長大な朝鮮通信使の絵巻物を初めて見た時は「夢まぼろしを見ているのでは、と我が目を疑ったほどだった」と言って当時の様子を次のように回想する。

「この絵巻物が映画になれば歴史教育のゆがみをただせる。そして日本と朝鮮の間にも善隣友好の時代があったと新しい視野も開ける。しかし、長い期間に及ぶ大規模な史実を短時間の映像にまとめることは簡単ではなく、どうやったら観客に感動を与えることができるかずいぶん悩んだ。

史跡などを年代順に並べると、対馬から江戸までの道順がメチャクチャになるし、反対に道順で並べると年代の前後が分からなくなる。そこで江戸時代全体を一つの時間的単位としてとらえ、年代を無視して素材を対馬から江戸までの道順に並べ、ただ一回の旅の記録という形でまとめることにした」

滝沢は大阪府堺市にあった辛の自宅に一ヵ月こもり映画の構想を練ったが、辛とは相当激しいやり取りもしたそうだ。

「国立のある博物館に朝鮮通信使の作品があってこれを映像に撮りたかったが、日本人である僕が交渉に行っても相手にされない。朝鮮人の辛さんが一緒だと向こうは怖がってＯＫが出る。辛さんはとても有能な人だと思うけれど、在日の社会の中では朝鮮人のほうが日本人より上だと迎合しすぎると感じていた。

そこで僕がこの作品を作るに当たって辛さんに強調したのは、僕は日本人なのだから、朝鮮人が上で、日本人が下だという映画は作らないよ。あくまでも対等関係にある作品を作るけれどいいね、と認識してもらった」

こうした苦労の末、一九七九（昭和五四）年春に製作費千二百万円をかけて出来上がった歴史ドキュメンタリーフィルム『江戸時代の朝鮮通信使』は上映時間五十分の小さなカラー映画だが、あらすじは次のようなものである。

本番では俳優の西村晃が渋い声でナレーションを入れたが、当時作られた宣伝用のチラシからそのストーリーを（原文のまま）引用していく。

対馬の旧藩主宗家の菩提寺万松院の一隅に、木造の古びた宗家文庫が建っている。この文庫には膨大な量の朝鮮関係の古文書も残っている。対馬は至る所、山また山の島で平地が少ないため、古い時代から南（日本）と北（朝鮮半島）の中継貿易をすることによって島民の生計を立てて来たのだった。

秀吉による朝鮮侵略は、両国の関係に深い亀裂を生じさせた。秀吉の死後、幕藩体制の整備を急いだ徳川家康は、朝鮮との友好関係を重視し、ただちに復交を申し出た。

朝鮮は、江戸幕府からの要請に応えて、日本へ通信使を派遣すると同時に、足利時代に日本との外交・貿易の窓口として創設した倭館を釜山の近くに再建した。

一六〇七年（慶長十二年）、朝鮮通信使四六七名は盛大な見送りをうけ、日本からの案内人について対馬へ渡った。

一八一一年に対馬を訪れた朝鮮通信使一行の船団や行列などを、佐賀藩の学者草葉珮川がたくみにスケッチして、「津島日記」に残している。瀬戸内海を八百隻から一千隻に近い船団を組んで進む一大ページェントのありさまは、岡山県玉野市日比の旧家に伝わる絵巻の中に描かれている。

一行は船で対馬から大阪まで行き、大阪からは吃水の浅い川船に乗りかえて、淀川を淀までのぼる。映画は松平淡路守の持船・上判事船の未公開の絵画を紹介する。

京都を出た一行は、琵琶湖の景観を味わいながら朝鮮人街道をいく。画面には一七一一年（正徳元年）の一行を描いた全長百三十メートルの絵巻物（描かれた人物約四六〇〇人）が登場する。この時の一行に同道した対馬藩の真文役（朝鮮外交の担当役）雨森芳洲の多数の著作を保管した芳洲文庫が湖北の滋賀県高月町にある。朝鮮語を自由に駆使した雨森は、朝鮮との外交にあたっては、互いに欺《あざむ》かず争わず真心を持ってすべし、と説きつづけた平和外交の先駆者である。

朝鮮通信使一行は、いたるところで文化交流の大きな渦をまきおこした。それは庶民にも及び、たとえば岡山県牛窓の唐子踊、三重県津市の唐人行列などが今に伝わっている。江戸市中に入るときの熱狂的雰囲気は、浮世絵画家羽川藤永が宝暦年間に見事に絵に表わし、江戸入城の光景は狩野益信が六曲二双の絢爛豪華な屏風絵に思う存分筆を振るっている。

このような朝鮮通信使を軸とした両国の交流には、秀吉の朝鮮出兵による深い傷跡を癒しながら、平和友好の絆をつよめていこうとする両国民の共通の願いがこめられていたのである

3、燎原《りょうげん》の炎、広がる上映会

こうして出来上がった映画『江戸時代の朝鮮通信使』が、大阪の中心地である御堂筋の朝日生命ホールで一般公開されたのは一九七九（昭和五十四）年三月二十二日のことだった。

「当日は雨が降っていて、奈良から来てくださった八十歳くらいの方を会場にご案内したのが縁で、長くお付き合いが続いたこともあります。映画にとても感動してくださいましてね。朝鮮通信使の軌跡をたどる仕事はとても楽しく、子育てを終えた私も夢中になってしまいました」

辛基秀と二人三脚で通信使の史料収集を続けてきた妻の姜鶴子《カンハッチャ》は当時をこう振り返る。

朝日生命ホールには一般市民のほか韓国大使館の幹部や朝鮮総連関係者、猪飼野の零細事業主、教師ら六百人以上が詰め掛け、まだ三月だというのに冷房を入れなければならないほどの熱気に包まれた。大阪市立大学講師の姜在彦と、朝鮮美術の専門家である大和文華館の吉田宏志の講演もあった。

朝鮮通信使の研究をしてきた姜在彦は「自分でも通信使関係の翻訳をして朝鮮と日本の友好の歴史

を紹介してきたつもりだが、人々に伝えるという意味では活字には限界がある。この映画ができたことによるインパクトはとても大きく、教科書にまで登場するようになった。それまでは江戸時代の絵巻物や屏風に外国人が描かれていても中国人か南蛮人かの区別しか分からないという程度だったのだから」と話す。

朝日新聞は、三月二十六日付の社説でこの映画を次のように取り上げた。

最近、在日朝鮮人と日本人の映画関係者、音楽家、学者らが協力して製作したドキュメンタリー映画『江戸時代の朝鮮通信使』をみる機会があった。高松塚が古代の日朝交渉史のあかしであるとするなら、これは近世の日朝関係を見直すきっかけとなる映画だと思う。……いま必要なのは不幸な過去以外に、長い平和な友好の歴史があったことを知り、不幸な事件は、時の権力者による例外的な事件であったことを正しく認識することである。そうした時期があったことを持ち出しても不幸な事件の免罪符になるとは思わない。だが歴史の正しい認識が、偏見を正し、双方の理解に大きな役割を果たすだろうことも事実である。『朝鮮通信使』はわずか五十分の作品である。だがこの映画が語りかける事実は重い。われわれの朝鮮観はどうして形成されたか。長い徳川期を通じて友好関係にあった日朝関係がどうしてゆがんでしまったのか。われわれはいま一度、考えてみる必要がありそうだ

この社説が出る前に朝日新聞の担当者がゲラを送ってきて「内容はこれで大丈夫ですか、と念を押してきた」と語るのは、現在は京都府立大学で教授を務める吉田宏志だ。

朝鮮絵画史の研究者は当時、日本には吉田一人しかいなかったためだが、映画『江戸時代の朝鮮通信使』について次のように振り返る。

「映画が完成する前の、まだ音声を入れていない時に、私や監督の滝沢さんたちが集まって、試写会をやっていろいろな意見を交わした。もっと地元・大阪のウエイトを強めようということになって『通信使一行の（秀吉の牙城である）大坂城を見る目は厳しい』というナレーションが入ったのです」

映画『江戸時代の朝鮮通信使』は、一九八〇年度の毎日映画コンクールで二位になったが、スポンサーも組織的なバックアップもない自主製作の作品である。

それだけに、上映活動は会場確保など苦労する点も予想されたが、朝日新聞の社説が各地でコピー

（5）　９版　1979年（昭和54年）3月26日　月曜日

社説

共通基金の大筋合意の意義

　このほどジュネーブで開かれた南北間の交渉会議で、一次産品共通基金の設立がようやく大筋合意に達した。さいきんの南北交渉のいわば目玉商品だっただけに、まず歓迎したい。

　一次産品の価格安定、交易条件の改善は、六四年の第一回国連貿易開発会議（UNCTAD）いらい、つねに途上国側の重要関心事だった。今回の合意は、石油ショック後次第に現実味を帯びてきたこの問題に、一応の回答を与えたものである。

　合意された基金の規模は、市場介入のための国際緩衝在庫むけ融資（第一の窓）に四億㌦、研究開発・生産性向上・市場開拓などむしろ「援助」に類する分野への融資（第二の窓）に三億五千万㌦、計七億五千万㌦である。「第一の窓」の当面の対象品目は、すでに商品協定ができているスズ、ココア、砂糖の三品目にしぼられよう。途上国側の四年前の原案である十八品目、百七億㌦や、三年前のUNCTADナイロビ総会での修正案六十億㌦に比べれば隔世の差である。だが、従来の「個別」商品協定のワクをこえて、市場メカニズムを修正する「共通」基金を制度化する意義は無視できない。国際的な価格操作の原則的な承認につながるからである。この点、欧州共同体（EC）とアフリカ、カリブ海諸国が結んでいるロメ協定の「所得補償」方式とは性質を異にする。

　一般に、市場介入のむずかしさは売り手と買い手の利害が短期的に一致しにくいところにある。それが、このたび共通基金という形で前向きの合意をみたのは、それなりの背景があったからにほかならない。たとえば、石油ショックのあと一時反落した一次産品価格が長期的に上昇する傾向をみせはじめたこと。それにもかかわらず南北格差は拡大し、途上国の累積債務がふえていること。先進諸国間に保護主義が頭をもたげ、価格介入は市場原理に反するという原則論が通りにくくなったこと。基金に二つの窓口がもうけられたことで分かるように、在庫融資の対象産品を持つ途上国と持たぬ途上国の利害対立が南の団結を弱め、現実的な方向に向かわせたこと。さらに五月のUNCTADマニラ総会を控えた政治的な配慮、などが要因としてあげられる。

　しかし、合意は合意として評価するとしても、基金の前途はなお楽観を許さない。アメリカは投票権方式について留保、ソ連・東欧圏は基金きょ出方式に反対しているなど、協定をつくり上げるまでにはなお曲折が予想される。また、たとえ来年以降に発足できたとしても、不安定な石油情勢の成り行きいかんでは、先進国側の意欲がそがれるかもしれない。もし在庫融資の対象品目が広がらず「第二の窓」の方でお茶をにごすことにでもなれば、何のための基金かということになりかねないのである。この制度が、一次産品価格の全般的な下方硬直を招くことを懸念するより、うまく機能しないことを心配した方がよさそうだ。

　いま西側先進国間では自由貿易がゆきづまり、国際的な規制、組織化が進んでゆくかにみえる。南北関係も、先進国の問題とは違った角度から組織化が進んでゆくのかもしれない。そうでなくても、南の国々の購買力をふやすことは、先進国の利益でもある。

　はじめこの構想に反対したわが国は、その後東南アジア諸国連合（ASEAN）との連帯重視の方針に沿って、積極支持に転換した。共通基金の合意が、将来、南北問題の進展の一つの象徴として評価されるよう、仲介の努力を続けるべきである。

映画「朝鮮通信使」をみて

　七年前、高松塚古墳で壁画が発見されたとき、われわれは二重の意味で驚いた。一つはもちろん千二、三百年の風雨に耐えて壁画が残っていた驚きであり、いま一つは壁画の風俗からみて、七世紀末あるいは八世紀初頭のわが国がいかに近隣諸国とくに朝鮮の影響を受けていたかという事実を、改めて思い知らされた驚きであった。

　高松塚以後の、いわゆる古代史ブームの中で古代におけるわが国と朝鮮との交渉については、政治、美術、工芸、建築など各面からかなり活発に論じられるようになった。だがそれ以後のかかわり合いについては、秀吉の出兵、征韓論、日韓併合以外、一般の知識はほとんど空白といってよい。

　最近、在日朝鮮人と日本人の映画関係者、音楽家、学者らが協力して製作したドキュメンタリー映画「江戸時代の朝鮮通信使」をみる機会があった。高松塚が古代の日朝交渉史のあかしであるとするなら、これは近世の日朝関係を見直すきっかけになる映画だと思う。

　朝鮮通信使は、徳川幕府が朝鮮から招いた大文化使節団である。家康は、秀吉の朝鮮侵略で途絶えた国交の回復を願い、慶長十二年（一六〇七）対馬藩を通じて李氏王朝の使節を招いた。以後、通信使は将軍の代替わりなどを機会に文化八年（一八一一）まで計十二回、来日している。

　徳川の幕藩体制は、鎖国を基本方針として日本人が海外へ渡ることをきびしく禁止し、そのかわり対外的には、朝鮮と琉球を外交関係のある「通信の国」とし、中国とオランダを貿易船渡来の「通商の国」として、ほかの国との交渉を認めなかった。通信使の名は、この政策に由来する。

　一行は正使、副使以下三百人から五百人。対馬から瀬戸内海を経て京都、江戸へと道をたどるが、往復には五—八カ月を要した。随員には学者、文人、画家、書家などが多数含まれ、その宿舎には日本各地から書家や画家が訪れて海外の情報を求め、詩の応酬をしたり、揮ごうを求めたりした。また民俗芸能の面でも岡山県牛窓の唐子踊や三重県津市の唐人行列などは、明らかに通信使一行の置きみやげである。

　日朝の友好関係は、実は室町時代、足利義満から始まっている。その長い歴史の中で、一般の日本人には、友好善隣の歴史がほとんど知らされず、ことに明治以来、われわれ日本人の目は常に欧米に向けるようしむけられてきた。その結果、朝鮮を含むアジアは敗戦まで、わが国の力を伸ばす対象としてしか考えてこなかった。

　日朝交渉史といえば直ちに秀吉の出兵、征韓論、日韓併合など不幸な過去だけしか思い起こさないのは、こうした時代の歴史教育の結果であろう。そしてまたいまわれわれの意識から、そうした偏見がまったくぬぐわれたかどうか。

　いま必要なのは、不幸な過去以外に、長い平和な、友好の歴史があったことを知り、不幸な事件は時の権力者による例外的な事件であったことを正しく認識することである。そうした時期があったことを持ち出しても、不幸な事件の免罪符になるとは思わない。だが歴史の正しい認識が、偏見を正し、双方の理解に大きな役割を果たすだろうことも事実である。

　「朝鮮通信使」はわずか五十分の作品である。だがこの映画が語りかける事実は重い。われわれの朝鮮観はどうして形成されたか。長い徳川期を通じて友好関係にあった日朝関係がどうしてゆがんでしまったのか。われわれはいま一度、考えてみる必要がありそうだ。

『朝日新聞』の社説（1979年３月26日付）

され、映画のガイドとして読み継がれ、対馬、下関、牛窓、大阪、京都、彦根、岐阜、清水、東京へと通信使ゆかりの地でリレー式に上映されていき、さらに東北の仙台などでも大きな反響を呼んだ。

この映画は韓国のソウルでも東洋放送が八月六日のテレビで全国放映した。

「まるで燎原《りょうげん》の炎が広がるような勢いでした」と生前語っていた辛基秀は、公開から約二ヵ月後の朝日新聞（五月十七日付）夕刊で記者のインタビューに次のように答えている。

――こうまで反響を呼んだ理由は何でしょうか。
日本人の場合、最大の理由は、こんなにも明るく、けんらん豪華な交流があったことを知らなかったという衝撃でしょうね。それも、知らされていなかったということがわかって、もうひとつ驚きが大きくなる。日朝関係の歴史といえば、秀吉の朝鮮出兵、明治以降の征韓論、日韓併合といった暗い面ばかり教えられてきた。明暗のコントラストがあまりにも大きすぎる
ある雑誌の日本人編集者は「このような歴史的事実について、ほとんど無知であったわたし自身が恥ずかしい。……目のウロコが一枚一枚はがされた」と感想を寄せている。日本人の反応はこの言葉に代表されていますね
――在日朝鮮・韓国人からの反応はどうですか。
ある女性は、朝鮮人と日本人の関係を愛情と憎悪の間を揺れ動く肉親関係にたとえ「映画を見ている間に、日本に対してばくぜんと積もり積もった憎しみが少しずつ消えてゆき、終わったあとは不思議と優しい気持ちでした。日本と朝鮮は親友だったんだ。いやそれ以上のものなんだ。私は日本人を

愛しているのかもしれない、とすがすがしく考えることが出来てうれしかった。もしこの映画を日本人が見たならば、やはり朝鮮に親愛の情を抱くでしょう」という感想を書いていました

全国の会場では、一般市民、教師、労働組合員たちばかりか、日ごろは対立関係にある在日本大韓民国居留民団（民団、現・在日本大韓民国民団）と在日本朝鮮人総連合会（朝鮮総連）の幹部が仲良く並んでこの映画を見るという珍しい光景もあった。

映画のフィルム購入のトップは、神戸学生青年センターに事務局を置く「むくげの会」というNGOで、同センター館長の飛田雄一は「最初の試写会で見た時にとても心を動かされた。当時は、朝鮮人差別を告発する直線的な映像が多かったので、この作品はとてもいいと思ったものです」と振り返る。

当時奈良新聞の報道部デスクで奈良市の労働会館で自主上映会を開いた編集者の川瀬俊治も「歴史家の朴慶植《パクキョンシク》さんが朝鮮人強制連行の分野に光を当て、日朝の大きな問題として注目されたが、暗い朝鮮、略奪された朝鮮という像にばかり目が向きがちだった。それを善隣友好の時代もあったという辛さんの視点は非常に新鮮だった」と語る。

「ともかく一人でも多くの人に見てもらわなければと思い、急遽会場を探して上映会を開いた。辛さんと京都大学の上田正昭先生に講演に来ていただいたが、上映を終わって自宅へ帰る途中、電車の網棚に大事なフィルムを置き忘れてしまい、後で見つかったが、冷や汗を流したことを覚えている」と笑う。

朝鮮半島の釜山《プサン》を間近に望む長崎県・対馬の厳原《いづはら》で『江戸時代の朝鮮通信使』を鑑賞した長崎新聞

対馬支局長の峠憲治は「とてもエネルギッシュな作品なのでびっくりした。対馬に駐在しながら、韓国からの集団密航事件などの取材に追われ、日本と朝鮮の歴史について何も分かっていなかったことを痛感した。日朝のかつての善隣友好関係を知って、後に在韓被爆者問題などに取り組むようになった」と話す。

峠は、この映画がきっかけになって厳原で百七十年ぶりに朝鮮通信使行列が再現された一九八〇（昭和五十五）年の夏、対馬を訪れた辛と地元の西山寺で初めて顔を合わせ、手製のキムチをふるまわれたという。

「その後も何度か話をうかがう機会があったが、いつも感じたのは正しい歴史を伝えたいというあふれるような情熱だった」と辛が亡くなった後に長崎新聞二〇〇二年十月二十一日付コラムに追想記事を書いている。

辛とかつて全学連（全日本学生自治会総連合）時代に学生運動をともにしていて水俣病などを追跡取材していた映画監督の土本典昭は「ものごとが見にくくなり、分かりにくくなった時、歴史的に振り返るということがいかに大切かを鮮やかに悟らせる映画だった。……日陰の事実であったのでもあろうか、これを機に江戸期の諸資料がこれが呼び水になって出てくる気がした」と辛にメッセージを寄せたが、その予想通り、新しい史料発見のニュースが相次いだ。

4、江戸の国際人、雨森芳洲

一方、『江戸時代の朝鮮通信使』が全国各地で自主上映される間にはいろいろなドラマがあったが、一九七九（昭和五十四）年七月に京都市の勤労会館で開かれた上映会は、とりわけ感動的なものだったという。

この会場は千三百人もの人で埋まったが、この中に琵琶湖の北に位置する滋賀県高月町からバス一台をチャーターして三時間かけて駆けつけた雨森芳洲の縁戚に当たる人たちがいたのである。

映画に続き、京都大学教授、上田正昭の講演「雨森芳洲と朝鮮通信使」が終わると、司会者から「皆さまの中に芳洲先生の子孫の方々がいらっしゃいます。ご起立願えませんか」と紹介され、壇上に上がって上田と握手すると、会場はどよめき、大きな拍手の渦に包まれたという。

その一人で、高月町で医院を営む雨森正高は「すべて辛基秀さんのイキな計らいで実現したのです」と振り返る。

雨森は地元で芳洲の研究をコツコツと続けており、いつか郷土の偉人の存在を多くの人に知ってほしいと願っていたのだが、映画の完成を新聞で知り、辛に連絡をとると、芳洲に関する資料や映画会の入場券、パンフレットなどをどっさり送ってきたのだという。

「そこで雨森の一族、村の区長らと皆でバスで京都へ押しかけたのですが、辛さんには会場で昔からの友人であるかのように温かく迎えてもらいました。この映画の迫力には本当に驚かされました。私ら戦時中に育った者は朝貢使の世界しか知らず、朝鮮通信使までは知識がありませんでしたから。それが、江戸時代に日本は『鎖国』の中でも朝鮮とだけは唯一国交があったことを初めて教えられた訳です。

それも芳洲先生が朝鮮外交に関係していたとは知らなかったので、身内としても大きな喜びを感じました。会場で私たちが壇上に上がった時の上田先生のビックリされた表情が昨日のことのように思い出されます」

辛との出会いがきっかけとなって、雨森正高は翌一九八〇年十月二十六日、芳洲二百二十五回忌が対馬の厳原町で開かれた時には、父親を連れて念願の芳洲の墓参りに参加している。この旅には芳洲十代目の孫、東京都在住の雨森秀樹も加わり、機内にすき間風の入り込むプロペラ機で福岡空港から対馬へ向かい、現地で辛や上田正昭らと合流し、対馬にいくつも残る朝鮮通信使のモニュメントを見学した。

雨森芳洲（滋賀県高月町　芳洲会蔵）

雨森正高はその後も辛たちとの交友を通じて、芳洲と朝鮮通信使の世界の研究を深めていく。通信使一行の製述官申維翰が残した『海游録』という日本紀行に芳洲自身と申維翰のやりとりが引用されていることも知った。

その中で芳洲は「自分の生まれ故郷の高月町で、浅井・朝倉の軍勢と戦った木下藤吉郎のために雨森一家は皆殺しにされ、自分たちも豊臣秀吉のことは決してよく思っていない。むしろ忘れることのできない敵だ」というように日本人にも明かしたことのない出自を申維翰に打ち明けるほどの交流が二人の間にはあったのである。

それから二十年余りがすぎた二〇〇二（平成十四）年十月五日、辛基秀は七十一年の生涯を閉じた。

雨森正高はこの年の十二月二十二日、「辛基秀さんを偲ぶ会」が朝鮮通信使一行の宿舎でもあった大阪市中央区の西本願寺津村別院（北御堂）で開かれた際、映画『江戸時代の朝鮮通信使』を二十三年ぶりに鑑賞した時の感想を「少しも色あせていません」と次のように話した。

「最初の公開時に見た時の感動が、芳洲先生のことが広く知られるようになった現在鑑賞しても全く変わらなかった。当時、新聞に『エンドレスの映画』と紹介されたが、四半世紀たってもその通りという感じです。北朝鮮の日本人拉致問題が明らかになり、両国の関係が不穏になっていますが、将来、国交が回復する際に橋渡しのできる最も重要な人物は辛基秀さんだと思います。辛さんは映画『江戸時代の朝鮮通信使』を引っ下げて、北朝鮮の人々に訴え、善隣友好の歴史を甦らせることができる唯一の人物と信じていましたから」

雨森芳洲の埋もれた業績を掘り起こしたという意味で、大きな役割を果たしたのは京都大学で長年日本古代史などを教え、大阪女子大学の学長も務め、日本とアジアの関係はいかにあるべきかについて「民際化」という概念を打ち出して未来志向的な発言を続けている上田正昭である。

辛基秀とも朝鮮通信使に関する本をいくつも書いている上田は、講演などで常々次の持論を展開している。

「『国際化』という言葉があるが好きではない。国家と国家の関係も重要だが限界がある。国家の利益を損なってまで外交をする政治家はいないからだ。国家ができて民族ができたわけではない。それより、互いの民族がそれぞれの主体性を尊重し、理解し合うことが本当の交流と考えて、『民族際化』という考えを大事にしたい」

そんな上田が芳洲の存在を強く意識したのは一九六六（昭和四十一）年の秋、『新井白石』（日本の名著、中央公論社）の口語訳を桑原武夫と担当することになって、その下調べをするため出身地の滋賀県高月町に赴いた時のことで、まだ京都大学の助教授だった。

寛文八（一六六八）年にこの地で生まれ、宝暦五（一七五五）年正月八十八歳の時、対馬でこの世を去った芳洲を、白石は自伝『折たく柴の記』の中で「対馬にありつるなま学匠」と見下していた。同じ江戸の儒学者木下順庵の門下生で、朝鮮通信使への供応について簡素化しようとした白石と意見が対立した人物という程度の認識はあったが、詳しくは知らなかった。

上田が高月町内の幼稚園近くにある土蔵に眠っていた芳洲の『朝鮮風俗考』やハングルの入門書などの遺品に接するうち、日が暮れて夜になり、懐中電灯を使って読み進めたという。

これらの芳洲関係の文献や記録など二百数十点は、地元の小学校長を退職後、芳洲書院の世話係をしてきた吉田達（一九八七年、七十三歳で死去）が大事に保管してきた。

伝記の一冊すらない先哲・芳洲について学ぶためには、芳洲書院へ何回も通うしかなく、辛基秀は吉田の研究成果を耳学問として吸収していったのである。

芳洲は十八歳で江戸に赴いて木下順庵の門下に入ってから頭角を現し、二十六歳で対馬藩へ出仕した。釜山へもたびたび渡り、当時、唯一の海外常設在外公館であった倭館で朝鮮外交の実務を担当し、朝鮮通信使一行の製述官申維翰をして「日東の堯楚《ぎょうそ》（＝抜群の人物）」と言わしめるほどだった。中国語にも精通していた。

そんな芳洲が六十一歳の時に執筆した『交隣提醒《こうりんていせい》』という朝鮮外交の心構え五十二項目を説いた書では、豊臣秀吉らの朝鮮侵略を大義名分のない「無名の師《いくさ》」と断じ、「誠心の交」について「誠心と申候は実意と申す事にて、互に欺かず争わず、真実を以て交り候を申し候」と指摘してあった。

芳洲は自分を絶対化しないで、異なる文化の平等を説き、比較して、自己の文化を相対化させようとする。こうしたすぐれた見識に上田は胸が熱くなったという。

そのころの心境について上田は辛基秀、仲尾宏との共著『朝鮮通信使とその時代』（明石書店）の中で「それ以前に韓国・朝鮮の研究者と討論する機会がしばしばあったが、日本の韓国・朝鮮観のゆがみを批判されるたびに、言うべきことは言いながらも、大きな負い目を痛感していたことはたしかであった。雨森芳洲を知ってからの私は、胸をはって討論にのぞむことができるようになった。私が『芳洲魂』を力説するようになったのは、朝鮮通信使の考察を続けるプロセスにおいてである」と書いている。

芳洲は三十代半ばになってから朝鮮語の学習を始め、三年間でマスターし、『交隣須知《こうりんすち》』という日朝の会話書を完成させ、対馬藩の後輩たちによる朝鮮との外交実務に大いに役立たせてゆく。

「芳洲先生の偉いところは、朝鮮の学者たちが民衆の言葉として馬鹿にしていたハングルを徹底的に学び、彼らの心のひだにまで迫ろうとしたことである。ところが、この会話書は明治に入ると、朝鮮を植民地支配するための道具として使われるようになってゆく。このことが近代の不幸な歴史の始まりだったのです」と辛基秀は講演などのたびにこう指摘してきた。

雨森芳洲については、国際日本文化研究センターで助教授をしていた上垣外憲一が自著『雨森芳洲——元禄享保の国際人』（中公新書）の中で、十八世紀の西欧の啓蒙思想家ヴォルテール（一六九四—一七七八）をしのぐ人物として次のように紹介している。

芳洲は民族、宗教、言語といった国と国を分かつものに絶対的な価値を付与せず、普遍的な人間性という尺度によって、各民族の価値を評定しようとする。国の尊いと卑しいとは、君子と小人の多い少ないによる、と芳洲はいう。

ヨーロッパの思想家がキリスト教至上主義からぬけ出して、各民族、各宗教の平等を説きはじめるのは十八世紀の後半であり、ヴォルテールの『寛容論』（一七六三）がその代表である。ここではじめて、キリスト教徒である以上に人間であることの方が本質的である、という原則が提出される。

時期からいうなら、むしろ芳洲の方が早いといえる。……

雨森芳洲の遺品を手に江戸の国際人について語る辛基秀（1991年、雨森芳洲庵で）

こうして雨森芳洲と朝鮮通信使の世界が知られるようになってきた一九八四（昭和五十九）年の十一月三日、高月町は上田正昭の進言と滋賀県の援助を受けて「湖北の村からアジアが見える」をキャッチフレーズに東アジア交流ハウス・雨森芳洲庵をオープンさせた。人口わずか一万の町に八千万円かけて完成した施設は二百八十平方メートルの総檜《ひのき》作りの平屋建てで、芳洲の史料展示室や茶室、大広間、庭園なども備え付けられている。

この日を記念して、稲刈りの終わったあぜ道に「朝鮮通信使行列」「学問の神様　雨森芳洲」などの赤い旗が立ち並び、地元の数百人が通信使の衣装をまとって湖北始まって以来というパレードに繰り出したのである。

その後、一九九〇年五月に韓国から大統領の盧泰愚《ノテウ》が来日して国会演説をした際、芳洲を「誠意と信義の人」とたたえたことから、国内はもとより韓国からも修学旅行生などが相次いで訪れるようになっていく。

5、教科書へのインパクト

京都は洛西・嵐山の近く、嵯峨の小学校で戦前に教育を受けた辛基秀にとって、当時の「国史」つまり日本史の授業は、とてもうとましいものだったという。

日記帳に「僕も大きくなったら、くんしょさげてお馬にのって国のためにちゅうぎをつくして天皇へい下につくしたい」と書くような、模範的な皇国少年だったにもかかわらずである。

日本の植民地支配による創氏改名で「道川」と名乗らされていた辛少年の前で、教師は神功《じんぐう》皇后の「三韓征伐」を教え、「太閤・秀吉の朝鮮征伐」や「加藤清正の虎退治」を武勇伝のように語り掛ける。「そのたびにクラス全員の刺すような視線を背中に感じ、顔も上げられない。なんとも嫌な思いをしました。在日の子どもが例外なく、学校で歴史嫌いになったのもこうした授業のせいです」

また、音楽の時間には「弘安四年夏の頃」の唱歌とともに、日本は神の国で国難にあたっては必ず神風で守られるという「神風史観」も教えられた。

戦前の朝鮮蔑視教育の押し付けについて辛は淡々と回想するが、交流があった薩摩焼宗家十四代の沈寿官《ちんじゅかん》にとっても青春時代で一番の心の傷は、中学の歴史の時間に「朝鮮征伐」の講義を受けた時だという。

沈は文禄・慶長の役で薩摩藩主・島津義弘が朝鮮から日本へ連行してきた陶工の末えいで、司馬遼太郎が書いた「故郷忘じがたく候」は沈一族の物語である。

沈もかつて辛に歴史の授業について「全身に視線を感じながらも、決して頭を下げず正面を見つめて、ただ嵐が過ぎ去るの待つ気分だった」と語ったことがあり、辛は「誰にも頼らずに自分で対処方法を考えたことが、その後の人生を定めていったと聞いた時、まったく同感だと思いました」と話していた。

現在でも、高齢者の間で「朝鮮征伐」という言葉に違和感を覚えない人がいるのは、第二次世界大戦中に学校の授業の中で繰り返し教えられたためである。

戦後の教科書を見ても、文禄・慶長の役については「明を討とうとして進撃するための道を朝鮮に求めたが、朝鮮が応じなかったので半島に大軍を送った」という侵略の原因は朝鮮側にあるように思わせる記述があるし、江戸時代の日本は「鎖国」をしていてオランダ、中国と長崎・出島で交易していた以外は国交のある国はなかったとされていた。貢物を持って挨拶に来るという意味の朝貢使は教科書に出てきても、朝鮮通信使のことは紹介されていなかった。

岩波書店の『広辞苑』に朝鮮通信使が登場するのは、一九八三（昭和五十八）年発行の第三版からだ。それも「朝鮮国王が江戸幕府に派遣した使節。将軍襲職などの慶賀のため一六〇七（慶長十二）年から一八一一（文化八）年まで十二回来日。朝鮮使節。朝鮮信使」と出てくるだけである。

『教科書に書かれた朝鮮』（講談社）によると、「侵略戦争の残虐さを認識させ、平和と民族独立の尊さを教える」などのキャッチフレーズがあった家永三郎の高校教科書『新日本史』（三省堂、一九七八年の一部改訂版）ですら、徳川初期の「海外貿易」「キリシタンの禁止と鎖国」などについて詳しく触れながらも、朝鮮との関係については「家康は朝鮮および明との国交を回復しようとし、一六〇七年（慶長十二年）には朝鮮使節の来朝をみた」としか書いていない。

滋賀県立大学で朝鮮近現代史を教えている姜徳相《カンドクサン》は、かつて家永の教科書裁判を支援するグループからメンバーに加わってほしいと誘われたが、「平和や憲法の記述はすぐれているが、朝鮮関係は他の多くの教科書となんら変わらない」として断り、逆に朝鮮通信使の訪日など日朝関係の史実についてはきちっと書くよう注文を付けたことがあるという。

中華料理店を営みながら苦学の末、一九八九年に一橋大学社会学部教授になった時、在日韓国・朝鮮人で初の国立大学教授が誕生したと新聞に報じられた姜は、江戸時代の朝鮮と日本の善隣友好関係が明治に入るとなぜ崩れたかを明らかにすることが研究の出発点だった。

「歴史学は未来学である」という主張を常々しており、『朝鮮人学徒出陣――もう一つのわだつみのこえ』（岩波書店）や琴秉洞《クムビョンドン》と編集した『現代史資料6　関東大震災と朝鮮人』（みすず書房）などを世に出す一方で、交通事故で不慮の死を遂げた歴史家朴慶植の残した膨大な史料を滋賀県立大学に譲り受け、朴の個人文庫を開設した。

家永教科書の経緯があっただけに姜が、その後映画『江戸時代の朝鮮通信使』を鑑賞した時には「辛基秀さんの作品は日韓、日朝関係を見直す、一つの窓を開いたと言える。自分が論文を書いても読んでくれる人は限られるが、映像は多くの人の中にストレートに入り込んでくる。これは映像による歴史の復元であり、画期的なことだと思った」と感激したという。

この映画がきっかけで、朝鮮通信使は教育の世界でもクローズアップされるようになり、小学校の社会科から中学、高校の歴史、日本史の教科書にも朝鮮通信使に関する記述が登場するようになってきた。

中学、高校の教科書での扱いや記述量にはばらつきがみられるが、身近な隣人への感情が芽生える小学校の教科書は子どもたちへの影響が大きいので、二〇〇一（平成十三）年に検定が済んだ教科書のうち三点の事例を以下に紹介しよう。

▽大阪書籍『小学社会6年上』。六十一―六十二ページに二ページ分。「はるかさんの研究〈鎖国のもとでの外国との交流〉」として登場。朝鮮との交流について調べて分かったこととして、

① 徳川家康は、対馬藩（長崎県）の宗氏を通して、朝鮮との友好関係を取り戻そうとしました。
② 侵略を受けた朝鮮には、国交回復に反対する意見もありましたが、対馬藩の努力と家康の熱意が伝わって、国交が回復したそうです。
③ 貿易もはじまり、通信使という朝鮮使節が、江戸時代を通じて十二回も日本に来て、交流をはかったそうです。
④ 通信使とは、「信《まこと》を通じる」使節という意味だそうです

とやさしく説明した上で、ソウルから江戸に至る朝鮮通信使の行路図、雨森芳洲の顔や江戸の民衆が通信使に記念の書を求めている絵、唐子《からこ》踊りと朝鮮人街道の写真を添え、生徒たちの理解を促しやすいようにビジュアルな構成にしている。

唐子踊りは岡山県牛窓町に伝わる通信使と人々との交流を現代に再現した行事（口絵参照）。朝鮮人街道は琵琶湖沿いの特別な道で、将軍以外は通ることができなかったが、朝鮮通信使の一行は例外的に通行を許されたことからこう名付けられた。

「通信」について補足すると、徳川幕府は寛永十三（一六三六）年に海外渡航禁止令を出し、「鎖国」体制を取りながらも「通信の国」と「通商の国」に分けて対外関係を続けていた。このうち「通信」の「信」にかなを振ると「よしみ」となり誠信・信義の意味があり、通信使を派遣する朝鮮を「通信の国」と呼び、特に重視していた。これに対し長崎の出島へ貿易でやってくる中国とオランダは「通商の国」という一段低い位置付けだったのに、従来の教科書では、朝鮮との外交関係には触れ

ず、中国、オランダだけを取り上げるといういびつな編集が行われていた。

▽東京書籍『新しい社会　6上』。六十ページの四分の三くらいのスペースを使い、「鎖国の中で交流する」として以下のように記述した。

オランダ、中国との貿易とは別に、朝鮮との交流が再開しました。朝鮮との交流は、豊臣秀吉の朝鮮侵略ののちとだえていましたが、家康が再開に努力しました。貿易は対馬（長崎県）を通じて行われ、将軍が変わるごとに、朝鮮からお祝いと友好を目的に五百人もの使節団が江戸をおとずれました。使節団は、とちゅう、各地で歓迎を受け、その宿舎には、朝鮮や中国の文化を学ぼうと、大勢の人がおしかけました

この文章に、朝鮮通信使の行程図と江戸の日本橋あたりを進む通信使の行列の絵、「地域に見る朝鮮通信使」というコラムを設け、一行を接待するための食器として焼かれた信楽《しがらき》焼の写真などを添えている。

▽教育出版『小学社会　6上』。四十七ページ「鎖国下の日本」というタイトルの下に、三分の一ほどのスペースをとって江戸の町を進む朝鮮通信使の行列の絵を掲げ、以下の「江戸をおとずれた朝鮮通信使」という一文を添えた。

江戸時代には、豊臣秀吉の侵略で中断していた朝鮮との国交が回復され、朝鮮からの使節団が、対馬（長崎県）から瀬戸内海を通って、江戸を目ざしました。朝鮮通信使の一行は、多い時には五百人にものぼり、十二回にわたって日本をおとずれ、各地でかんげいされました。この交流を通して、朝鮮や中国の文化が伝えられるなど、鎖国を始めた日本に大きなえいきょうをあたえました

これに対し、韓国側の小学校教科書での朝鮮通信使についての記述はどうなのか。

韓国では教科書は国定で一種類のみとなる。一九九七（平成九）年に改訂された教科書の翻訳本『わかりやすい韓国の歴史——国定韓国小学校社会科教科書』（明石書店）によると、全体で百四十ページ余りの分量のうち「わが民族の海外進出」という章に朝鮮通信使は三ページ登場する。同じく中学の教科書も国定だがこちらはわずか半ページに満たない扱いである。

韓国の小学校社会科教科書では、通信使は、信頼を通じ合う使節という意味を持つと紹介した上で、次のような朝鮮通信使についての記述を載せている。

朝鮮は日本と貿易をし、彼らがもたらした銅を食糧、生地などと交換した。しかし、日本が壬辰倭乱を起こした後は、日本との交流を断絶した。

壬辰倭乱を起こした豊臣秀吉が死亡すると、日本では新しい支配者があらわれた。彼は日本が朝鮮を侵略したことを深く反省して、さらに昔のような交渉を願い、前のように朝鮮に通信使の派遣を求めて

きた。

朝鮮の朝廷では日本の意向を受け入れて使節団を派遣した。これを朝鮮通信使という。

朝鮮は何回かにわたって日本に通信使を派遣した。最初は倭乱のとき、日本に強制連行されたわが国の人びとを探すためであったが、後には両国の間の信義を深め再び戦争が起こらないようにし、倭寇の侵入を防ぐためであった。

通信使一行は派遣の目的により、三百人から五百人くらいにその数を調整された。

日本は最高権力者がかわると、対馬島の領主を朝鮮に派遣してその事実を知らせ、通信使の派遣を求めた。そのとき、朝鮮朝廷は日本がまた野心をおこして朝鮮を攻撃してくるかもしれないと考え、日本使節団が都に入ることを許さず、釜山《プサン》で迎えた。

日本はわが国の通信使を非常に手あつく迎えた。日本の使節団は倭館で待っていて、都から通信使一行が来ると、彼らを対馬島まで案内した。対馬島から今日の東京までの案内は、対馬島領主に任されていた。

日本の知識人は、わが国の通信使一行が留まる先々に集まって、学問や技術、芸術などわが国の先進文化を受け入れようと努力した。そうして、わが使節と日本の学者の間に活発な文化交流が行われた。特に、朝鮮の儒学は彼らの精神的土台になり、学問を発展させる大きな力になった。

彼らは通信使一行が渡した漢詩、絵、書、書籍、陶磁器などを家宝にするなど、朝鮮通信使一行との接触をこの上ない栄光と思ったとした上で、通信使日記の中の一部をコラムの形で次のように紹介している。

○　申の刻（午後四時）に港に入ると、船を引いていく数多くの倭船が迎えに来ていた。青色の絹でつくった旗に正、副、従の三つの文字を書き入れて各々の標識にした。わが方の使者がみな無事に着くと、倭人たちは先を争ってお祝いした。……各使者を二－三人の倭人に守らせ、すべてが秩序整然としていた。

○　倭人たちは、一日に数えきれないくらい集まってきて、書をもらって帰った。ときどき、草書を書くとき筆体がさわやかに走ると、そばで見ていた倭人たちがみな感嘆の声をあげた。

これらの日朝の交流について説明した後、辛基秀がかつて発掘した朝鮮通信使行列の絵巻物の絵三枚を掲載した上で、子どもたちへの課題として

①　朝鮮通信使は日本へ行ってどんな役割を果たしたか、また日本は通信使をどう待遇したか調べてみよう。

②　通信使の行列図を見て、日本人たちが朝鮮通信使一行をもてなしたようすを話してみよう。

③　朝鮮通信使一行を迎える日本使節団のようすを役割劇にしてみよう。

などと呼びかけている。

韓国の小学校教科書を監訳した東京大学講師の石渡延男は、『わかりやすい韓国の歴史』のあとがきの中で朝鮮通信使について「徳川家康が通交を『求め』、朝鮮がそれを『受け入れ』たことと、その理由を両国の『信義』と不戦、そして『倭寇の予防』にあったとしている。日本の教科書の多くが『将軍の代替わりに通信使がやってきた』とする朝鮮を見下す書き方をしているが、韓国の教科書記述のほうが歴史の実相に近い。いずれにしても江戸時代に正式の国交を結んでいた朝鮮との関わりを、日韓友好の象徴として両国の教科書に書きあうことは重要である」と感想に書いている。

日本で朝鮮通信使が学校の教科書に登場するようになったのは一九九〇年代に入ってからだが、韓国で注目されるようになったのも近年のことなのである。

辛基秀は朝鮮通信使が教科書で取り上げられるようになってきたことを喜びながらも、「問題は日韓両国がどう共通の歴史認識を育んでいくかで、その内容が教科書に反映されることが大事だ。吉田兼好の言葉に、古い葉が落ちるのは新しい芽が出るからだというのがある。この芽をどう育てるのかが教育であり、歴史認識をどう変えていくかにかかっている」と生前語っていた。

明石書店から二〇〇五年四月に刊行された『日韓共通歴史教材　朝鮮通信使――豊臣秀吉の朝鮮侵略から友好へ』は、日韓で共通の歴史認識を持つために、広島県教職員組合と韓国の全国教職員労働組合大邱《テグ》支部が完成させた日韓共通の歴史教材である。

まさに辛が願っていた教材の登場であるが、被害者、加害者双方の主張や釈明を整理する作業は大変だったようで、このプロジェクトにアドバイザーとして加わっていた常葉学園大学客員教授の金両《キムヤン》基《キ》は教材のまえがきで、内幕を次のように記している。

歴史的事実を確認し合いながら、共通の歴史認識という夢を実現し形にするため激論を繰り返しているうちに、あっという間に三年の歳月が過ぎていた。その間、一人の落伍者も出さず、喧嘩別れにもならなかったが、相手方を説得するために熱弁を振るい、反論し、そして行き詰まり沈黙するシーンを繰り返してきた。それを乗り越えた秘訣はと問われたら、わたしは『信頼』の二文字をもって応えたい。

……共生時代を構築するためにどちらにも偏らない教材を作ろうという気持ちが支えになっていた

ヨーロッパでは欧州連合（ＥＵ）が成立する以前、ドイツがポーランドやフランスなど周辺国と歴史認識を共有し、過去の不信感を払拭し、信頼関係を構築する作業を国家が主導する形で行ったが、東アジアでは民間レベルでその第一歩を大きく踏み出したのである。

ところで、辛基秀が朝鮮通信使の史料発掘を続けることによって、江戸時代の日本は鎖国状態ではないことが分かってきたが、どうして「鎖国史観」は広まったのか。

その一例が和辻哲郎が書いた『鎖国―日本の悲劇』（一九五〇年）に問題があると指摘するのが京都芸術短期大学の教授だった仲尾宏だ。

仲尾は『朝鮮通信使をよみなおす』（明石書店）などの中で次のように指摘する。

「徳川政権の対外政策は世界的視野に欠ける保守的なものと記述してあって、知識人の多くはこの説に引っ張られ、西洋を崇拝するようになり、中国や朝鮮との関係が目に入らなくなった。徳川時代は日本も朱印船貿易で大航海時代に参加していたのにあまり語られることもなく残念です」。

6、後世へ究極の史料集

辛基秀が一九七〇年代初めから九〇年にかけて全国で発掘した朝鮮通信使関係の絵図や文献、民具などの史料は教科書改訂へとつながる大きな力となったが、これらの集大成が一九九三（平成五）年から刊行が始まった『善隣と友好の記録　大系　朝鮮通信使』全八巻（明石書店）である。

重要文化財を含む第一級絵図や絵画などのカラー写真をふんだんに盛り込み、B四判、平均二百三十ページ、一巻あたりの定価が六万円から八万円もするという超豪華本になった。

「膨大なコストと手間をかけて完成させた東アジアの未来を考える基本文献。しかし売れ筋ではない、まさに社運を賭けた作品」（明石書店関係者）だったが、一九九六年までに年二冊のペースで刊行を続け、全国の図書館や研究所の書棚に納まり、通信使研究者必読、必見の資料となった。

この作業に一緒に取り組んだのが仲尾宏で、辛の実績について「『解放の日まで』という映画で近代日本の陰の部分を記録する一方、『江戸時代の朝鮮通信使』で友好の時代にもきちっと光を当てて見せた。誠に慧眼《けいがん》」と評する。

その仲尾が『大系　朝鮮通信使』刊行の経緯を次のように話す。

「明石書店の石井昭男社長が私のところへ来て朝鮮通信使の木版刷りが二、三点見つかったので何か本をつくれないかと相談を受けたのですが、それだけでは面白くない。思い切りお金をかけていいものを作ろう、その結果、明石書店がつぶれても知らんぞという話になりましてね。

それなら辛さんの協力を仰がなければ。外交・政治などの理屈付けは私がやるので、辛さんには絵図や史料などの収集とこれらの解説をお願いすることになったのです。そしたら辛さんは『私は正直、文献には興味がない。それより絵画や焼き物、人形などに関心がある現物主義者なんです』と言ってＯＫしてくれました。辛さんの頭の中はコンピューターのようになっていて、通信使の史料がどこにどんなものがあるのか、すべて整理されて収録されているので驚きました」

仲尾は辛より四歳年下の一九三六年京都市生まれ。同志社大学を出てから京都イングリッシュセンター所長などを務めるかたわら、朝鮮問題にも関心が深く、大学教員になってから朝鮮通信使関係の著作も『朝鮮通信使の軌跡』や『朝鮮通信使と江戸時代の三都』（いずれも明石書店）など数冊あった。月に二、三回京都から大阪・寺田町にある青丘文化ホールへ通い、大きな机に絵図や文献類を広げ、辛と綿密な編集作業を行った。

「年に二冊出版するのは正直きつかった。大学での仕事もあるし、論文も書かなければならないので、夏と冬の休みを返上でやりました。これが完成するまでは二人とも病気もできないねと辛さんと話し合ったものです。その割には二人でよく酒も飲み、鶴橋界隈のホルモン店や막걸리《マッコリ》（どぶろく）

『大系　朝鮮通信使』（全８巻）

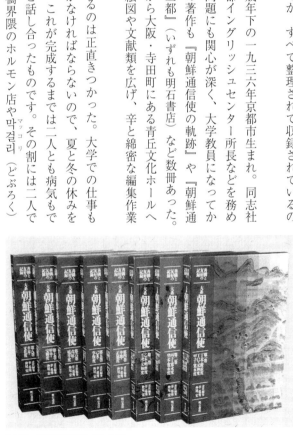

があるところにはだいぶ詳しくなりました」

仲尾は当時をこう思い返すが、『大系　朝鮮通信使』は、一巻ごとに大きな特徴を持たせるのが編集方針で、各巻には近畿大学文芸学部教授の李元植《イウォンシク》に通信使の遺墨について解説文を寄せてもらった。

第一回配本は一七一一年の通信使来日を特集した第四巻「辛卯・正徳度」で、淀川を上る黄金船の絵画などを取り上げた。

辛と仲尾の編集作業に付き合うため東京から日帰り出張を繰り返した明石書店の鈴木倫子《のりこ》は「辛先生の字はクセがあって判読するのが大変だし、必要な資料を青丘文化ホールの膨大なファイルの中から探し出すのも骨が折れた」と回想する。

鈴木によると、辛が世に一番伝えたいと考えていた思想のエッセンスが凝縮されているのが第一巻の「丁未・慶長度　丁巳・元和度　甲子・寛永度」で、豊臣秀吉による文禄・慶長の役（壬辰《イムジン》・丁酉倭乱《チョンユウェラン》）の戦後処理をテーマにした巻になっているという。

江戸時代に十二回来日した朝鮮通信使のうち一六〇七（慶長十二）年の第一回目から一六二四（寛永元）年の三回目に至るまでは「回答兼刷還使《かいとうけんさっかんし》」と呼び、その後、よしみを交わす外交使節団という意味の通信使という名称になった。

「回答」は日本側の度重なる国交回復要請に応えるということであり、「刷還」は戦時中に七万人にも及ぶ朝鮮人が日本へ連行されたので、それを調査して連れ帰るという意味だった。

秀吉に同調して多くの大名が陶工などの技術者や朝鮮女性、子どもたちを強制連行したが、この巻にはポルトガルの奴隷商人に買い取られ、イタリアへ連れていかれた朝鮮人少年アントニオ・コレアのあどけない肖像画も収録されていた。

「大系を編集する作業はすべてが勉強の繰り返しでしたが、特にこの第一巻からは戦後の在日コリアン三世、四世が直面している問題を日本人として考えていく上でも大きな示唆を受けた。朝鮮通信使は文禄・慶長の役の戦後処理があって実現した友好外交であるという辛先生の考えがこの巻ではよく分かってもらえると思う。北朝鮮による横田めぐみさんたちの日本人拉致問題が起きた時、北朝鮮に対する戦後処理ができていれば、小泉首相はあんな子どもじみた開き直りをされることはなかったのではないでしょうか」と鈴木は語る。

一九九三（平成五）年に仲尾とソウル郊外にある韓国の国史編纂委員会へ朝鮮通信使のポジフィルムを買う交渉にも出かけた鈴木は「韓国側の反応がとても協力的だったのが印象に残りました。辛先生は美術品も多く集めたけれど、彼にとって大事なのは日本と朝鮮の友好の歴史をきちっと残すことだったと思う。最近では大系から通信使の図版を貸してほしいと韓国の若い人たちから申し出が来るようになりました。日本と朝鮮の人が通信使の歴史を共有するところから新しい歴史は始まると辛先生は考えていたと思います」と話す。

こうして辛基秀の集めたコレクションは『大系　朝鮮通信使』にも収められる一方、各地で朝鮮通信使の絵巻物や美術品などを展示する展覧会が開かれた。

関西でおびただしい数の通信使の屏風や絵巻類が発見されたことで韓国は日韓条約締結二十周年を迎えた記念行事として展示会の開催を日本へ申し入れ、一九八五（昭和六十）年秋に東京国立博物館、続いて滋賀県の大津歴史博物館で、翌八六年夏にはソウルの国立中央博物館で朝鮮通信使展が実現した。

日韓両国にバラバラに残されていた友好の史料が一堂に会したという珍しさも手伝ってか、反日気運が強いソウルでも初日に五万人が詰め掛けるほどの盛況ぶりだったという。

辛は一九八五年十月二十五日付の統一日報に「歓待・交流描く絵巻群――明治以後の歪曲正す転機」と題した次のような一文を寄せている。

今でこそ、日本の各地の秋祭りに、朝鮮通信使行列が参加し、よく知られるようになったが、十年ほど前までは、朝鮮通信使といっても、「トンツー・トンツーの電電公社の通信か」と真顔で問い返されるほど、一般にはなじみの薄いものであった。

しかしながら、この数年間、華やかに描かれた朝鮮と日本の交流の絵巻、屏風が相次いで発見される度に、江戸時代の日本と朝鮮の善隣友好の関係が世界史でも稀なものであり、江戸時代を、閉ざされた、灰色の鎖国時代と断じることは間違いであることを気付かせた。一堂に集められる韓国と日本のすぐれた絵巻、屏風は、あらためて、江戸時代の日本人の朝鮮観が、明治以降の朝鮮観と違うことを教えてくれるはずである

こうした展覧会は、その後各地でも開催され、辛基秀の名前と朝鮮通信使の歴史普及の実績は広く知られることになり、一九九七（平成九）年には大阪市民文化賞を、本人亡き後の二〇〇三年には紺綬褒章を授賞される運びとなった。

しかし、辛基秀にとって大きな節目となったのは二〇〇一年だった。

日本と韓国共催のサッカー・ワールドカップ（Ｗ杯）の前年に当たるこの年四月には京都市の京都文化博物館で、六月には福岡県立美術館で「こころの交流　朝鮮通信使――江戸時代から二十一世紀へのメッセージ」が開かれた。

この展覧会には、朝鮮通信使一行を乗せた豪華船が淀川を上る『朝鮮通信使川御座船図』や朝鮮・釜山での日本人居留区域を記した『草梁倭館図』など韓国側からの出品九点に、通信使一行が日光の東照宮を訪れた情景を描いた『東照社縁起絵巻』などの重要文化財十二点を含む国内の美術品や史料二百点が展示された。

辛基秀は期間中の一ヵ月半、時間が取れるたびに大阪から京都へ出向き、入場者へ作品の説明をしたが、朝鮮通信使行列絵巻の展示を前にして「パレードの先頭に立つ人物たちが掲げる『清道旗』を縁取る朱色の鮮やかさは何百年たっても鮮明なのには驚かされる。通信使が今の時代でこそ意味を持っているかのようです」と感想を話していた。

豊臣秀吉の牙城・大阪城の斜め前にこの年十一月オープンした大阪歴史博物館では「朝鮮通信使と民画屏風――辛基秀コレクションの世界」を目玉のイベントに据えた。

百四十点の作品の中には辛が一番お気に入りの『馬上揮毫《きごう》図』も含まれていた。江戸狩野派の異端児英一蝶《はなぶさいっちょう》（一六五二―一七二四）の筆によるもので、大胆な町人が通信使行列の馬に乗っている小童に紙と筆を持って駆け寄り、揮毫（毛筆で文字や絵を書くこと）を求めている図柄で、江戸時代の民際交流を象徴するようなシーンだった。

しかし、自身が誇りとするこれらのコレクションが展示されている晴れの場を辛基秀本人は永遠に

英一蝶筆『馬上揮毫図』 朝鮮通信使の一行と日本の庶民のほのぼのとした交流をうかがわせる作品（大阪歴史博物館保管）

見ることができなくなってしまった。春ごろからノドがつまると訴えており、精密検査の結果、食道がんと診断され、十月には大阪市立医療センターに入院したからである。

辛は今では誰もがうらやむこれらの作品の数々と、一体どこで、どうやって遭遇したのだろうか――。

第2章　通信使の足跡たどる旅

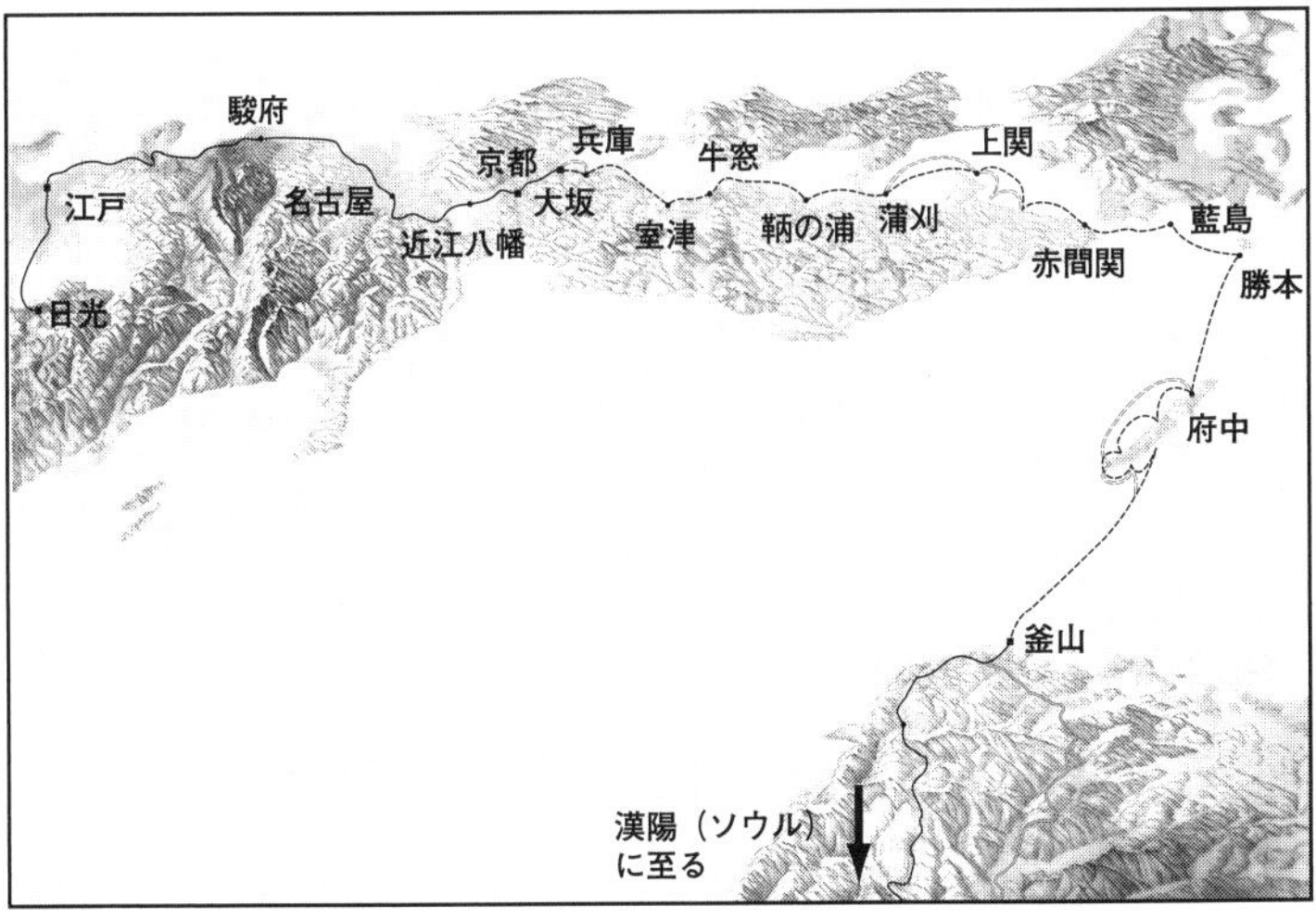

朝鮮通信使行路図と主な宿泊地

1、気骨の僧侶（牛窓《うしまど》）

オリーブが栽培されることから日本の地中海と呼ばれるほど、温暖で風光明媚な瀬戸内海――。人と争うことを好まない辛基秀《シンギス》は、この地をことのほか気に入っていたようである。高度成長時代の臨海コンビナート建設に伴う埋め立てで今では白砂青松の空間が残るところは少なくなってしまったが、手つかずの自然が残されていた江戸時代の瀬戸内は朝鮮半島からの旅人にとっていやしの浜辺だったに違いない。

釜山《プサン》を出発した朝鮮通信使の一行約四百五十人を乗せた船は、対馬から荒々しい外洋の波をかき分けて進み、藍島、下関（赤間関）を経て穏やかな瀬戸内海へ入っていく。上関、下蒲刈《しもかまがり》、鞆《とも》の浦、牛窓、室津……と朝鮮から大坂まで約八百キロの海路を、絢爛《けんらん》豪華な大型木造船六隻と村上水軍など日本側の先導船や護衛船約一千隻が併走する様は、さながら海の一大ページェントだった。

瀬戸内沿岸の民衆は、お上の近寄ってはならぬという触れもどこ吹く風、多くの見物船を繰り出し、時には通信使の船にぶつかり沈没しそうな目に遭いながらも、船上の通信使一行から書を求めたり、一緒に三味線と朝鮮楽器を奏で合い、音楽交流も楽しんだ。

高麗船の　よらで過ぎゆく　霞かな

江戸時代中期の俳人与謝蕪村《よさぶそん》（一七一六―一七八三）が讃岐に旅するため、瀬戸内の備前の浜で朝鮮通信使船を見て詠んだ句である。

霞の立ちこめる沖に通信使船が突然現れ、また霞のかなたへ消えて行く。浜辺には異国船見たさの群衆が余韻を楽しんでいるかのように立ち去ろうとしない。そんな非日常的な光景を詠んだものと、辛基秀はよく説明していた。

沿岸の港町では、牛や犬、キジなど朝鮮人の好む食材を取りそろえた山海の珍味の数々を並べ、贅の限りを尽くしたご馳走三昧の接待をしたり、一般民家も開放して遠来の客をもてなしもした。

諸国の大名が徳川幕府に忠誠を誓うため行った江戸の参勤交代をも凌ぐようなレベルの日本と朝鮮半島の熱い交流があったことは、この四半世紀前までほとんど知られることがなかった。

辛はかつて風待ち・潮待ちの港として栄えた、これらの町へ通信使の足跡を求めてどんな旅を続けたのであろうか。


辛基秀が瀬戸内海のうちでもっとも頻繁に足を運んだのは、岡山県の牛窓町と広島県福山市の鞆の浦、呉市の先にある下蒲刈島である。

これらの地域には、辛とは同世代の朝鮮通信使研究家、伊ヶ崎淑彦が「瀬戸内三人衆」と呼んだ町の教育長や資料館長、郵便局長、それに気骨あふれる情熱的な僧侶たちがいたのであった。

牛窓の　波の潮騒　島響《とよ》み
寄さし君に　逢わずかもあらむ

万葉の歌人・柿本人麻呂がこう詠んだ牛窓は、「日本のエーゲ海」をキャッチフレーズにリゾート地として売り出した人口約八千人の町で、遠くに小豆島や淡路島をのぞむ天然の良港を持ち、帆船が行き交う時代はまさに瀬戸内の海上交通の要衝だった。

良質の水が出るので、朝鮮通信使の船団もここで水を補給し、丁重なもてなしを受けてから次の寄港地・室津へ向かったのである。

フェリー桟橋近くの小高い丘に立ち、海上からも三重塔が間近に見える本蓮寺を辛基秀が最初に訪れたのは、現住職の貫名日諦の記憶では昭和四十年代初めのことという。

「寺に朝鮮通信使が宿泊したことを示す古い記録が残っていながら、誰も通信使のことが分からない。地元で牛窓の歴史に興味のある人たちで読書会をしようかなんて話し合っているころに、『朝鮮通信使とご縁のある寺と伺いました』と辛さんがひょっこり訪ねて来られたのです。それ以来の付き合いで、寺にも泊まってもらったし、私が大阪へ行けば鶴橋の焼肉屋で飲んだりして愉快な思い出が一杯ありますよ。辛さんが亡くなった時は、本当に心の友を失った気分でした」

本蓮寺は南北朝時代に建立された中国、四国、九州地方では最も古い法華宗の寺で、周囲には青い竹がうっそうと繁り、フジが薄紫色の花をつけると季節の彩りがとても美しくなるという。

寛永二十（一六四三）年にここの本堂に泊まった第五回朝鮮通信使の従事官、申濡《シニュ》はその当時の様子を次のような七言絶句にまとめ、この漢詩は今も本蓮寺の書院に掛かっている。

牛頭寺古残僧少
翠竹蒼藤白日昏
宿客不眠過夜半
蚊雷員殷々振重門
過客為妙上人題

（牛窓の海浜に寺さびて僧侶もわずか。竹や藤が生い茂り日の光をさえぎって静寂そのもの。投宿の旅人は万感こもごも、眠らずに夜半が過ぎ、蚊の羽音だけがブーンブーンと勢いよく門内奥深い部屋にやかましい。妙上人のために作る）

早稲田大学文学部を一九五〇（昭和二十五）年に卒業後、高校教師をしてから寺を継いだという貫名から、辛基秀の没後聞いた通信使にまつわるエピソードにこんな話がある。

辛が正徳元（一七一一）年に来日した第八回通信使の書記、南聖重《ナムソンジュン》が残した文章を読み進めるうちに「ご住職、ここに書いてある瓶《かめ》はどこにありますか」と尋ねてきた。

南の父親も、それより二代前の明暦元（一六五五）年に通信使一行の一員としてこの寺に泊まっており、その際に土産として置いていった瓶を見て息子はとてもなつかしく思ったと書いてあるというのだ。

驚いた住職が「エッ、瓶ですか。それなら縁の下にありますわ」と答えると、日ごろは穏やかな辛が「それやっ、高麗焼の瓶ですわ」と大きな声を出したという。

二人でほこりをかぶりながら縁の下から運び出した瓶は黄銅色をした高さ五十センチほどの青磁で、正月などに花を生けるときに使うほかは、出番がなく縁の下で眠っていたという。

それ以来、この瓶は本蓮寺・客殿の床の間の「経王山」と書いた大きな額の下に鎮座していて、各地で朝鮮通信使展が開かれる際に出品を要請されてもお断りするほどの宝物扱いとなった。

本蓮寺にはこのほかにも、通信使一行が残した遺墨や青磁、花器などが二十二点残されていたが、それらが伝わった背景には先々代住職の並々ならぬ反骨心があったようだ。

「寺にはいろいろな古い書があって年に一度天気のいい日に虫干しをするんですが、戦時中、おじいさんの日靖が朝鮮通信使の書などを持っているところを特高警察が見つけ、『日本が卑下してる国のものなんか人に見せるな、焼いてしまえ』と圧力をかけてきたのです。『せっかく書いてくれた大事な文化遺産をそう簡単に始末できるか』って、蔵の二階のすみに隠し、ゴザをかけておいたそうです。

祖父は昭和二十八年に八十三歳で亡くなりましたが、頑固な人で、戦争が終わった後にもこんなエ

朝鮮通信使の遺した高麗焼の瓶と貫名日諦

ピソードがあります。岡山にはオーストラリアの兵隊が進駐し、牛窓の遊郭で遊んでいたのですが、県から刀などを供出せいとお触れが出たのです。ところが寺の宝は渡さんぞと言って、日本刀の束から下を切り取り、刃の部分だけを隠し、それが今では県の重要文化財に指定されています。こんなおじいさんがいなかったら通信使の記録だって残らなかったわけで、身内ながら本当に偉い人だったと思います」

朝鮮通信使の航行ルートに沿ってヨットで旅を続ける途中、本蓮寺に寄り、貫名日諦からこのエピソードを聞いた海洋ジャーナリストの小島敦夫は『朝鮮通信使の海』（三省堂）の中でソウル大学の名誉教授金在謹《キムジェグン》から聞いた次の言葉を紹介している。

「こちら（朝鮮国内）に残っていた朝鮮通信使の絵巻にしても、朝鮮総督府（植民地支配時代の行政府）の人たちは、見かけ次第に焼き捨てろ、と命じていました。……朝鮮人の乗った輿《こし》や駕籠《かご》を、日本人が担いでいる絵などは、けしからんというのです」

何とも心が寒くなる話だが、瀬戸内海の各地には神功皇后の神話が至る所に残っていて、牛窓・紺浦の疫神社で毎年十月の祭礼時に行われる唐子踊りについても「神功皇后が三韓征伐のおりに、捕虜として連れ帰った朝鮮人の童子に躍らせた舞い」と伝えられていた。

元々、牛窓の地名由来も、神功皇后の乗った船が牛窓の海を通りかかったところ、牛鬼が現れ、船を襲おうとしたが住吉明神が老翁となって現れ、牛鬼の角を持って投げ飛ばしたことから、「牛転《うしまろび》」と呼ばれるようになり、それがなまって「うしまど」になったと伝えられている。

それほど神功皇后神話が強く影響している土地なのだが、唐子踊りの三韓征伐由来説については、地元の中学教師西川宏が教え子を連れて本蓮寺や疫神社、朝鮮学校などを丹念に調べて歩き、「唐子踊り朝鮮通信使起源説」を提起したことがある。

西川はこれを文章にまとめ旺文社の学生コンクールに送ったが、佳作にすら当選しなかった。それでも朝鮮史の研究者、旗田魏から高く評価する激励の手紙が送られてきたため、地元にもこの考えが少しずつ伝わっていった。

貫名日諦も辛基秀に初めて会ったころから神功皇后起源説を否定し、朝鮮通信使の踊りを地元で見よう見まねで再現したものに違いない、と説明していたという。

この踊りは、十歳前後の男の子二人が顔に白粉を塗り、色鮮やかな衣装をまとい、小太鼓や横笛の伴奏に乗って歌と踊りを披露する（口絵参照）。「ヒューホイ」の掛け声と奇怪に聞こえる歌詞は、朝鮮半島の踊りによく似ているそうだ。

天和二（一六八二）年に第七回の通信使が来日した際、船中泊以外に牛窓村の戸数七百六十九戸のうち四百二十六戸に分宿したとの記録があり、地元の人間にとって朝鮮の人々の衣装やふるまいは強烈な印象が残ったとみられる。

辛基秀との交流を通じて貫名は朝鮮通信使の世界へさらに魅せられていくが、一九九四（平成六）年七月十二日付の日本経済新聞朝刊文化欄に長文のエッセーを寄せ、末尾を次の言葉で締めくくっている。

本蓮寺はかつて、朝鮮半島に向って開かれた風通しのいい窓の一つであった。その史実を曲げることなくさまざまな形で伝え、同時に今後もますます友好の輪を広げていくことが、私にとっての責務と思っている

一九八六（昭和六十一）年十一月二十二日、朝鮮通信使が牛窓に寄港して三百五十年になるのを記念して三百五十年記念式典が地元で開かれたが、この席に一六四三年来訪の第五回通信使従事官、申濡の十代目の子孫に当たる申丙植《しんビョンシク》らとともに招かれた辛基秀は、新地勇町長のあいさつを心が洗われるような思いで聞いていた。

「牛窓と朝鮮半島のつながりは古いのですが、その中で特筆すべきは、江戸時代の朝鮮通信使で、当時の交流の名残や文化的遺産が、いまだにこの地に生き続け、牛窓の地域文化に多大な影響を与えています」

新地はこう語り、町役場の玄関わきの神功皇后に由来するという唐子踊りの説明をはっきりと否定したというのである。辛は三年前に、第一回牛窓国際芸術祭に招かれた際、唐子踊りの由来は事実に反するからと言って訂正をするよう申し入れていたのであった。

現町長の東原和郎は当時総務課で企画担当の参事をしていたが、三百五十年記念式典の前に、新地と東大阪市で朝鮮通信使の特別展をやっている辛基秀のところへアドバイスを求めに出かけた時が、辛との最初の出会いだった。

「辛先生から通信使の子孫の方を日本へ招いて式典を盛り上げたらどうかなどと助言をいただいた

のですが、個人的に一番印象に残ってるのは私の家が代々大事にしてきた朝鮮場大明神のことを気にかけてくださった点なんです」

東原の先祖の東原弥右衛門が牛窓村の年寄役を勤めていた文禄三（一五九四）年九月三日、牛窓の沖を朝鮮の小船が漂流しているのが発見され、弥右衛門が中をのぞくと高貴な衣装をまとった若い女性が合掌しながら命乞いをしているのが見つかった。

豊臣秀吉の朝鮮侵略の最中に流れ着いた戦争の犠牲者らしく、自宅で看病したが、十二日後に息を引き取ったという。以来、東原家では小さな社殿をつくり、毎年命日に四百年以上にわたってこの女性を朝鮮場大明神として祀ってきた。

「昭和十七年生まれの私は、戦後の教育を受けたとはいえ、まだまだ朝鮮蔑視の時代に育ちました。大人がチョーセンバサンといってお参りしていることは口外してはいけないという感じでした。辛先生は朝鮮場大明神のことを知った時、何百年もの間、大事にしてくれ本当にうれしい、と感激してくださったものです」

牛窓と朝鮮の関係がいかに深いか、心温まるエピソードだが、三百五十年記念式典を契機に、牛窓町では朝鮮との交流をさらに活発にさせたいとして一九八八（昭和六十三）年には九月十七日のソウル五輪開幕に合わせ、全国でも初めての朝鮮通信使資料館をオープンさせた。

フェリー桟橋近くの旧警察署の洋館を改造して作った白ペンキ塗りの資料館には通信使の正・副使の衣裳のほか、遺墨や絵画など約六十点が展示され、一九九二年に「海遊文化館」へとリニューアルされたが、資料館開館までにはかなりの苦労があったようである。

そのために各地を奔走したのが牛窓町教育長の高橋重夫だが、
「史料の展示の仕方から収集方法まで、辛基秀先生には何から何までお世話になりました。元々、地元の『邑久郡史』に朝鮮通信使の記述があったのですが、辛先生にお会いするまで通信使がどういう役割を果たしたのか分からなかった。通信使の資料館を作るといってもＮＴＴと組んで何かを計画してるんですかと町民から尋ねられるありさまだったんです」と苦笑する。

唐子踊り保存会の有力メンバーで、秋祭りの本番では横笛を吹くほど朝鮮通信使に熱を入れている高橋が、通信使の絵画や遺墨などを保管している大きな博物館や通信使ゆかりの地へ貸し出しを願いに行っても応じてもらえなかったという。

「木造の建物で古いうえ耐火構造にもなってなく、学芸員もいないようなところには史料は貸せないというわけです。辛先生に相談したところ、『複製なら将来にわたって長く展示できる』とアドバイスを受け、掛け軸の複製や瀬戸内海を行く船団の絵巻などのパネルを展示しました。ほかに全国各地の唐子人形なども並べ、年間一万人くらいの人たちが見にきてくれます」

この資料館のもう一つの目玉は秋祭りに使われる「牛窓だんじり」と呼ばれる船形だんじりで、総ヒノキ造りのものが三基展示されている。

高橋は「観光客の地元特有のだんじりを見たいという要望に応えたのですが、頭部が竜やキリンに似た動物の形をした珍しいだんじりで通信使の乗ってきた船とよく似ているのです。こんなところにも朝鮮の文化の影響を感じますね」と話している。

牛窓では一九八四（昭和五十九）年から毎年、ジャパン牛窓国際芸術祭が九年間続けて開かれ、辛基秀の長女美沙も事務局のスタッフとして働いていた時期がある。

そんな関係で辛は家族そろって天狗食堂という小さな店へ訪れることがあり、ここで一息入れるのを楽しみにしていたという。

目の前の豊穣な海でとれる瀬戸内の小魚の数々……。

メバルやチヌの煮付けにアナゴの照り焼き、タコの酢の物などを肴にビールや地酒の「千寿」をクピリ、クピリとやった。

地元の郷土史関係者たちと席を一緒にするときは談論風発の場になったそうだ。

牛窓では、毎年十一月の第三日曜に、エーゲ海フェスティバルが開かれるが、その目玉イベントは朝鮮通信使行列である。韓国の神戸総領事館事務所長が正使役を務め、多くの町民が当時の通信使の衣裳に身を包み、潮風吹く町をパレードする光景は日韓友好の定番シーンとなっている。

二〇〇三年九月には、韓国・釜山で行われた朝鮮通信使行列に牛窓の唐子踊りのメンバーが招待され、五千人が参加するパレードに大人が唐子役の子どもを肩車して三キロを練り歩き、歓迎されたという。

2、時代の教養（鞆の浦）

「皆さんが座っているところは、かつて朝鮮通信使の特に偉いとされた三使、つまり正使、副使、従事官の席で、誰もが座れるところではありませんでした。ここから海を眺めた通信使の一行は、波が穏やかでまるで湖のようだと感激したと伝えられています」

牛窓から瀬戸内海を西へ約百キロ。広島県福山市の鞆の浦にある福禅寺の対潮楼。地元の鞆の浦歴史民俗資料館の元館長、池田一彦が観光客によく通る大きな声でこの寺の客殿は全国でも珍しい通信使の迎賓館だったことを説明する。

青く光る海に、松の繁る仙酔島から弁天島、はるか四国の連山も眺望できる鞆の浦は江戸時代、鞆の津と呼ばれ、北前船などが満潮に乗って港へ入り、引き潮で出て行く、潮待ちの港として利用された。

毎年五月になると、瀬戸内の初夏を彩る行事としてテレビなどで鯛網漁が紹介されるところだ。

ここでとれる天然の真鯛はエサが豊富な上、潮にもまれてよく育つため、刺身はもちろん、鯛を丸ごと化粧塩でまぶし蒸し焼きにする浜焼きや鯛そうめんにして食べても絶品。朝鮮通信使の接待料理の定番でもあった。

吾妹子《あわぎもこ》が見し鞆の浦の
むろの木は常世《とこよ》にあれど
見し人ぞなき　（万葉集三）

福禅寺の対潮楼から穏やかな瀬戸内海を望む（鞆の浦パンフレットより）

大伴旅人《おおとものたびと》が九州・大宰府に赴任中、妻を失い、都に帰る途中、夫婦で見た景色を思い出して詠んだ歌だが、古来多くの歌人がこの風景を愛でてきた。

石畳の道から続く小高い丘の上に福山藩主・水野勝種が一六九〇年ごろ建立したのが福禅寺で、七十八畳ある客殿からの眺めに正徳度（一七一一年）の第八回朝鮮通信使の上官八人は「対馬より江戸までの情景でここが一番美麗」と感激し、従事官の李邦彦《イバンオン》は「日東第一形勝（ここからの眺めは日本一）」の書を残し、朝鮮半島でも知られるようになった。

福禅寺には「対潮楼」と通信使の書家がしたためた扁額が飾ってあり、戦前の一九四〇（昭和十五）年に、広島県は「朝鮮通信使宿館跡」に指定している。

その貴重な歴史的建造物が老朽化とシロアリによる被害で崩壊の危機に瀕している、として地元で再建運動が起きたが、その助っ人に駆けつけたのが辛基秀だった。

一九九〇（平成二）年から二ヵ年の事業として始まった保存修復工事には一億円の費用が見込まれたが、広島県と福山市の負担分七千五百万円を除く資金が集まらない。歴史に残る有名な寺とは言え、檀家はわずか四軒しかなかったからだ。

牛窓と同様、鞆の浦にも時折足を運んでいた辛は「対潮楼は朝鮮通信使の友好の象徴。崩れかけたまま放置してはいけない。在日の人たちや朝鮮通信使に関心を持つ人に声をかけましょう」と言って、自身が主宰する青丘文化ホールの機関紙などで募金を呼びかけた。

内外の百三十五人から百五十万円のカンパを集めた後の一九九一年五月、地元で記者会見した時の辛基秀の様子を、鞆の浦歴史民俗資料館の池田一彦はよく記憶しているという。

記者　「募金活動をされた動機は何ですか」

辛　「対潮楼は老朽化し、そのままにしていたら、やはりそうかと思われるでしょう」

記者　「どういう意味ですか」

首をかしげる報道陣に、辛は明治以後、全国的に朝鮮通信使の遺品は捨てられ、日朝友好の歴史はかき消されてきたことを強調した。

その上で「広島県が対潮楼を『朝鮮信使宿館跡』に指定した昭和十五年は、朝鮮半島が日本の植民地であった時代です。朝鮮蔑視の風が吹き荒れる中、いろいろと圧力があったと聞いていますが、それにもかかわらず、指定名称に『信使』の文字を入れたのはすばらしい見識ではないか、時代の教養を感じます」と熱っぽく語ったという。

池田は一九三八（昭和十三）年生まれ。地元で中学の社会科教師をしながら、郷土史の資料を集めていて、一九八八（昭和六十三）年の歴史民俗資料館開設に貢献し、一九九一（平成三）年から六年間館長を務めた。

辛基秀と二十年近く交流を続けてきており通信使にまつわる資料収集や歴史民俗資料館開設、その後の特別展開催などで辛にずいぶん助けられたという。

一九九〇年夏、大阪の堺市博物館を訪ねた帰り、池田は辛に「通信使の研究をするならまず食体験から」と誘われ、ＪＲ大阪環状線鶴橋駅近くの韓国食堂へ案内された。

「韓国の肉食料理にはタレが百種類以上もあるので、少しずつ多くのものを注文しましょう」と言われ、生のホルモン料理などをつまんだが、中でも牛の脳みその刺身は豆腐のような感触で甘く口当たりも良く、酒が大いに進んだ。

そんな健啖家の辛が食道がんの手術を受ける直前の二〇〇一（平成十三）年秋、兵庫県の室津で開かれた朝鮮通信使縁地連絡協議会の集まりに病院から抜け出して妻の姜鶴子《カンハッチャ》に付き添われて出席したが、この時は皆から次々と差し出される杯を酒好きの辛に代わって池田が一身に引き受けた。

それから一年後に辛基秀は亡くなったが、池田は大雨が降る日の通夜に列席した時、笑顔で人に語りかけてくるような辛の写真を見つめ、数珠の玉を一つひとつ数えながら、かつての交流の日々を思い返していたという。

「彼は人を見て法を説くというのか、私に何をせいとか激励の言葉を口にしたことはなかった。ただ、朝鮮通信使の歴史は『明』と『暗』を過不足なく見つめるべきであるという研究姿勢を教わりました。青森や秋田みたいな瀬戸内海からはるかに遠いところから朝鮮通信使の土人形が見つかっている。全国的に調べたら面白いだろうなあという言い方をして、こっちをその気にさせる。辛さんは超一流のオルガナイザーだったと思う」

朝鮮通信使の一行が瀬戸内から東海道を経て江戸へと至る街道の接待は各地の大名が受け持つが、その補佐をするため奥州から九州まで各地の大名が馬や人足を出し、行列の警護や使役をする仕組みになっていた。

例えば、延享度の第十回通信使の鞆の浦での接待役は、福山藩主が大坂城代を勤めていたため、愛媛の宇和島藩が引き受け、宝暦度の第十一回の際には大分の岡藩が受け持ったのである。そうした影響もあって朝鮮通信使の文化は全国へ広がっていったのである。

ところで、対潮楼の再建を実現した後、辛基秀が鞆の浦で心を痛めていたことに、広島県が鞆港の一部を埋め立てて長さ百八十メートルのバイパス橋を建設しようとしていた問題があった。ニューヨークに本部がある世界遺産財団が、万里の長城などとともに、世界各地の百ヵ所の遺跡の一つとして鞆の浦は日本でただ一ヵ所選定された経緯もある。

鞆の浦には朝鮮通信使が分宿した二十八の寺のほか、格子戸や白壁の古い家並みに、石造りの常夜灯や階段式の船着き場「雁木《がんぎ》」という珍しい港湾施設も残されており、町全体が博物館のようになっている。通信使が好んで呑んだ薬用の保命酒の酒蔵などもたたずみ、タイムスリップしたような感じだ。

辛はそうした歴史的景観を守らなければ、とあらゆる場で訴えていたが、この計画は二〇〇三年九月、「地権者の同意が得られない」として二十年間議論が続いてきた末、白紙に戻った。湯崎英彦広島県知事が二〇一二年六月、景観に配慮して山側にトンネルを掘って橋の代替となる道路を整備することで解決した。

3、いやしの御馳走一番（下蒲刈）

朝鮮半島からの遠来の客である朝鮮通信使の一行にとって何よりもうれしかったのは、各地での食事面での豪華な接待だったろう。

鞆の浦よりさらに西へ位置し、呉市の南に浮かぶ広島県・下蒲刈島。ミカン栽培の盛んな周囲十六キロの小さな島の自慢は、「御馳走一番館」と銘打った朝鮮通信使の本格的な資料館である。

人口二千二百五十人余りというこの島に、江戸時代は通信使の一行約五百人とお付きの奉行など約四千人がやってきて「島が沈むような大人数が滞在した」と語り伝えられている。

雁木と呼ばれる石段の付いた港に、深くて大きな入り江もあり、大船団が風待ちで係留するのにも便利だったのだ。

一行に分散宿泊してもらうため島民は自分の家を明け渡し、山中に仮小屋を建てて移り住んだという。通信使との直接の交流は禁止されたそうだが、先進的な朝鮮文化を一目見ようと島民は山の上などから異国の人々へ熱い視線を送ったと想像される。

一九九四（平成六）年七月に下蒲刈島に誕生した通信使資料館の目玉は、浅野藩が一回の接待に三千両もの大金を使って通信使を接待した際の、豪華メニューの再現と、通信使船の復元模型などだった。

これらの整備に当たった地元の郵便局長で町文化財保護委員長の柴村敬次郎は「資料館の完成を一番喜んでくださったのは辛基秀先生で、民宿でこの接待料理の一部を再現したものをつまみながら愉快そうに酒を呑んでいたことをきのうのように覚えている」と話す。

「御馳走一番館」に展示されている接待料理は、正徳元（一七一一）年、江戸まで通信使に同行した対馬藩主から「安芸蒲刈御馳走一番（下蒲刈の料理が一番良かった）」と絶賛されるほどの中身だったと伝えられるが、その豪華メニューは現代のグルメにとっても垂涎《すいぜん》の的であるに違いない。

まず、正使などの三使に出されたのが儀礼膳の中では最高レベルといわれる「七五三の膳」で、

○サメやアワビ、タコ、鮎、ナマコなどの干物
○カラスミ（ボラの卵巣の塩漬けを干したもの）
○鴨肉の塩漬け
○うずらの姿焼き
○ひしほ（醤油の原料）
○伊勢海老やサザエ、アワビなどの舟盛り
など三十種類もの珍味が白木の膳に乗って差し出されるが、これらはながめるだけの儀礼膳で、実際に箸をつけるのは以下の「三汁十五菜」である（口絵のカラー写真参照）。
○スズキの切り身と葛《くず》すいとんを入れた白味噌仕立ての汁（皮を少し焼き、香ばしさを出す）
○鯛のつみれと椎茸、芹が入った潮汁
○鱈、カブ、ネギを具にしたすまし汁
○鯛の塩焼きの錦糸卵添え（瀬戸内自慢の真鯛尾頭付き、笹の葉を敷く）
○かすていら豆腐（豆腐を裏ごしにして昆布ダシで伸ばし、卵と片栗粉で焼き上げる。味は塩と砂糖で付ける）
○香のもの（大根の味噌漬け）
○鮭の漬け焼き
○キジ漬け焼き（通信使一行に特に人気があった）
○鴨肉なます（鴨の肉を糸切りにし、湯通しして酢味噌で和える）

○鴨の杉焼き（杉の板の表面に塩を塗りその上で鴨の肉を焼く。現在のすき焼きのルーツとされ、肉食を好む通信使一行が「美食」とほめたたえた）
○あられ豆腐（豆腐を丸くして油で揚げる）
○巻きするめ（するめイカを水で戻し、それを丸めて味を付け煮る）
○アワビしょうゆ煮（アワビは厚目に切る）
○ふろふき大根（味噌、からし、柚子をのせる）
○鱈《たら》煮（松茸と昆布を使う）
○ヒラメ刺身（鯛と並ぶ白身魚の代表格）
○しき壺（中身をくり抜いた柚子の中に味噌を入れ、下から焼く）
○鶏の串焼き
○米飯

これら海や山の幸があふれんばかりに並んだ膳を前にして、忍冬《すいかずら》や朝鮮人参を原料に醸造した忍冬酒や広島・三原産の日本酒で一献傾けながら、長旅の疲れをいやしたのである。

その他、羊羹《ようかん》や饅頭、カステラ、有平糖、大煎餅などの菓子類、朝鮮では珍しい柑橘類などの果物なども充実しており、これだけの食材をそろえるため、安芸藩は通信使到着の半年も前から偵察隊を対馬藩や下関に送り、通信使一行の好みを調べ、キジを好むということが分かると、一羽に三両もの大金を出して数百羽のキジを集めた。

豚は遠く長崎から取り寄せ、ふろふき大根をつくるためには集めた十本の大根のうちからこれはという極上の一本を選りすぐり、入魂の料理に仕立て上げたという。

これらのフルコースを柴村の依頼で江戸の文献を基に再現した食文化史研究家の永山久夫は「幕政の堅物といわれた新井白石をして『我朝の天使を待せ給う所といえども、その例はなし』と、憤慨させたほどの空前絶後の料理。中国の宮廷料理である満漢全席と比較しても決して劣ることはない」と下蒲刈町のパンフレットに記している。

「異文化に対する強い憧れのような気分があったからこそ、これだけの接待ができたのでしょう」と語る柴村敬次郎が、朝鮮通信使に興味を持ったのは、一九八三（昭和五十八）年ごろ、広島県立図書館で戦前の記録である「広島県史蹟名称天然記念物調査報告」というセピア色の文書を読んだからだった。そこには、地元下蒲刈の接待が他藩をしのいで一番と書いた記述があったのだという。

「どんなもてなしをしたのか知りたくて調べたのが通信使研究の始まりでした。江戸時代、瀬戸内の小さなこの島が国際交流の先端だったことが分かったのですから。ところがあちこちで参考になるものを探したのですが、史料はほとんど見つからなかった」

下蒲刈島は一九六二（昭和三十七）年の火事で、公民館に保管していた瀬戸内の海運や通信使関連の貴重な古文書類の大半を焼失していて、地元の古老をして「あの史料が残っていればこの島から歴史の分野で名を上げる博士がたくさん出ただろうに」と嘆かしめるほどだったという。

柴村は地元に生まれ、愛媛大学で考古学を専攻しながら、家の都合で小学校の教員をした後、郵便局に勤めたが、学問への夢を断ちがたく、独力で勉学を続けた。

その結果、名古屋にある尾張徳川家の資料館である蓬左《ほうさ》文庫に通信使の饗応料理の図面などが保管されていることを知り、この図面や古い文献を基に設計図を引き、千五百万円かけてホンモノそっくりに復元した。

同様に、通信使の一行が乗ってきた船についても十分の一の大きさの模型（長さ三・五メートル、高さ三メートル、重さ約六百キロ）を三千五百万円かけて製作し、資料館の中央に展示した。

朝鮮船の権威、ソウル大学名誉教授の金在謹が設計を受け持ち、約千本の木製のクギを使う伝統的手法で、五人の専門家が三ヵ月かけて完成させた。船体は赤、緑、青などの極彩色で飾られ、船首には韓国の海神といわれる鬼の顔が描かれている。

復元された通信使船と柴村敬次郎

下蒲刈島の資料館は朝鮮通信使への饗応料理と復元された通信使船という目玉のほかに、通信使の等身大の人形や通信使関連の土人形、通信使の絵画などさまざまなものが展示されているが、これらの史料提供などは辛基秀が全面的に協力した。

「二十五年くらい前の冬の寒い日だったと思うが、辛先生は資料館の建設計画もまだないころ、島へフラリと訪ねてこられた。文化財に詳しいということで自分が島内を案内して差し上げて以来の付き合いで、通信使の資料館を作りたいと相談すると、できることはなんでも応援しようといってくれたんです。

まだ地元にカラーコピーのなかった時代、パネルを作るため大阪でカラーコピーをして送ってもらったこともある。でもコピーばかりじゃさえんだろうといって大事にされていた通信使行列の絵巻物を譲ってくださいました」

こう語る柴村自身は『朝鮮通信使と下蒲刈』という本を書き上げていたので、辛にしても期待するものが大きかったのだろう。

「柴村君、福井で朝鮮通信使の屏風でいいのが出た」

「京都へ通信使の人形を見にいこう」

などとよく声をかけられたという。

こうして全国から集まってきた通信使の史料は美術館の一階部分には収容できないほど大量になってしまい、新たに独立した資料館を建設することになった。

地元では古い民家は雁木と石段くらいしか当時のものが残っていなかったため、日本各地へ建物を探しに出かけ、富山県砺波《となみ》地方の代表的な商家、有川邸を下蒲刈に移築して資料館に利用している。

下蒲刈島ではガーデンアイランド（全島公園化）構想を進めており、その中核に歴史と文化の掘り起こしを位置づけたため、竹内弘之町長の「ありきたりのリゾート開発ではダメだ。やるからには島の固有文化、歴史と美しい風景を融合させた息の長い振興策を」との号令を受け、資料館を格段に充実させることができたという。

辛基秀が初めて下蒲刈島に来たころは、国鉄（現ＪＲ）で呉の仁方まで入りフェリーで島へ渡らなければならなかったが、一九九六（平成八）年に安芸灘大橋が架かると、ＪＲ広島駅から直通バスで一時間余りで足を伸ばせるようになった。

大橋からはるか眼下に見おろす瀬戸内海は青い海原に緑の島、その間に漁船がぽつりと浮かぶさまは絶景である。

大橋開通の影響もあって、資料館を訪れる観光客は年間三万六千人と飛躍的に増えており、辛は「近代に入り、良いことが少なかった日本と朝鮮の間で明るい話題が朝鮮通信使。韓国からの修学旅行生もその交流の跡を一目見ようとやってくる。本当にうれしいことです」と生前目を細めていた。

4、にんじゃ隊が活躍（上関）

山口県上関町は、下関から瀬戸内海に入った朝鮮通信使の大航海団が最初に寄港、宿泊した港町だった。

超専寺所蔵の『朝鮮通信使船上関来航図』には当時のにぎわいがよく描かれているが、中世後期に瀬戸内を支配した村上水軍の西方の拠点でもあり、今も本がわらに茶色の木枠の伝統的な町家が残り、独特の風情を伝える。

上関は通信使が訪れたよその町と違って通信使ゆかりの史跡が町内に点在しており、その記録や復元に取り組む町民の活動も活発で、辛基秀はそうした姿勢に感銘を受けてこの町を時折訪れていたという。

辛と親しく付き合っていた町の商工会事務局長で郷土史家の西山弘志が「くやしうてたまらない」という思いをしたのは一九九一（平成三）年春のことだった。

全島公園化構想を進めている広島県の下蒲刈町が、土蔵造りの旧家で、幕末に吉田松陰や高杉晋作ら勤皇の志士が泊まったことでも知られる吉田邸を買い取って下蒲刈に移築したからだ。

その建物は当初、「御馳走一番館」を展示した朝鮮通信使の資料館に使う予定だったが、「資料館に改造するのはもったいない」として、そのまま「あかり館」として展示されている。

「私たちが長年親しんできた建物を根こそぎ、それこそ土くれのひとかけらまで同じ瀬戸内の町へ持っていかれてしまった。町に予算がないから買い取ることができなかったのだが、非常に残念な思いをしたもんです」

『朝鮮通信使船上関来航図』部分。ユネスコ世界記憶遺産登録資料（超専寺蔵）

西山たちボランティアで作る「かみのせき郷土史学習にんじゃ隊」のメンバーは吉田邸の最後の姿をビデオに撮影して残したが、続いてかつて海上警備に使われた上関御番所も下蒲刈へ売り渡される寸前のところを、県議会議員に間に入ってもらいかろうじて食い止めることができた。

御番所は結局、上関町が買い取り、一九九六（平成八）年に港の見える高台へ移転し復元されたが、「古いものに対する文化的興味がなかった町の姿勢もだいぶ変わってきた」と西山は話す。

広島でのサラリーマン生活から上関へUターンし、趣味の郷土史を勉強していた西山は二十五年くらい前に、浄土真宗本願寺派の超専寺に保管されていた『朝鮮通信使船上関来航図』を住職に見せられ、その壮大なスケールに感動したのだという。

石垣の上に鎮座する御番所を横目に入港してくる六隻の通信使の豪華船団と、出迎えの長州藩の船が港いっぱいに広がる様子が画面に活き活きと描かれていたのである。

西山はその後、朝鮮通信使について自分で勉強した成果を地元の防長新聞で二十三回続きの連載記事にまとめた。その時に担当記者を通じて辛基秀と知り合い、上関に講演へ来てもらうようになり、通信使の迎賓館となった御茶屋の跡や御番所などを案内したり、地元で発掘された通信使関係の史料を紹介したりした。

辛とは韓国のテレビ局が八月十五日の朝鮮民族解放を記念して放映したドキュメント番組に一緒に出演したこともあるという。

上関では岩国藩が通信使の迎接に当たったが、辛基秀が著書や講演でよく取り上げる史料に岩国徴古館所蔵の『信使通筋覚書朝鮮人好物附の写』がある。

正徳元（一七一一）年に書き残されたこの文書には通信使一行が第一の好物としていた牛肉の調理方法などについて次のような興味深い記述がある。

肉を薄平に切て小串にさし、油、醤油ニて炙。……胡椒の粉を少ふりてよし、又ゆで牛の時は、肉肝、大小腸を能ゆもして程よく切、皿にもり、小は肉を下盛、肝、大小腸の切たるを上に盛かけて出す、あいしほに醤油に酢少点じ、ひともじ小口切かけて、ちょく二入て付べし。

百葉（内臓）――彼国の人賞味の物也、胃に黒き簾毛のようになる物有、是を剥ぎ去て白きを取てせんに切、百葉も亦然り、皿盛合辛子酢ちょく入て付べし、或は右ニ味せんに切たるを粕和へにして、酢少加味し、せうが（しょうが）、にんにく、せんまぜ合、すゝむ。

肋　アバラ也――彼国にてカルビといふて賞味する物なり。長サ三寸程宛に切、肋に付たる肉少宛有此肉を五分程宛に切目入、油、せうゆ（しょうゆ）にて能炙すゝむ……

（辛基秀著『朝鮮通信使――人の往来、文化の交流』第五章「朝鮮通信使と肉食文化」より抜粋）

この史料には大根キムチの漬け方まで記されていて、江戸時代に朝鮮料理の作り方がこれほど詳しく日本に伝えられていたのには驚かされるが、これを解読したのは上関の古文書解読の会のメンバーだという。

同町は朝鮮通信使の寄港地というだけではなく、江戸時代には参勤交代の西国大名や琉球使節、北海道の昆布を運ぶ北前船の出入りでもにぎわったため、古い記録類が多く保管されており、これらの解読を通して町の歴史を掘り起こそうという試みが続けられている。

そうした活動の中心になっているのが「かみのせき郷土史学習にんじゃ隊」（井上敬二代表）で、古文書研究のほか、『コミック朝鮮通信使物語——海と時を越えて』を作製して町内へ来た人に室津半島と長島に残る史跡を無料で案内したりするボランティアを務めている。

二〇〇三（平成十五）年十月、通信使の訪れなどを速報した狼煙《のろし》場と番人が寝泊まりした小屋の跡が上関町練尾地区の尾根筋で見つかったが、にんじゃ隊のメンバーが文献で大体の位置を特定し、現地を探索して確認したのである。

こうしたボランティア活動の実績が朝鮮通信使研究者の間で高く評価され、二〇〇四（平成十六）年秋、上関町に朝鮮通信使関係地域史研究会の事務局が置かれることが決まった。

同研究会は、朝鮮通信使ゆかりの町で結成する朝鮮通信使縁地連絡協議会（松原一征会長）の研究部会として設立され、情報交換などネットワーク化を促し、通信使に関する研究をさらに深めるのが目的で、責任者は辛基秀と長年、二人三脚で通信使研究に取り組んできた京都造形芸術大学客員教授の仲尾宏が引き受けることになった。

5、乃木将軍もルーツは朝鮮（下関）

江戸時代に朝鮮通信使の豪華船団が何度も行き交い、朝鮮半島の文化を最も積極的に受け入れてきた本州の最西端、山口県下関市。

玄界灘に面したこの港町は、明治を境に長州藩出身の木戸孝允が征韓論を主張するようになってからは、友好の雰囲気が一転して朝鮮侵略への玄関口となってゆく。

辛基秀は日本の敗戦後、一家で朝鮮へ引き揚げることも考えて、下関をよく訪れたが、朝鮮人が多く住みながら同胞への差別の厳しさに暗い気持ちになったこともあったという。

下関は赤間関ともいい、古来源平合戦の舞台としても知られ、朝鮮通信使の一行が対馬から玄界灘を渡ってきて日本本土で最初にいかりを下ろす大きな港町だった。

享保四（一七一九）年に来日した製述官の申維翰《シンユハン》は、『海游録』の中で赤間関の印象について次のように記している。

　夕暮に赤間関の前湾に着いた。湾堤は甚だ壮にして、一抱えもある木を数十、数百株と連ねて水中に挿して列べ、その上に白い板を舗き、縦横それぞれ十余間、岸と平直にして寸分の高低もない。……西山すそに待変亭がある。亭舎は敞豁（ひろくひらけ）、帯剣した男が十数人列座し、大砲数十門を架設している。砲門はことごとく海を向き、弾丸を貯え、火縄を夾んでおり、まさに敵に応じて発砲を待っているようだ。亭の下の海水の渦巻くところには、戦船が三隻あってはなはだ大きい

朝鮮通信使は、豊臣秀吉による文禄・慶長の役の戦後処理を受けて来日した友好の使節であるが、再び日本に朝鮮侵略の意図はないか地理・軍事面での観察も怠らなかったことが、こうした文章から読み取れる。

下関の風光明媚な点や大きな町としてにぎわう様子は申維翰以外の正史、副使の書き残した朝鮮側の記録にも見つかっているが、地元・下関には同じ山口の港町である上関とは対照的に通信使の史跡や史料類はほとんど残されていない。

「明治以降、朝鮮半島から出稼ぎや強制連行などでたくさんの朝鮮人が下関へやって来て集落を作るようになった。神功皇后の三韓征伐などが声高く語られ、朝鮮人への差別意識が強くなり、通信使の世界はいつのまにか消えていったのでしょう」

こう語るのは、下関在住の郷土史家で、『文明の使者　朝鮮通信使』を書いた前田博司だ。

下関市立大学で非常勤講師も務める前田は一九八九（平成元）年に下関市立長府博物館で開かれた朝鮮通信使展で知り合った辛基秀に励まされ、通信使研究にのめり込んでいく。

その結果、下関市の安岡地区に明治年間まで伝わった雨乞踊りは、岡山県牛窓の唐子踊りと歌詞が似ていることから朝鮮通信使に影響を受けたものであるということが分かってきた。

「地元の史料を丹念にあたっているうち、この史実に気づいた時には本当に心を動かされました。でも今、唐人踊りにまつわるものは何も残されていない。下関というところは港町なので本来は外国との関係で語られることが多いはずなのに、源平合戦とか、明治維新などの内向きの歴史にしか関心を示さないのです」

そんな前田が辛基秀と抱き合うようにして喜んだのは、二〇〇一（平成十三）年八月二十五日、下関市の赤間神宮前に「朝鮮通信使上陸淹留《えんりゅう》之地」と刻んだ石碑が建立されたからであった。

赤間神宮は、かつて通信使の三使と上官が宿泊した客館で、阿弥陀寺と呼ばれたが、明治の神仏分離令で天皇社となり、社号を赤間宮と改め、一九四〇（昭和十五）年に今の名前になった。

しかし、ここで江戸時代に朝鮮からの客人が最大限の歓迎を受けたという友好の史実はほとんど知られていなかったのである。

日朝交流の歴史を今に伝えるこの碑は高さ一・八メートル、幅五・四メートル、奥行き二十五センチの大きさ。「滝留」とは身分の高い人がその地にしばらく滞在するという意味で、地元在住の直木賞作家、古川薫が命名し、韓国・京畿道《キョンギド》から運んできた青御影石に韓国の元首相金鐘泌《キムジョンピル》が筆を走らせた。

その除幕式で辛基秀は「十二年前、長府博物館で朝鮮通信使展を開いた時、下関には朝鮮との交流の跡は地名にしか残っていなかったことを思うと感無量です」とあいさつした。

この日を辛、前田と同じ高揚した気分で迎えたのが、長府博物館で学芸員をしていた町田一仁である。

「朝鮮通信使上陸滝留之地」の除幕式で。後列左から３人目が辛基秀。辛の手前が前田博司。後列右から３人目に当時自民党幹事長を務めた首相・安部晋三の姿も

地元に一九五五（昭和三十）年に生まれ、中央大学で日本中世史を専攻した。

朝鮮通信使展はかつて西日本での開催例がなかったため、町田は辛基秀から通信使のコレクションを貸してもらいアドバイスを受けながら、一九八九（平成元）年の十月に「朝鮮通信使――その足跡と防長における文化交流」を長府博物館で開いた。

「下関では在日の人たちへの差別意識がとても強いが、これをなくすためには仲の良かった、江戸の朝鮮通信使の時代から入らないと理解されない、という思いを大阪の堺に辛さんを訪ねて伝えたんです。小さな焼き鳥屋で一杯飲むうちＯＫとなった。ぼく自身の中にある差別意識を克服したいという気持ちもあったのかもしれない」

ところが、地元下関には肝心の通信使の足跡を裏付ける史料が何も残されていなかった。それでは格好がつかないと、町田はかつて通信使一行の迎賓館となった阿弥陀寺に何か手がかりになるものはないかと探すうち、辛基秀から京都国立博物館に赤間神宮から段ボール箱で未整理の史料が行っていることを教えられた。

「期待はできないだろうけれど、一応見てみるかということになり、辛さんと夏の暑い盛りに京都へ出かけたのです。国宝修理所で古い記録を一枚、一枚めくるうち、最後になってひょっとしたらというのが出てきた」

それが正徳元（一七一一）年に来日した通信使の副使、任守幹《イムスガン》の遺墨だったのである。阿弥陀寺には源平合戦で壇ノ浦に入水した安徳天皇を祀る御影堂があり、その前で通信使の一行は懐古詩を詠むのが慣わしになっていた。任もそうした一文をしたためていたという訳である。

昭和初期の日朝史専門家の松田甲がかつて赤間神宮には通信使にまつわる史料は残されていないと書いていただけに、「この史料を見つけた時のうれしさは一生忘れられない。辛さんは大上段に構えないで、身近なところから話をしてくれ、フィールドワークの大切さを教えてくれた。大学の先生以上の恩師です」

町田はそうした辛からさらにアドバイスを受けて史料の発掘を続け、一九九六（平成八）年に長府博物館で「特別展　東アジアの中の下関――近世下関の対外交渉」を開いた。展示された百三十三点の史料の中には、『長府藩藩中略譜』という近代日朝史を書き換えるだけのインパクトのある紙本墨書があった。

この中の「乃木家の条」に、次の一文が出てくる。

「但馬国某村乃木谷と称するあり。朝鮮国の人、豊太閤に従って帰化するもの、吉田織部の管護する所となりて乃木谷に居り、某女人を通じて一男子を得たり。其子長じて自ら佐々木三太夫源冬純と称す（或いは言う、母の家を佐々木と称す）。冬純、金山豊春の娘を娶り一子を得たり、医学を学びて佐々木瑞昌と称す。瑞昌、当（長府）藩に仕え、乃木伝庵と改む（後略）」

日露戦争で第三軍司令官を務め、明治天皇崩御の日には夫婦で殉死して明治日本のシンボルとされた乃木希典《のぎまれすけ》（一八四九―一九一二）のルーツは、文禄・慶長の役で朝鮮から連行されたまま日本に定住し、のち長府藩へ仕官した朝鮮人であるというのである。

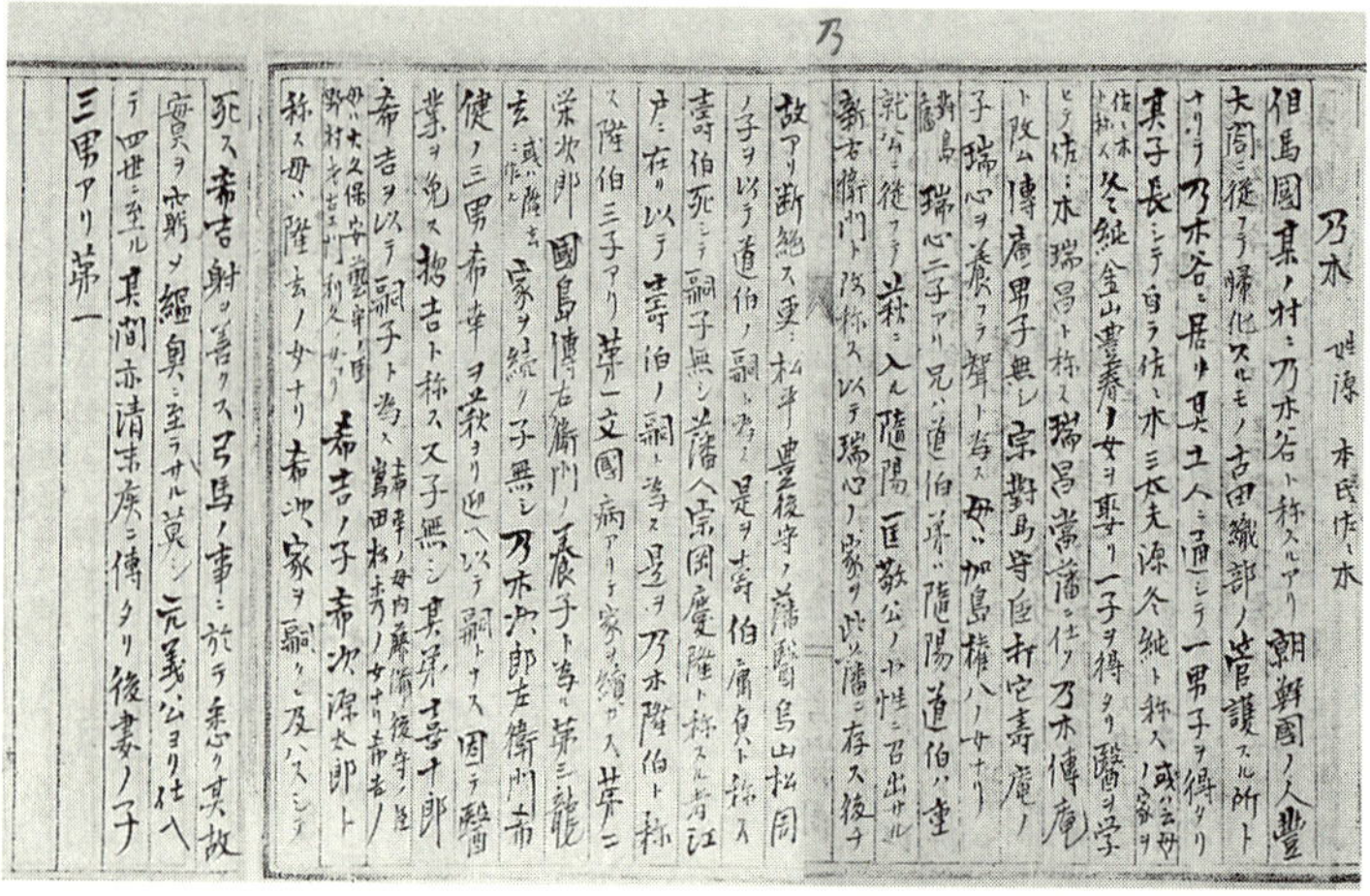

長府藩藩中略譜（乃木家の条）　ここには乃木家の先祖も文禄・慶長の役で日本に連行され、但馬の乃木谷に居住した被虜だったが、朝鮮には戻らずのちに長府藩に仕官した旨が書かれている（「特別展　東アジアの中の下関」図録より）

但馬国某村乃木谷とはどこにあるのか。統一日報の神戸支局長を務めた尹達世は日本海側の城崎温泉の外れに「野木谷」という地名を見つけたと『四百年の長い道—朝鮮出兵の痕跡を訪ねて』（リーブル出版）の中で書いている。

「乃木将軍のルーツは朝鮮にあり」という話は地元の下関では知る人ぞ知るエピソードだが、公に語られることはなかった。この史料が見つかった時にも、地元の新聞記者はあまりに影響が大きすぎるということで記事にするのをためらったそうだ。

それだけに、現物を見た辛基秀と京都大学の上田正昭の喜びもひとしおで、「開戦と終戦時に外務大臣を務めた東郷茂徳も朝鮮からの陶工達の末えいだったが、乃木希典もそうだったとは驚きの限り。司馬遼太郎ら多くの日本の作家、知識人がそのことを知っていたら乃木将軍の殉死の意味も違ってきただろう。近代日本の象徴とされた人物が朝鮮半島出身ということが広く知られれば朝鮮のイメージも変わってくるのではないか」と話していたという。

６、国境の島でアリラン祭り（対馬）

瀬戸内海とは一変して波の高い玄界灘に浮かぶ対馬は長崎県の最北端に位置し、佐渡、奄美大島に次ぐ日本で三番目の大きさの島である。人口約四万一千人。全島濃い緑に包まれた岩だらけの島の周囲をリアス式の入り江が深く海に刻み、ツシマヤマネコなど大陸系の珍しい動物も生息する。その北端・鰐浦《わにうら》から韓国・釜山まではわずか五十キロの距離で、晴れた日の夜には釜山の明かりもはっきり見えるほどだ。元々、日本が朝鮮半島を植民地支配していた時代には対馬の人々は釜山まで映画を観に行っていたし、朝鮮戦争の時には戦火を交わす朝鮮半島から大砲の音が聞こえてきたという。

福岡まで百五十キロも離れていて、済州島《チェジュド》より韓国に近いという地政学上の理由から古来、対馬と釜山の間では交易が活発に繰り返されてきており、特に米が作れない対馬にとって韓国との関係を結ぶことは生命線だったのである。

豊臣秀吉による文禄・慶長の役（壬辰・丁酉倭乱）で日本と朝鮮の友好関係が壊されると、その戦後処理をするため対馬藩主の宗《そう》氏は、徳川家康の国書を偽造する事件を起こしてまでも、両国関係を保たなければならない必要があった。

江戸時代に朝鮮通信使の一行が豪華船団で日本へ渡ってきた海路も、現在ではＪＲ九州など三社が毎日高速船を運航しており、韓国からの観光客なども急増し、年間三十数万人が訪れ、市民交流も拡大の一途をたどっている。

辛基秀はこの国境の島へ一九六〇年代半ばに、朝鮮人海女の記録映画を撮影するため訪れたが、地元に大きな足跡を残したのは「アリラン祭り」を実現させたからである。そのため何度も足を運んでおり、対馬を第二の故郷のように思っていたという。

「辛さんは対馬にいつも温かい目を向けてくださった。対馬の歴史観を変えた大変な恩人なのです」

こう語るのは朝鮮通信使行列振興会の会長を長年務めた庄野伸十郎だ。

庄野は一九四四年、大阪府堺市生まれで、中学時代に父親の晃三郎に連れられ対馬へ移り住んだ。朝鮮戦争後の物不足で釜山から日用品などを買出しに来る韓国の人々との密貿易で賑わ

1980年夏に対馬で行われた通信使パレード。当時は「李朝通信使」と呼んだ（提供・庄野伸十郎）

うころで、日韓条約が結ばれるまでの十五年間くらいはとても羽振りが良かったという。

一九七九（昭和五十四）年に厳原町で上映された『江戸時代の朝鮮通信使』を庄野と一緒に鑑賞した父親が、近世の日朝友好の埋もれた歴史を掘り起こした辛基秀の姿勢に深く感銘を受け、辛との交流が始まった。

それまでは郷土の生んだ偉大な儒者であり、江戸時代に朝鮮外交を担ってきた雨森芳洲の存在については地元の歴史研究家永留久恵が書き記しているとはいえ、学校でも十分に教えられず、墓が地元の長寿院にあることも知られていなかった。それほど映画のインパクトは大きかったのである。

辛から「通信使の仮装行列をやったら面白いでしょう」とアドバイスされた庄野の父親は当時、大きな衣料品店を経営していたが、私財をなげうってチマチョゴリなどの民族衣装や太鼓、旗、槍などを韓国から大量に輸入し、翌一九八〇年夏の港祭りで、朝鮮通信使行列を再現した。

最後の通信使が対馬に来てから百七十年ぶりのことである。

ただし、当時は韓国へ配慮して「朝鮮通信使」を使わず、「李朝通信使」と名づけた。

当時の名残をとどめる武家屋敷と石塀の町には韓国の古典舞曲が流れ、赤や青、緑の色鮮やかな民族衣装を着た総勢百二十人のパレードが目抜き通りを進むと、沿道を埋めた約六千人の観客の間から盛んに拍手が起こった。韓国領事館の領事が通信使の正使に扮し、釜山ＹＷＣＡの合唱団も歌って踊り、本場の雰囲気を伝えたという。

この時の様子を報じた八月四日付の長崎新聞に辛基秀は「金《キム》大《デ》中《ジュン》事件など暗い政情の中で、大陸と最も関係の深かった対馬で朝鮮通信使が再現されたことは大変意義深い。世界史の中でもまれな友好関係の歴史を多くの人たちが知り、行列を定着させてほしい」という談話を寄せている。

庄野晃三郎はそれから五年後に七十二歳で亡くなった。

「遺産だけでなく、会長の仕事も後を継いでほしい」と町長から繰り返したのまれ、伸十郎が父親のロマンを引き継ぐことになったが、だいぶ紆余曲折があったようだ。

「この祭りを始めた当初、私はオヤジとけんかが絶えなかったのです。日本人が日本の祭りに参加するのになぜ朝鮮人の服を着なければいかんのかという率直な批判があった。それに町に予算がないから会社の金はつぎこむわ、社長命令で三十人いた従業員にも強制的に行列に参加させる。『チマチョゴリを着ると暑いし、恥ずかしいからもういやです』と泣きついてくる女性従業員もいて大変だったのだが、三年くらいしてから町や商工会もバックアップしてくれるようになった。

通信使の史料は韓国には少ないそうで、日本人が再現したことに韓国の人から感謝され、驚きました。オヤジには先見の明があったということでしょうか。気がついたらオヤジ以上に通信使の世界へはまってしまい、父子二代のバカやと笑われています」

こう言ってはにかむ庄野だが、重視したのは祭りに使う衣裳をできるだけ当時のものに近づけることだった。そのため朝鮮通信使絵巻に出てくる衣裳を韓国の専門家に見てもらうため、辛基秀にソウルの大学教授や服飾専門家を紹介してもらったり、さまざまなアドバイスを受けたという。

「日本と朝鮮の間で過去にどんなことがあったのか、いいことも悪いことも含めて次の世代に正確に伝えていきたい。正しい歴史を表現することは私の場合、通信使の衣裳にこだわることにつながるんです。辛さんの歴史をひたむきに見直そうという姿勢を尊敬してきました。対馬に国際交流という種をまいてくださって、それが立派に育っていますね」

アリラン祭りは毎年八月の第一土、日曜日に行われ、四半世紀を迎えたが、九州を代表する夏のイベントの一つにまで成長した。対馬では日韓交流のマラソン大会や音楽祭なども開かれるほか、韓国の学生をホームステイで受け入れたりしている。

対馬が日韓交流の島としてよみがえるようになったきっかけは、辛基秀が映画『江戸時代の朝鮮通信使』で取り上げた雨森芳洲の存在が、韓国の大統領盧泰愚《ノテウ》によって紹介されたことによる影響も大きい。

一九九〇（平成二）年五月に盧泰愚が来日した際、天皇主催の宮中晩餐会で「誠意と信義を持って朝鮮との外交に携わった人物」として芳洲の業績をたたえるスピーチをしたため、芳洲が八十七年の生涯のうち六十六年間を過ごした対馬は急遽外交の檜舞台として脚光を浴びることになった。

これは知られざるエピソードだが、盧泰愚のこの時の演説の草稿に雨森芳洲のくだりを盛り込んだのは韓国外務省の知日派である徐賢燮《ソヒョンソプ》だ。

韓国でベストセラー『일본은《イルボヌン》 있다《イッタ》』（邦訳『日本の底力』光文社）を著し話題になった人物で、一九九八年から二〇〇一年まで駐福岡韓国総領事を務めたため、対馬のアリラン祭りにも招かれ、正史役を演じることになり、対馬との縁に深く感じ入ったという。

徐は一九四四年、韓国全羅南道《チョルラナムド》求礼《クレ》生まれ。建国《コングク》大学卒業後、韓国外務省に入り、ケニア、ロシア参事官、パプアニューギニア大使を務めたが、三回の駐日勤務のかたわら明治大学の大学院で修士号と博士号を修得している。福岡在勤の後、横浜の韓国総領事も務めた。

辛基秀は徐賢燮に福岡の総領事公邸に招かれたり、通信使をめぐる各地の集会でも顔を合わせたというが、徐の印象について「日本の大学院で韓日関係と国際法などをテーマに研究されるほどの日本通でありながら、英語圏の外交官赴任の仕事もいつ回ってくるか分からないので毎朝一時間英語の勉強を欠かしていないと聞いた。韓国と日本は近すぎるから晴れたり、曇ったりの関係は当たり前なんですよ、と言っていたことを覚えている。真面目でありながらとてもユーモアがあり、現代の朝鮮通信使と呼ぶにふさわしい人だ」と話していた。

徐賢燮が雨森芳洲に注目した理由などについては二〇〇〇年に西日本新聞編集委員の嶋村初吉の取材に次のように答えている。

私はそういう素晴らしい両国（韓日）関係を築き、維持するために努力を重ねた人たちを再評価し、両国により広く紹介しようと思い、そういう人を探した。そして、朝鮮の歴史からは申叔舟《シンスッチュ》（一四一七－一七五年）を、日本側からは江戸時代に最高の朝鮮通として活躍した雨森芳洲を見つけ出し、二十年も前から非公式的な場で「お互いを欺かず、争わず、真実の心を持って交わる」という誠心外交の精神を蘇らせるべきだと、言い続けてきたのである。

しかし、私の主張は、非常に限られた人びとにしか伝える機会がなかったせいか、あまり注目されなかった。雨森芳洲は、韓国ではいうまでもなく、日本でもだんだん忘れられて行ったのだろうと思う。なぜ忘れられてしまったのか。それは明治政府の新しい対朝鮮政策と関連があると考える。明治以後の日本のそれは誠心の外交と相容れないものであったからではないだろうか

（『日韓の架け橋となった人びと』明石書店）

雨森芳洲に光を当てた盧泰愚発言は、それまでの日本と朝鮮半島の関係は過去にばかり目が向きがちだったのが、過去を踏まえた上で未来に目を向ける日韓新時代にふさわしいものとしてインパクトがあった。

この時の盛り上がりが契機となって三ヵ月後に地元の郷土史家永留久恵が会長となって「芳洲会」が設立され、「誠信之交隣」碑を建立し、碑の除幕式には、韓国から多数の人々が参加した。

永留は雨森芳洲再評価の動きについて「新しい対馬の発展は、対馬人の国際性を回復し、隣国との交流を図る以外にはないのです」と一九九一年十月二十日付西日本新聞にコメントを寄せている。

「対馬で盧大統領の発言を聞いた時の皆の驚きは大きく、庄野さんたち町の仲間と何とかしなければいけないと走り回った。そして二年後に辛先生の協力も得て朝鮮通信使のシンポジウムを開くことができた」と振り返るのは、地元の海運会社社長松原一征だ。

それから三年余りの間に松原たちは通信使ゆかりの四十近い市町村を訪れ、日韓の平和のシンボルである通信使の歴史を継承しながら、自治体間で交流を図り、地域の振興に寄与していこうとアピールしてきた。

一九九五（平成七）年十一月には厳原町に約三十の自治体関係者が集まり、朝鮮通信使縁地連絡協議会が発足した。松原が会長に就任してゆかりの地をリレーしながら交流大会を開いていくことなどを決めたのである。

辛はこの協議会発足に合わせ、地元の歴史民俗資料館で自身が所蔵する通信使関係の絵画などのコレクションを展示して、多くの人に江戸期の日朝交流の足跡を紹介した。その上で「民衆の好奇心と通信使」のタイトルで講演し、次のように語った。

「明治維新後の日本政府が朝鮮通信使をいかに疎んじ、黙殺し、無視してきたか。その最大の犠牲はこの絵画類で、通信使を描いた絵画は現在百数十点見つかっているが、氷山の一角にすぎず、所蔵者も通信使について教育を受けていないため、これが何の絵なのか分からないまま納屋や神社、お寺さんの倉庫に眠っているものが多いと思う。事実優れた絵画のほとんどは偶然に世に出ているのです」

辛基秀がたびたび足を運んでいた対馬は離島であることも手伝ってか、本土に比べ古文書などの流出も少なく、貴重な史料の宝庫となっている。

中でも江戸時代、日朝交流に大きな役割を果たした対馬藩の藩政史料である宗家文書は圧巻だ。藩の出来事を詳細に記録した日誌類や外交・貿易などに関する奉書、徳川将軍から歴代藩主に提出された内書、絵図、印章などが十二万点以上も収蔵されているという。この中には竹島の領土問題に関する記述や、朝鮮人参の輸入など貿易実態を示す史料も含まれている。

一九六八（昭和四十三）年以来、年に二、三回長い休みをとっては対馬でこの古文書を調査してきた慶應義塾大学文学部教授の田代和生は、東京・御茶の水の日仏会館で映画『江戸時代の朝鮮通信使』を見て心を動かされた一人だ。

その後、厳原町で辛本人と出会うが、「日本と朝鮮とのいい時代に光を当てられ、民衆の中に埋もれていた朝鮮文化を次々と発掘された。辛さんは目がすごく優しい人で、映画にも人柄がにじみ出ているようだった」と振り返る。

対馬滞在中の田代の毎日は、宗家の菩提寺である万松院の倉庫に保管されている膨大な史料を読み込んだ上で、一枚ずつ写真に撮る作業をするのだが、「対馬藩は徳川幕府に対して強気で、それに対して幕府も対馬藩を腫れ物に触るように大事にする。それはどうしてだろうか、宗家文書は宝探しのような面白さがありました」という。

ほこりと汗まみれになりながらの単調な仕事だったが、こうやって見つけ出した史料が基になって、辛基秀が『江戸時代の朝鮮通信使』の中で描いた長さが百二十メートルにも及ぶ通信使絵巻の由来が解明されたりしたのである。

地道な研究を積み重ねて、田代は近世日朝関係史の専門家として『近世日朝通交貿易史の研究』（創文社）、『書き替えられた国書』（中公新書）などを発表して新境地を切り開いていく。

対馬の国書改ざん事件は、豊臣秀吉が起こした文禄・慶長の役の戦後処理をめぐって徳川幕府と朝鮮王朝の板ばさみになった対馬藩が、双方の国書の一部を改ざんし、国交回復を急がせたというもので、農地が乏しく、古代から朝鮮との交易が島民の生活にとって不可欠な宗家にとってやむを得ぬ選択だった。

一六三三（寛永十）年に対馬藩のお家騒動で発覚し、二年後に家光が江戸城内で裁判を行い、事件にかかわった家老の柳川調興らを処分したが、田代の作品はその間の内幕と顚末をスリリングに描いている。

二〇〇二（平成十四）年には朝鮮の釜山に徳川幕府公認の日本人町である倭館が開設されていたこ

とを描いた『倭館――鎖国時代の日本人町』（文春新書）で、二〇〇三年度の毎日新聞社アジア・太平洋賞を受賞した。

倭館は現在プサンタワーの立つ龍頭山《ヨンドゥサン》を中心に十万坪、すなわち長崎・出島の実に二十五倍に及ぶ広さの敷地に四百〜五百人が対馬から移り住み、朝鮮との外交や交易に当たったが、その実態はほとんど知られていなかった。

ここに住む外交の裏方と朝鮮側との密接な交流があってこそ、朝鮮通信使が行き交う平和な善隣友好の時代も実現したのである。

そんな田代だが、きつい仕事が終わった後のアフターファイブ（午後五時以降）の時間がとても楽しみで、辛基秀ともよく杯を交わした。この時の縁がもとで、一九九二（平成四）年に国立国会図書館や大津市歴史博物館で「宗家記録と朝鮮通信使展」を開いた時には、辛から淀川を上る通信使船などのコレクションを貸してもらい、大いに彩を添えたという。

「辛さんはお宝を集めている人とは思えないくらい、気前良く作品を貸してくださった。皆さんが喜んでくだされればそれだけでいいという感じなのだけれど、通信使のコレクションを後世にどう伝えていくかで正直悩んでいらしたと思う。自分が発掘し、その存在を紹介していくことで作品の相場が上がっていく。そうなると誰もが手を伸ばせなくなるわけだから。辛さんが協力してくださったようなぜいたくな展覧会はもうできないのでは、そんなことを感じています」

田代は辛が亡くなってから半年後に古文書が山積みにされている大学の研究室で思い出をこう語った。

7、琵琶湖と朝鮮人街道（滋賀）

海路を経て大坂から内陸へ入った朝鮮通信使の一行は淀川を船で上り、京都から滋賀へと進むが、辛基秀の心を深くとらえていたのは、琵琶湖の風光明媚な情景と朝鮮人街道の静かなたたずまいだったようである。

夏でも涼しげに湖水をたたえ、その中に松の繁った竹生島が浮かぶ。時に朝霧の立つ水面で京大生らがボートをこぎながら汗を流す。そんなシーンを思い起こさせる「琵琶湖周航の歌」が辛のお気に入りで、ほろ酔い加減で口ずさむこともあった。

辛の告別式の会場で孫の高校生の源が歌うこの曲に、参列者の誰もが「ああ、これこそ辛さんのテーマソングだ」と感動し、皆が静かにというよりは、万感迫る思いの大きな声で歌い、辛を見送っていったものである。

辛が亡くなる七年前の一九九五（平成七）年七月末、滋賀県近江八幡市の浜街道――。朝鮮人街道とも呼ばれる琵琶湖に近いこの古道は、梅雨明けの暑さがことのほか厳しかった。

「センセ、このラーメン屋のラッパみたいなのを吹いてるのが朝鮮人ですか」

「そうや。ここは徳川の将軍以外は朝鮮人だけが通ることを許された特別な道なんや」

笛や打楽器を奏でながら歩みを進める朝鮮通信使の絵図を見せる辛基秀は、帽子をかぶり、白の半そでシャツに黒っぽいズボン姿。ショルダーバッグを肩に掛けているが、扇子であおいでも額からは玉のような汗が流れる。

通信使行列の中でもっとも人気があったのはラッパやほら貝のような楽器を吹いたり、ドラや太鼓をたたきながら二列になって進む楽隊で、音楽好きの若者たちは目ざとく反応した。

辛が非常勤講師を務める奈良にある天理大学の「民族問題論」の現地勉強会には、若者ばかりでなく、夜間中学の先生も参加し、にぎわいを見せた。

一行は江戸時代の主要街道の一つ、中山道のわき道である朝鮮人街道を歩き、近江八幡市の図書館や資料館で古文書や古い地図を見た後、滋賀県高月町にある雨森芳洲の生家、「東アジア交流ハウス雨森芳洲庵」を訪れ、日朝友好の足跡を一日がかりでたどったのである。

朝鮮人街道は、野洲の行畑で中山道と分かれてから琵琶湖の東岸に沿って近江八幡、安土を経て彦根の鳥居本《とりいもと》で再び中山道と合流する約四十キロをさすが、織田信長の安土築城のころ整備されたという。集落と集落の間を自然発生的につないでおり、条里制の遺構にも影響されて屈曲の多い道だが、黒塀に格子戸や白壁の古い家並みが残るところも。農道の整備や橋の付け替えなどでかつての面影は少なくなったが、地元の彦根東高校の生徒たちが古い史料をもとに現地で探索を繰り返し、一九九〇（平成二）年に地図上で朝鮮人街道を復元して話題になったことがある。今では観光客も訪れるようになっている。

江戸時代に参勤交代の大名やオランダ、琉球からの使節は大津から進路を右に取り、鈴鹿を越えて東海道へ出るのが一般的だったが、朝鮮通信使の一行は徳川将軍が上洛の際に使ったこの浜街道を通行することとされた。当時の朝鮮と日本の外交関係がいかに重視されていたかが想像されるというものだ。

辛基秀は、日朝友好を目指す青丘文化ホールを主宰しながら朝鮮通信使の史料発掘に各地を飛び回っていたため、多忙で、大学側からの講師依頼の話は断ることが多かったが、この時の天理大学の非常勤の仕事は引き受けることを決めていた。戦後五十年という節目を意識していたのかもしれない。「前の年に、天理大の学生寮で朝鮮人へのいじめ事件があった。それも朝鮮学科を昔から置いている伝統ある大学での出来事です。この問題で頭を痛めた大学側が民族問題を真正面から取り上げる講座を作りたい。それで教えに来てくれませんか、とたのまれましてね」という。

毎週木曜の午後に九十分の授業を二コマ受け持ったが、内容は①日本では近代に入って上からの他民族蔑視思想がいかに一般民衆の心を汚したか②それ以前の江戸期には朝鮮通信使の往来を光ととらえることで文禄・慶長の役の影の部分を克服する努力をした——というもので、毎回二百人ぐらいの学生が聴講していた。学生たちの反応も良く質問が多く出たという。

そして月に一回の割合で土曜や日曜の時間が取れたときに課外ゼミのような形で、大阪・鶴橋の朝鮮市場や大坂滞在中に病死した第十一回朝鮮通信使の小童、金漢重《キムハンジュン》の墓がある竹林寺などを訪れ、日本と朝鮮半島の過去と現在を現場で学んだのである。

辛は授業ではテストはやらずに「雨森芳洲の朝鮮外交と文化相対主義について記せ」のようなテーマで四百字詰め原稿用紙五枚のリポートを提出させた。

辛の講義に毎週出席し、朝鮮人街道での課外ゼミに参加した朝鮮学科三年の鈴池拓司は「民族問題の講義をやると聞いたので初めは差別とか在日の問題を教わるのかと思っていた。そうではなくて朝鮮通信使とか雨森芳洲のように日本と朝鮮半島の間にあった良い話を聞けたので、未来にとても希望が持てた」と感想を話していた。

ところで近江の国は、古来日本の東と西、北と南を結ぶ交通の要衝で、七世紀の天智天皇の治世には奈良の飛鳥から大津に遷都した時代もある。琵琶湖の周囲には朝鮮半島からの渡来人の足跡を印す遺跡なども多く見つかっていて日本と朝鮮との交流最前線の地でもあった。

享保四（一七一九）年の第九回朝鮮通信使に製述官として来日した申維翰がまとめた『海游録』には、京都を出た通信使の一行は近江に入ってからは大津を経て守山の東門院（守山寺）に宿泊、朝鮮人街道を通って八幡の西本願寺別院で昼食を取り、彦根の宗安寺で旅装を解き、摺針《すりはり》峠を越えて大垣へ向かう様子が出てくる。

中でも、一行が深い感銘を受けたのは、琵琶湖の美しさで、申維翰は中国の詩人によって名勝と詠われた洞庭湖にも匹敵する光景と賞賛した。

辛基秀は、朝鮮通信使について造詣が深い歴史学者の姜在彦《カンジェオン》と一九七一（昭和四十六）年秋、この東門院を訪れ、住職から通信使の置き土産である扁額と大きな壺を見せてもらったことがある。

本堂の裏から持ち出されたビニールに包まれた扁額は「守山寺」と骨太に書かれ、朝鮮黄敬庵の落《らっ》款《かん》があった。クリーム色の地肌に緑色の唐草模様が刻まれた朝鮮焼の壺は庫裏の中庭に無造作に放置されていた。

「扁額はかなり痛んでいて、ほこりだらけになっているのを見てこれがオランダや中国のものならこんな扱いは受けなかったと思う。戦時中も住職が体を張ってまで通信使の遺品を守ってくれた牛窓や鞆の浦などとは対照的だった」

こう感じた辛だが、住職に扁額の修理などをお願いしてから十数年後に「朝鮮通信使の道をたどる会」の一行数十人で寺を訪れると、「守山寺」の扁額は本堂にきちんと掛けられ、大壺は床の間に置かれていて、安堵したという。

東門院は伝教大師最澄が延暦十三（七九四）年に開いた古刹《こさつ》で、比叡山の東端に立っていたが、一九八六（昭和六十一）年十二月の火事で本堂が全焼、朝鮮通信使の扁額と大壺は焼失し、朝鮮焼徳利のみが残された。

この寺から徒歩五分の所にある自民党の元総裁で、内閣総理大臣も務めた宇野宗佑（一九二二－一九九八）の実家には朝鮮通信使の漢詩数編が貼られた屏風が家宝として収蔵されている。辛基秀は一九八九年六月に造り酒屋でもある宇野家を訪ね、実物を見せてもらおうとしたが、入り口脇で若い警官に呼び止められ、訪問の理由をしつこく訊ねられたという。

通信使の漢詩を貼った屏風を見ながら宇野宗佑と歓談する辛基秀

「宇野さんのお嬢さんには父の許可を受けなければ撮影は許可できないと言われるし、ご本人は首相になられたばかりでリクルート事件や女性問題が発覚して連絡などとりようもなかった。この時は宇野さんの先祖、宇野春敷と朝鮮通信使のつながりについて本人がまとめた本を買って帰った」という。

後に辛は宇野本人とも顔を合わせ、家宝の屏風について説明を受けることになるが、宇野内閣がわずか七十日足らずと短命に終わってしまい、「韓国でも国際化の時代にふさわしい日本の新首相誕生ともてはやされ、日本でも両民族の友好を一層深めてくれると思っていただけにあっけない幕切れでした」と話していた。

宇野家に伝わるのは通信使接待の記念に贈られた漢詩約十編を六曲半双の屏風に貼ったもので、このうち寛延元（一七四八）年の通信使の一員、徐慶元《ソギョンウォン》が宇野春敷に寄せた一編は次のような内容だった。

遠き旅路の客として突然あなたのもとに来ました
あなたの麗しいお顔を拝見できて感無量です
求めにより一筆したためますが
元来才がなく、字もうまくありません
一夜をともに過ごすことができず
夢の中であなたを思い出すでしょう

また春敷の子、醴泉も通信使との交流がきっかけで儒学に励み、藩主の先生を務めるほどの学者に成長したと伝えられる。

東門院の次の宿泊先は、彦根城の西にたたずむ、井伊直政正室の菩提寺として開山した宗安寺である。通信使の一行は彦根で多くの学者文化人と筆談などで交流したが、第十一回の正史趙曮《チョオム》は『海槎日記』の中で、当時の彦根を「人物の繁盛、市肆《し》の殷富《いんぷ》、大坂に次ぐ」と記するほど活気のある町と紹介していたと言う。

歴代の彦根藩主は譜代大名として江戸詰めだったため、通信使の接待は留守を預かる家老の務めとなったが、全国に名をとどろかせた近江商人のおひざ元という財力に物をいわせて、もてなしの限りを尽くしたそうだ。

琵琶湖のホンモロコの塩焼きやビワマスの造り、淡水魚の飴《あめ》炊きにフナ寿司、とれたてのナマズ料理などを金や銀であしらった豪華な食器に盛って供したのだろうか。

それに加え、肉食を好む通信使一行のため、近江牛や鶏、それに猪や鹿の肉まで用意した。仏門では獣肉食はご法度のため、宗安寺にこれらを運び込むため黒門という専用の勝手口までこしらえるほどの熱の入れようである。

彦根藩では専用の牧場で育てた近江牛を味噌漬けにして江戸の将軍に贈っていたという記録があるが、通信使一行のうちプロの料理人である「白丁《ペクチョン》」から肉の調理技術も学んだとみられる。

また通信使一行はご飯に移る杉の香りが苦手だったらしく、日本六古窯の一つ、近江の信楽で専用のおひつなどの接待用茶碗や皿などの食器類まで焼いていたそうだ。

信楽の長野地区で古い窯を守る石野家には文化七（一八一〇）年の古文書と通信使に献上するため試験的に焼いた饗応茶碗数点が大切に保存されているが、素朴な形と土味の信楽茶碗は、朝鮮本国の茶碗に似ており、一行の心をなごませたに違いない。

元々、信楽焼は、新羅系の渡来人たちがここで始めたものとも伝えられている。

こうしたもてなしを受けた一行のうち、寛永十三（一六三六）年の第四回の正使、任絖《イムグァン》は彦根家老の岡田半助宣就に「酒の肴は大皿にみちあふれ、すべて貴重で珍しくおいしいものばかり。壺の中の春の新酒は、ほどよく発酵して大変旨い。心地よく酔いが回ってきました、帰り路がまだまだ遠いことを忘れ去ってしまいます。この厚いもてなしを、どのように感謝すればいいのか分かりません」と謝礼の詩を詠んでいた。

そんなグルメの饗宴が繰り広げられた宗安寺に、一方で、重く、悲しいストーリーも伝わる。

寛永元（一六二四）年の通信使副使、姜弘重《カンホンジュン》が執筆した『海槎録』によると、この宿舎で一行が旅装を解いている時、朝鮮の女性二人が子どもを連れて訪ねてきた。両班《ヤンバン》の娘で故国を離れて三十年以上たち母国語も忘れ、涙を流しながら父母の消息を尋ねるばかり。帰国の意思はあるかと聞いても、日本人男性との間にできた脇の子どもを指差すだけで、子どものためにそれはできませぬ、と無言の意志表示をしたという。

「豊臣秀吉が文禄・慶長の役で朝鮮女性も大量に連れてきたことは、従軍慰安婦問題の原型になる訳です」と、近江と朝鮮半島の関係を話すときは穏やかな辛基秀だが、この話題になると表情が引き締まる。

『人さらい戦争』と呼ばれた秀吉のいくさで日本に強制連行された朝鮮人は女性や子どもも含め五万とも七万とも言われているが、帰国できたのはわずかに一万人だけ。家族は離散し、家は焼き払われ、親兄弟の消息も分からない故郷へ戻ることなんて考えられなかったでしょう」と話す。

そんな複雑な思いもあった朝鮮通信使の一行は宗安寺を出発した後、鳥居本から中山道を摺針峠へ向かってゆっくり上っていき、標高千七百メートル地点にある「望湖亭」と呼ばれた茶屋で一休みするが、ここから眺める琵琶湖は特に景観が優れ、歌川（安藤）広重（一七九七－一八五八）の浮世絵にも描かれているほどだ。

その様子を第十一回の正史趙曮は『海槎日記』の中で、次のように詠んだ。

> 四月初一日壬午。……摺針嶺に登りて望湖亭に上る。楼は路傍の岸上に在り。未だ宏傑ならずと雖も、地の高峻に処り、眼界通豁前に琵琶湖を望む。湖の長広百余里、皆目中に在り。湖光榮澈、山色秀麗、夕照斜に嘆じ漁舟初めて返る。左麓の微砂は平抵水に入り、一帯の煙樹は数十里に横旦し、殆んど二水中分すること白鷺洲のごとし。湖中小島あり、名を竹生と曰う。穏に、方塘の中一蓮花を出すが如し。洞庭の君山ある、未だ果して是の如きや否やを知らず。……

「望湖亭」は二百年以上前の彦根藩政時代に建てられた入母屋《いりもや》作りの邸宅風で、参勤交代の際に利用されたりしたことから「御《お》小休本陣《こやすみほんじん》」などと呼ばれた。

旅人の間ではここで食べるあんでくるんだ餅が名物だったという。この茶屋には通信使ゆかりの扁額や書もあるため、辛基秀は何度も足を運んでいた。

通信使の一行が琵琶湖を眺めた時代と現在を比べれば、眼下の平野部は内湖が埋め立てられ宅地開発も進み、近江鉄道や東海道新幹線が走ったりと変貌を遂げているが、ここから見る琵琶湖の日没シーンは永遠に変わらないようだ。

「夕日が琵琶湖の向こうに沈む時、湖面と手前の田んぼが真っ赤に染まり、とてもきれいです。以前はマツが生い茂っていてマツタケも取れたのですが今はマツクイムシにすっかりやられてしまい、代わりに竹が増えてきました。ウグイスも鳴くので、辛先生も若い人を何人か連れて見え、通信使の話などをされていました」

こう思い出を語るのは、望湖亭を所有していた田中孝だ。

しかし、この茶屋も一九九一（平成三）年十一月

焼失する前の望湖亭の内郭

京都のロシア料理店「キエフ」で加藤登紀子と楽しいひとときをすごす（1994年12月、提供・宮尾光保）

四日朝の火事で焼けてしまい、第十一回通信使の写字官金啓升《キムゲスン》が「望湖堂」と書いた扁額や、第十回の三使の漢詩もすべて焼失してしまった。

「大事な史料がなくなってしまって、本当に惜しいです。もっと早く安全なところへ移しておくんだった。日本は文化財を大事にせんなあ」と言って辛が泣きそうな顔をしたことを覚えているというのは、一緒に近江の史蹟を歩いてきた大阪府立高等学校教諭の中野悦次である。

辛基秀はカラオケなどはあまり好まないが、マイクを向けられた時は「琵琶湖周航の歌」と旧ソ連系の国際学生組織の歌である「国際学連の歌」をよく歌ったそうだ。

社会運動をやってる人間の間では「学生の歌声に若き友よ手を伸べよ。輝く太陽、青空を再び戦火で乱すな」の歌い出しで始まる「国際学連の歌」は、なじみの曲だったが、辛が「琵琶湖周航の歌」を気に入っていた理由について、中野は「仕事の中で琵琶湖周辺を何度も歩き、その自然と風土へ繰り返し接していたので、琵琶湖への思い入れが人一倍強かったからではないでしょうか」と語る。

辛の長年の友人で、在日朝鮮人児童の教育に取り組んできた市川正昭の見方はこうである。

「昭和十八年に自分が上海から引き上げてきた時、日本ではやっていたのは『湖畔の宿』と『琵琶湖周航の歌』だった。そうした中でも、先の見えない時代に生きる当時の若者の心を引き付けたのは琵琶湖の歌で、このころの学生にとって青春の歌のようなものだった。ワシとは年齢が近い、辛さんにとっても同じような思いがあったのではないだろうか」

辛は「琵琶湖周航の歌」の中でも、親交があった加藤登紀子の歌うバージョンが好みで、闘病生活末期の、家族との受け答えが十分できないようなときでも、枕元でCDを使って加藤の哀愁を帯びた歌声を流してやると、口元が笑っているように見えたという。

8、船橋と鮎ずし（美濃路）

朝鮮通信使の一行は琵琶湖の絶景を楽しんだ後、中山道と東海道をたどって江戸を目指すが、関ヶ原を越えて美濃の国に入るとこれまでの旅路では見たこともなかったような大河である揖斐川や長良川、木曽川の木曽三川に出合う。

国賓級の使節である彼らはどうやってこの川を渡ったのだろうか。

静岡の大井川を庶民が人の肩に乗って渡るシーンは浮世絵などでもよく知られるが、美濃の藩主らは一行のためにたくさんの渡し船を集め、これを川面につなぎとめ「船橋」にして水上の道を切り開いたのである。

岐阜市歴史博物館で学芸員を務める筧真理子は一九九二（平成四）年二月に同博物館で「特別展朝鮮通信使――江戸時代の親善外交」を開いた時、辛基秀からいろいろとアドバイスを受けた。「展覧会の一年前にコレクションの出品と講演をお願いしに大阪の青丘文化ホールを訪ねました。辛さんと通信使の知名度や活動スケールからすればもっと大きな施設かと思っていたので、こんなささやかなところでと驚きました。それでも次々と辛さんに会いたいという人が次々と訪ねてきて、とてもにぎやかでした」

それまでも朝鮮通信使に関する展覧会は他の場所でも開かれていたので、筧は岐阜での特別展の目玉に美濃路のハイライトである船橋を描いた絵図などを取り上げると同時に、地元の古文書をたくさん紹介することで特色を打ち出した、という。

船橋は木曽川に架けられたものが最大で、九百メートルの川幅に大小二百八十隻の船をへさきを川上に向けて並べ、すべて川底に碇で固定する。そして船の上に横板をかけ、綱を端から端へと渡して板がずれないよう強固にしたもので、木曽三川の後、一行は静岡の天竜川などの船橋も渡るが、享保四（一七一九）年に来日した第九回製述官の申維翰は、木曽川の船橋を「千余歩」で渡ったと表現している。

こうした一行を一目見たいと弁当持参で多くの見物人が集まってきたが、筧が見つけた延享五（一七四八）年の古文書によると、関ヶ原宿の助郷《すけごう》村であった大滝村の庄屋の為右衛門一家は、家族、使用人ら十人で出かけ、畳三畳分の座敷を三百六十文で借り、ここで昼食をとりながら異国からの客人行列を見て祭り気分を楽しんだ。

そのときのおかずのメニューはとりのこ（卵？）に、ごぼう・こんにゃく・わらびの煮しめ、梅干だった、と記録にある。

また、岐阜市洞の松井諄家文書の中には、享保四（一七一九）年に旗本の曽我助元が将軍の命で、通信使の一行が岡崎に着くまでに名物の鮎ずしを届けるため配下の者に代金を渡したという文書が残っていた。

当時の鮎ずしは、鮎の腹にすし飯を詰め込んだ姿ずしではなくて、鮎と飯を漬け込んで発酵させたナレズシで、尾張藩が将軍家へ献上していたことで有名。長良川の鵜飼で取った鮎を使ったのかどうかまでは文書では触れていないが、各地でご馳走三昧の接待を受けていた一行の口に、この珍味が合ったのか興味深いところである。

「私が通信使研究を始めたころは、地元の古文書まで調べる人は少なかったのですが、金、人、資材の提供という視点から丹念に探していくと、面白い話が結構出てくるんです。特別展は寒い時期に開いたにもかかわらず一ヵ月間で一万五千人くらいに来てもらえるほど反響はよく、辛さんにも興味を持っていただけたと思います」

こうした地方文書を重視する筧の研究姿勢を評価した辛基秀は、『善隣と友好の記録　大系　朝鮮通信使』（明石書店）に、「朝鮮山車と別府細工」のタイトルで岐阜での通信使の足跡について長い解説文を寄稿してくれるよう依頼した。

朝鮮山車は、通信使の美濃路での宿泊地・大垣の大祭で使われた山車で、別府細工は大垣の近くで作られた臘型鋳物のことをそう呼び、朝鮮風の人物の姿が刻まれているのが特徴だ。

映画『江戸時代の朝鮮通信使』の中でも紹介される朝鮮山車は、大垣の大祭で最大の呼び物とされた竹嶋町の曳山行列に使うもので、慶安二（一六四九）年の八幡神社の祭礼時に創建された。

辛の説明によると、大垣に滞在した朝鮮通信使の気品あふれる物腰や衣装、音楽に感動した竹嶋町の大黒屋治兵衛の先祖が名古屋まで行列についてゆき、その様子を克明にスケッチし、それをもとに京都の西陣で朝鮮服を作ってもらった。その衣装を着た町民が、「朝鮮王」の旗を掲げた、正使に似せた人形が乗った山車をかつぎ、美濃路を練り歩く。

こうして始めた異色の唐人行列は当時圧倒的人気を集めたが、明治維新になって廃仏毀釈で「国家神道に反する」として禁圧され、「朝鮮王」を「猿田彦大神」と名を変えて生き延びさせようとしたが、一八七四（明治七）年に廃止へ追いやられた。

朝鮮服や清道旗、楽器、山車の部品などは竹嶋町内の倉庫にしまわれたが、それからほぼ百年後の一九七二（昭和四十七）年ごろに、地元で家具屋を営む五島茂雄が倉庫を掃除していて発見したのである。

当時の町内会長で、八十歳半ばの今も彫刻刀をふるい、趣味の木彫りを続ける五島の回想。

「ここの倉庫は空襲でも焼け残った歴史があるんだが、天井裏にながもちがあるのを見つけ、開けてみると生首みたいなものが出てきて驚いた。よく見ると人形の首で、冠を付けると偉い人のように見えた。文化財の専門の先生に聞いても何かはしばらく分からなかった」

保管されていたのは、曳山行列に使う二十九品目、四十四点で、文化五（一八〇八）年と書いた木の箱に収められており、これらは一九七九（昭和五十四）年になって岐阜県の重要有形民俗文化財に指定されている。

同じ年に公開された映画『江戸時代の朝鮮通信使』で、辛基秀はこれらの経緯についても触れたが、当時地元の大垣市で月刊『西美濃わが街』を編集していた児玉幸敏は東京までこの作品の観賞に出かけた感想を『季刊三千里』（一九八〇年春号）で次のように語っている。

四月十三日、東京・お茶の水の日仏会館ホールで上映されたこの映画は、みた人全部の人達に感動的な反響を呼び起こした。……主催者に挨拶して三々五々とさざめきを残して帰る男女の会話は、いま観た映画の感動もあるのか、夜のペーブメントに鳴るハイヒールの音とともにはずんでいた。胸の中の余韻を噛みしめつつ黙々と月の光を肩に浴びて歩いている人も多く、私もその一人であった。いや、私は二十九年間の長い疑問が解けた喜びで特に大きな感動に襲われ、ビルの壁が切り立つ大都会の月の舗道をどこまでもさまよい歩いた

児玉がいう「長い疑問」とは、「なぜ長崎でも神戸でもなく横浜でもない、港や海のない内陸地の大垣で異風ともいうべき朝鮮人行列が生まれたか。なぜ二百年もの間、朝鮮人行列といって盛大に行われたか。そしてなぜ廃止され、復活されなかったのか」であった。

それからまもなく、大垣市で映画上映のための児玉の活動が軸となって、市当局によるフィルム購

入と全市民を対象とする鑑賞会の開催が実現し、お隣の岐阜市でもこれに刺激を受けるように「朝鮮通信使をみる会」が結成され、上映運動は拡大して行われたのである。

9、唐人踊り（三重）

近くの三重県下にも鈴鹿市東玉垣町や津市分部町の唐人踊りが今に伝えられるが、辛基秀はこれらの美濃路や東海道から離れた町に伝わる朝鮮通信使の文化も丁寧に追跡してきた。

「辛さんとは年齢もほとんど同じだし、気持ちが通じ、竹馬の友のように思って付き合ってきた」と語るのは、鈴鹿市東玉垣町で唐人踊りを復活させた和田佐喜男だ。

伊勢街道に近い農村である東玉垣町に辛が京都大学の上田正昭と朝鮮通信使の人形調査のため訪れたのは一九八〇（昭和五十五）年四月の牛頭天王春祭りの時だった。

この町の唐人踊りは、子どもと獅子による軽妙な舞いの後、祭りの前口上が述べられ、大きなラッパと笛などを持った三人の大人が曲に合わせて激しく踊り、時に一メートル以上も飛び跳ねる。田植えのしぐさや五穀豊穣を喜ぶ様子などが表現され、朝鮮の音楽の影響を受けているとみられる。

江戸以来の長い伝統を持っていたが、戦時中取りやめになり戦後一時復活したものの、一九六二（昭和三十七）年、地区の投票で中止されていた。それが当時の市長の地域文化の重視をという姿勢に啓発され、和田は周囲から「お前しかいない」とおだてられ、六年後に唐人踊り保存会を立ち上げることになった。

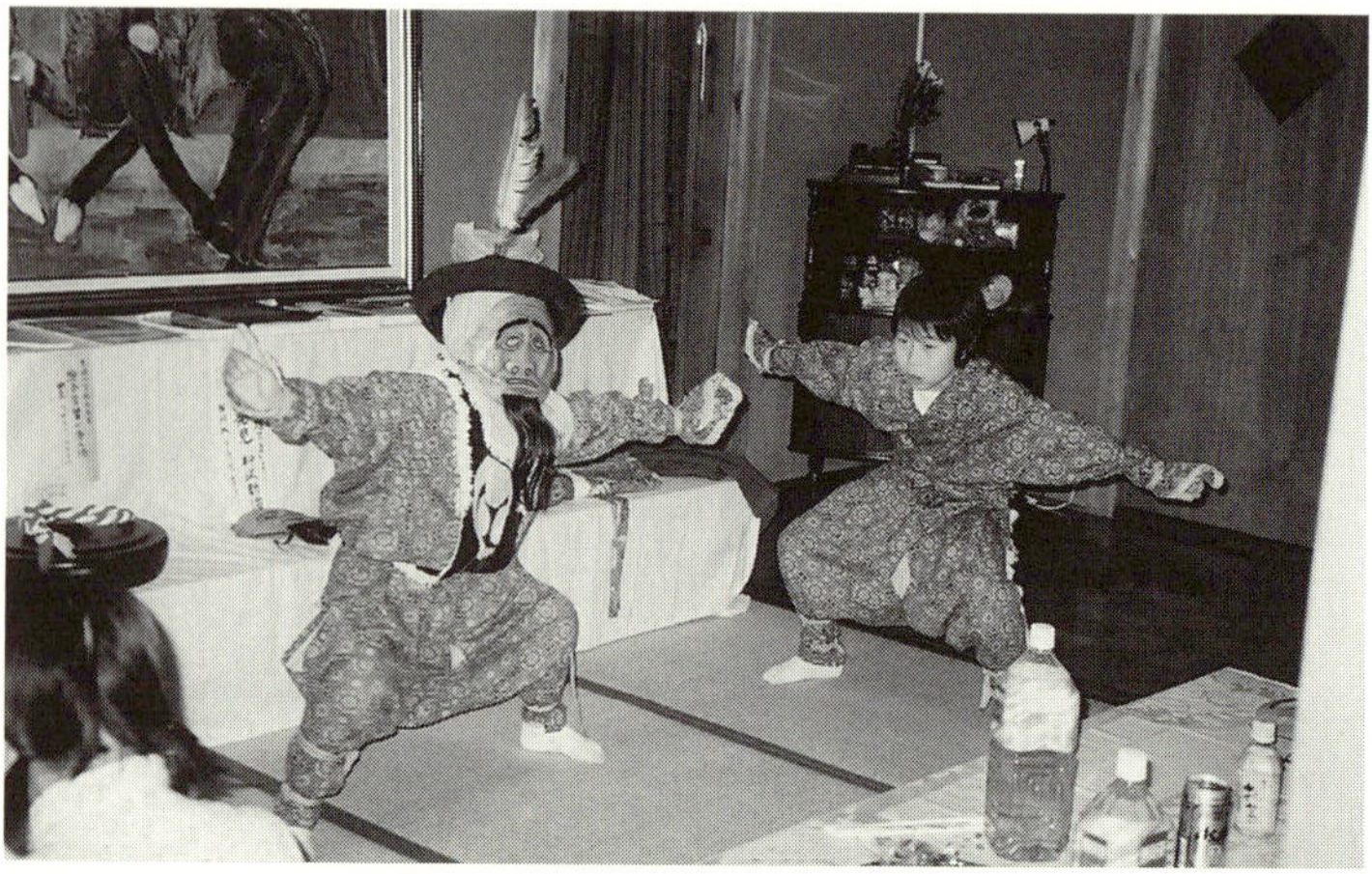

子どもたちの唐人踊りの練習風景。伝統はこうして未来に受け継がれていく（提供・和田佐喜男）

唐人踊りの本番シーン。大人たちの中には１メートル以上ジャンプする者も（提供・和田佐喜男）

そんな祭りの当日に東玉垣町を訪れた辛基秀と上田は、和田に案内されて牛頭天王社で伝統の技に深く感銘を受けたというが、この唐人踊りは、江戸に進出した伊勢商人が実際に朝鮮通信使の行列を見て感動し、踊りの道具一式を買い求めて故郷へ送ったのが始まりと地元では伝えられる。

辛基秀はこの集落を何度も訪ねては和田らと酒盛りを重ね、唐人踊りをつぶさに観察し、「若い人のエネルギーが爆発して、韓国の昔の踊りを再現したようだ」と感想を語っていたが、この保存会を構成する会員約六十人のうち半数は若者で、このうち十五、六人が小学生だという。

和田は「唐人踊りをしていると数学や英語が苦手でも、楽器ができたり、高く飛ぶことができれば自分が主役やということがよくわかるんです。保存会には茶髪の若者も多いが、おれは周りに頼られているんだという気になれば、小さな子どもの面倒も見るようになる。それが集落を愛そうという心になり、祭りも長く続いてゆくことにつながるんじゃないかな」と話す。

一九九七（平成九）年六月に、鈴鹿市の伊勢街道沿いの白子本町にある自治会倉庫で朝鮮通信使の一行を色鮮やかに染め上げた幔幕《まんまく》が見つかったことがある。

幔幕の由来について説明する辛基秀（提供・和田佐喜男）

通信使を描いた屏風や絵画は多数あるが、長さが十メートルもある幔幕は珍しく、和田はさっそく辛基秀に声をかけると、日朝問題で造詣の深いNHK大阪放送局のカメラマン小山帥人と一緒に鈴鹿へ飛んできた。

幔幕は「夜の幕」ともいい、祭事などの時に使うもので、幅一・二五メートルの綿布を縫い合わせて作り、背景は藍色の染地に朱や茶、黒の色で、華やかな行列が染め抜かれていた。白子の秋祭りに使われたとみられる。

この幔幕をさお竹に通して窓辺に置いたら風が入ってきてひらめき、通信使の一行が実際に行進しているように見え、辛基秀は「普通だったら捨てられていても不思議はないのに、よくぞ残してくれていた。この幔幕には朝鮮と日本の友好を大事にしたいという多くの人の思いがこもっているんです」と涙を流さんばかりに喜んでいたという。

その幕を見ながら、辛が地元の人達と酌み交わした酒の味は格別だったに違いない。

鈴鹿市からさらに南へ十五キロほど離れた三重県の津市は人口約十六万五千人の静かな県都である。その中の古くからの商人の町である分部《わけべ》町に三百六十年前から伝わる唐人踊りは、朝鮮通信使をモデルにしたエキゾチックな雰囲気が特徴だ。

辛基秀は一九七八（昭和五十三）年十月の体育の日、映画『江戸時代の朝鮮通信使』に収録するため、取材班の一行と八幡神社の祭礼に登場する唐人踊りの撮影にやってきた。

「朝鮮人がうちの唐人踊りの撮影をしていると当時大きな話題になったのです」と語るのは、分部町唐人踊り保存会顧問の藤田百助だ。

「翌年に名古屋での試写会に出かけ、映画を観て驚いたのは、唐人踊りは子どものころから豊臣秀吉の朝鮮征伐がきっかけで朝鮮から徳川幕府へ貢物を持ってきた朝貢使を真似たものと聞いてきた。それが歴史的に間違っていると教えてくれたのが辛さんだったのです」

唐人踊りの名称については中国から影響を受けた芸能と受け取られることも多く、享保四（一七一九）年に第九回通信使が来日した時には、製述官の申維翰と雨森芳洲との間で「なぜわれら韓人を唐人と呼ぶのか」などのやり取りもされており、一行もこの呼称についてはいぶかっているのだが、まつりの固有名詞として使われてきたのが現実だ。

津の二代目藩主藤堂高次治世の寛永十三（一六三六）年に始まった分部町の唐人踊りは、一九四二（昭和十七）年まで約三百年間続き、一九四五年七月二十八日の津市大空襲で、通信使がパレードに使う形名旗を除いてすべて焼失した。

それが太田敦雄ら地元有力者の熱意で、昭和初期の写真などを基に装束や幟《のぼり》などを復元し、十一年後の一九五六（昭和三十一）年秋の津市大祭から復活を果たした。やがて津市や三重県の無形文化財に指定され、全国からも注目を集めるようになり、辛基秀も作家の金達寿《キムダルス》ら多くの知人を案内してきた。

「各地の祭りから出演して欲しいと、声がかかるのはいいが、プライドを持って応じないとにぎやかなだけのチンドンヤと同じになってしまう。最近の若い人がやる唐人踊りには伝統と格式があまり感じられない」

こんな辛口の意見を持つ藤田百助が辛基秀と最後に会ったのは二〇〇一（平成十三）年十月、神戸市の新開地にある公園で開かれた兵庫まつりに分部町から唐人踊りのメンバーと参加したときのことだ。この時、辛は食道がんであることを宣告されていて二週間後に入院を控えている身だった。

「久しぶりの再会でうれしかったが、辛さんは唐人踊りを見学された後、会場から一人で駅の方へトボトボと歩いて帰っていかれた。公園から商店街のアーケードへ吸い込まれていった姿がとても印象的やった。あの時が永遠の別れになるとは……。唐人踊りが全国に知られるようになったのも辛さんのおかげで、誰に対してもいばらない、やさしい人やった。本当に惜しい人が亡くなってしまったと思います」

藤田は分部町の自宅で唐人踊りの記事などを収めた覚書帳のページをめくりながら、辛基秀との思い出をしんみりと語るのであった。

10、門下生の思い（清水）

二〇〇一（平成十三）年は、徳川家康が関ヶ原の戦いに勝ち、東海道五十三次の宿場が整備されて四百年に当たったが、辛基秀はこの年の二月、静岡県清水市の興津で開かれた「興津宿場まつり」に参加して、朝鮮通信使の一行が往来した当時に思いをはせながら楽しいひとときをすごした。

東海道といえば、通信使一行にとって印象深いのは、江戸に向かう途中見た富士山の雄大な光景と、朝鮮半島にはないミカンの甘酸っぱい風味だったという。

興津は今では静かな海辺の町だが、大正から昭和の初めには保養地として栄え、西園寺公望や井上馨ら政界の要人たちが別荘を構えたことでも知られる。この町のもう一つの特色は、通信使の一行が立ち寄った形跡を示す史料が清見寺をはじめいくつかの寺に多数残されている点だ。

江戸を代表する浮世絵師葛飾北斎（一七六〇－一八四九）が朝鮮通信使を題材にして、東海道の情景を描いた「原」や「由井」などの作品を残したのは、最後の第十二回通信使来日から二十年もたってからのことだったが、それほど通信使は日本の絵師たちにも強い印象を残したわけである。

四月に京都で開く「こころの交流　朝鮮通信使」展の準備に追われていた辛基秀のところへ興津に住む郷土史研究家の浅野健次郎から「今回のまつりに使うパネルに先生の本から説明文を引用させていただけませんか」と電話が入り、快諾した辛は自分も祭りに顔を出しましょうと答え、地元を感激させたのだった。

前日に妻の姜鶴子と清水入りした辛は二月十日の当日、ＪＲ興津駅前の広場で通信使一行を描いた『駿州行列図』の複製屏風やパネルを見学したり、かつて映画『江戸時代の朝鮮通信使』を撮影する際に地元で世話になった人たちと久々の再会を果たした。

この日は、約九十年前に日本からワシントンＤＣに贈られた桜と兄弟に当たる薄寒桜《ウスカンザクラ》が農

富士山を眺める通信使（葛飾北斎『東海道五十三次・原』（東京富士美術館蔵）

水省の果樹試験場で公開されていたので、辛はまつりの主催者の一人で、ライオン食堂店主、望月弘美が作った特製弁当を肴に世間より一足早い花見をして一杯機嫌ですごした。

辛は祭りの前夜に浅野の自宅へ立ち寄り、杯を交わしながらいろいろな話をした。年齢もほぼ同じな上、若いころは社会改革の理想に燃えたことなど共通の経験も多かったからだが、浅野が特に印象に残っているのは辛が徳富蘇峰を評価している点だったという。

「自分の父親が戦前、蘇峰会の会員だった話をすると、辛さんは徳富蘇峰を偉大な歴史家だと言うのです。『近世日本国民史』の中で、秀吉の朝鮮侵略で降倭（朝鮮側に付いた日本人）がたくさんいたことをきちっと書いている。多くの学者、研究者が権力におもねって降倭などいなかったと言ってる中で珍しいことです、と話していました」

二人は、降倭の代表格で、加藤清正の鉄砲隊長だったとも伝えられる沙也可《さやか》の話題や、徳川家康の不興を買って浜松を出奔した佐橋甚五郎が二十数年後に朝鮮通信使の上々官（通訳）として家康の前に再び現れるという森鷗外の奇想天外な小説『佐橋甚五郎』などをめぐって時の過ぎるのも忘れて話し合ったという。

書をしたためる通信使（葛飾北斎『東海道五十三次・由井』葛飾北斎美術館蔵）

辛基秀が製作した映画『江戸時代の朝鮮通信使』の中に江尻宿（現在の清水市）の本陣だった寺尾家に江戸時代から代々伝わる宿泊人名簿が紹介されている。いろは四十七文字の順に整理された名簿で、映画では当主の寺尾英二がページをめくると、宿泊した通信使の朝鮮人名が大きく写し出される場面は印象的だ。

静岡県内にはこうした朝鮮通信使来日の史料が多く残されているが、もっとも多数見つかっているのは、駿河湾を望む小高い丘に建つ清見寺だ。

足利尊氏ら中世の武家に崇敬された寺で、通信使の一行はここに二度宿泊したほか、休憩所に利用していたので地元の文人とも詩文唱和をしたりして交流していた。

山門に架けられた「東海名區」と書かれた大きな扁額や『山水花鳥図屏風』など、通信使関係の史料が八十六点もあり、一九九四（平成六）年には朝鮮通信使遺跡として国史跡に指定されている。

しかし、瀬戸内の牛窓や鞆の浦、下蒲刈のようにそれらを広く公開するような姿勢は見せておらず、寺の境内にも通信使との関係を語るような掲示板すら置いていない。辛基秀は清見寺を何度も訪ねているが、寺の住職らは「そうした話は存じておりません」と冷たく応えるだけだ。

「朝鮮とのかかわりを意識的に避ける傾向があるのかもしれませんね」と語るのは、地元で長年県立高校の教師をしてきた北村欽哉である。

北村は清水南高校で郷土研究部の顧問をしていた一九九三年から一年間かけて生徒たちと清水市内にある百二十ヵ所の全寺院を対象に山号と寺号の由来を調べるうち、清見寺以外にも万象寺や牛欄寺など六つの寺院で朝鮮通信使が書いた扁額のあることが分かってきた。

静岡県内では通信使揮毫《きごう》の扁額は全部で十五見つかっているが、その調査の過程で、北村がある寺に「何か朝鮮に関係したものはありませんか」と尋ねると、「ここは日本です。朝鮮のものなどあるはずないでしょう」とたしなめられたという。

「辛さんも静岡の調査はやりにくい面があったかもしれません」

北村は、扁額と通信使の関係について教わるため、大阪の青丘文化ホールへ一九九四（平成六）年に足を運んで以来の付き合いで、新しい扁額や史料が見つかるたびに辛へ連絡を取り、指導を仰いできたという。

北村は現在、静岡県内の『市町村史』に朝鮮通信使がどう記述されてきたかを調べる研究をしているが、通信使が初めて登場するのは一九五七（昭和三十二）年発行の『三島市史』からである。

通信使が通過した市町村で書かれた地元史誌のうち、通信使に触れた市町村史と触れていない市町村史の割合は一九四六（昭和二十一）年から一九七四（昭和四十九）年の間に発行された本では一対二の割合だったのが、一九七五（昭和五十）年から一九八八（昭和六十三）年までに発行された市町村史では一対一となり飛躍的に増えてきたという。

「辛さんたちの啓蒙活動は市町村史にまで影響を与えてきた訳で、自分はかつて大学で家永三郎先生から歴史を教わったが、辛さんから教えられたことのほうがはるかに大きい。今では辛基秀先生の門下生のつもりです」

東京教育大学出身の北村はこう言って、高校を退職してからも郷里の静岡と朝鮮通信使の関係についてさらに掘り下げる研究を続ける毎日だ。

第3章　架橋の人

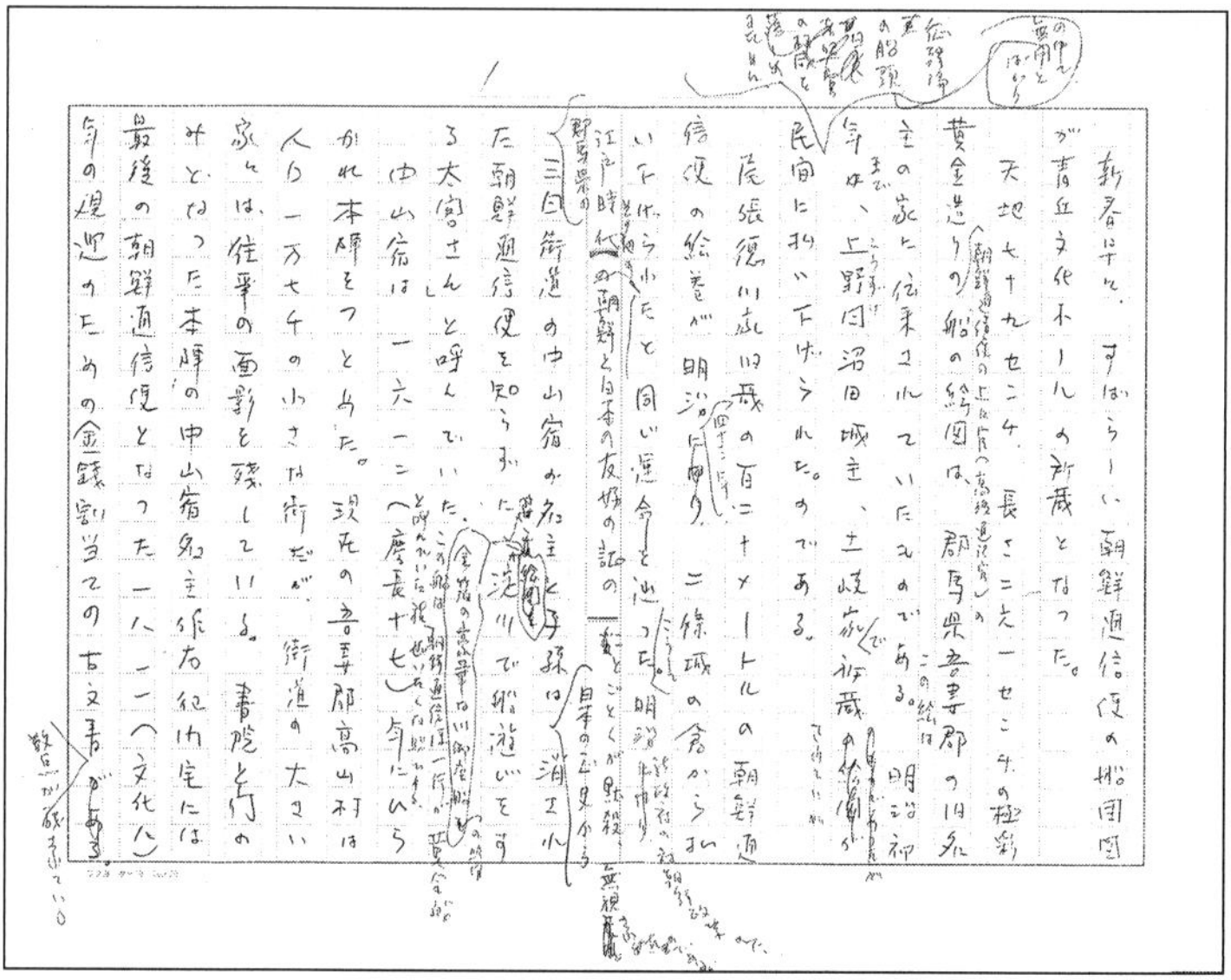

辛基秀の自筆原稿（「辛基秀を語る会」冊子より）

1、朝鮮人をかばった美術商

一九二三（大正十二）年九月一日に起きた関東大震災は、首都周辺を焼け跡とガレキの山に変え、死者・行方不明者約十四万三千人を出す未曾有の大惨事となった。

しかし、この地震が日本の近現代史上に特筆されたのは災害の規模もさることながら、「井戸に毒を投げ込む」などの流言蜚語が基で六千人を超える朝鮮人や数百人の中国人が日本人の自警団や民衆に虐殺される事態に至ったためである。

「狂気の朝鮮人狩りが進む中で、朝鮮人を守ろうとして日本人から脇腹を刺され重傷を負った。それが木村東介さんだったのです。右翼的な心情を持つ人だったが、独特の倫理感とロマンを持っているスケールの大きな人でした。古い絵や美術品もよく集めていて、肉筆絵画の見方などいろいろなことを教わりました」

辛基秀《シンギス》が一九八三（昭和五十八）年ごろから上京の折に訪ねていた木村東介は、東京・湯島天神の近くにある「羽黒洞」という画廊を営む美術商で、民族美術や肉筆浮世絵の発掘を続け、朝鮮通信使の作品や朝鮮の民画も集めていた。

関東大震災の被災現場（『映像が語る「日韓併合」史』より）

木村は一九〇一（明治三十四）年、山形県米沢市で製材所と劇場を営む県会議員の家に生まれ、弟の武雄は建設大臣や防衛庁長官を務めた。本人は左手首をなくすほどのケンカをしたり、右翼とヤクザの絡み合いの中に入り検挙されるなど腕っ節が強いだけでなく、各界に幅広い人脈を持っていた。

政界では戦後ラオスで消息を絶った陸軍の作戦参謀で衆議院議員を務めた辻政信から、自民党の中曽根康弘、石原慎太郎、共産党の野坂参三や社会党の石橋政嗣ら、美術界では岸田劉生、梅原龍三郎、木村荘八、池田満寿夫、岡本太郎、俳優小沢昭一、朝丘雪路、立川談志、サイデンステッカー、三遊亭円楽、水上勉、永六輔など多士済々の面々と交流があった。

一九九〇（平成二）年に上野の「精養軒」で木村の米寿を祝う宴があった時はこうしたメンバー約五百人が集まり、辛基秀もチマチョゴリで着飾った妻の姜鶴子《カンハッチャ》と出席し、木村は「べっぴんさんに来てもらえてうれしい。今日はアンタが主役や」と終始ご機嫌だったという。

木村東介は古今東西の文化全般にも精通していて、さまざまな企画展を編み出すことからランカイ屋東介とも呼ばれたが、画廊を継いだ長女の品子は「高麗文化は江戸文化に大きな影響を与えてくれた。日本はもっと朝鮮へ敬意を持たなければいけない、というのが

木村東介（『ランカイ屋　東介の眼』出版記念展パンフレットより）

父の口癖でした」と話す。

木村が残した『上野界隈』（大西書店）という自伝的随筆集によると、関東大震災の時のエピソードというのは次のようなものだ。

震災から三日後、上野駅から故郷・米沢へ向かう満員列車に乗っていた木村東介は、一人の朝鮮人の少年が日本人の四、五百人の群衆に取り囲まれ荒川の土手に引きずられて行くのを目撃した。

それまで随所で朝鮮人虐殺が伝えられてきたため、この少年も日本刀で切り殺されたに違いない。恐怖におびえた少年の表情が脳裏に焼きついて離れなかった木村だが、大宮駅では目の前で朝鮮人とみられる中年の男性が列車から群衆に引きずり出されそうになった。

居てもたまらず、汽車から半身を乗り出して「諸君。こんな時こそ、他国の人を労ってやるのが大和魂というものだ。大勢で弱いものいじめをするのは日本人のすることではない」と演説を始めてしまった。

すると、今度はその群衆が木村に襲い掛かり、中にいた十四、五歳の少年が竹槍で木村の脇腹を刺して逃走した。腹巻の下にさらしを巻いていたので傷は深くなかったが、「生意気な日本人がいる」と、駅から駅へと伝令され、列車が次の駅へ到着するたびに竹槍やこん棒を持った群衆が押し寄せて来る。

しかし、車内にいた乗客が一丸となって木村のことを守ろうとしてくれたため、米沢まで帰り着くことができたという。

辛基秀は、神戸大学の学生時代は学生自治会の委員長を務め、社会派の映画も作るなど、長く社会運動の第一線に身を投じてきたが、木村東介のこうした人間くさいところに魅せられ、交流を深めていった。

「鼻の頭に汗を浮かべて、『この絵は朝鮮人と日本の民衆が交流する場面を描いたものでとても大事な作品です。でも自分にはこれくらいしか持ち合わせがありません。何とか譲ってくれませんか』と頭を下げてくる。

木村東介も私もそんな辛さんの、正直でひたむきな態度に心を動かされましてね。事実、辛さんに会うまで朝鮮通信使が出てくる作品は南蛮人を描いたものだとばかり思っていました。木村も『日韓の誤解を解くきっかけの一つになればいいし、正しい青少年教育に役立てばいい』と言っていて、二人はとてもウマが合っていたようです」

こう語るのは、「羽黒洞」で四十年も木村の仕事を手伝ってきた山崎利達で、辛は木村から淀川を上る通信使船を描いた『朝鮮通信使国書先導船図屏風』など屏風二点と掛け軸を仕入れ値に近い値段で譲り受けたという。青丘文化ホール開設の時はお祝いにと花鳥図と文房図の李朝民画を贈られたこともある。

辛は大阪を離れ、木村の画廊を訪れたときは、気分もリラックスして、悩みを漏らすこともあったようだ。

「こういう仕事をしていると、（韓国支持の）民団、（北朝鮮支持の）朝鮮総連の両方から突き上げを食うんですよ、と嘆かれていました。日本と朝鮮の友好を唱えているが、本当の狙いはどこにあるんだと勘ぐられたり、脅されたりといろいろあったみたいでした。日本人と仲良くなることが同胞から裏切りと見られるのが一番つらかったようです」

山崎はこう回想するが、民団は朝鮮通信使が各方面でメジャーな扱いを受けるようになる一九九〇年代に入ってからは辛を講演会の講師に呼んだりして実績を評価していく。

しかし、朝鮮総連は辛の業績を組織として認めることは最後までなかった。かつて朝鮮総連大阪府本部に属していて金日成《キムイルソン》礼賛主義に反発して組織を離れたことを「裏切り者」として許さなかったからだ。

ところで、関東大震災と辛基秀を語る場合、忘れてはならないのは、画家の竹久夢二である。「大正の歌麿」ともてはやされた夢二は、耽美的な女性像を描いたことで有名だが、日本社会の底辺に置かれた朝鮮人へ深い共感と同情を抱いていたことはあまり知られていない。

震災後二週間してから都新聞（東京新聞の前身）に「東京災難画信」というスケッチ付きの記事の連載を始めたが、子どもたちが自警団遊びをしている様子などを取り上げ、白昼公然と朝鮮人殺しが横行した日本人社会の異常さを痛切に風刺した。

辛が夢二のそうした世界を知ったのはNHKが一九八七（昭和六十二）年八月に放送したドキュメンタリー「夢二大震災を描く『時代を見た画家』大正ロマンと竹久夢二、残された多数の震災スケッチ」を見たからで、「セピア色に変わった新聞のスケッチの中に美人画で語られる夢二とは別の詩心と社会批判が感じられて、夢二への親近感が一層強まったものです」と感想を話していた。

夢二は一八八四（明治十七）年に岡山県の瀬戸内海に近い邑久町に生まれ、十六歳までここで過ごしたが、茅葺の生家は今も保存されているため、辛は牛窓へ朝鮮通信使の足跡を尋ねる旅の途中に立ち寄ったりした。

『宵待草』などの作詞もしていたナイーブな感じの夢二だったが、日露戦争について幸徳秋水らの『平和新聞』に挿絵を投稿して、朝鮮、満州への支配に反対するなど若いころから反戦思想を持っており、自宅にはいつも朝鮮からの留学生が出入りしていたという。

関東大震災の前年である一九二二（大正十一）年、新潟県の秘境といわれた中津川の水力発電所の工事現場で多数の朝鮮人が殺害される事件があり、この事実が読売新聞に報じられると、日本人と朝鮮人が連帯して真相を究明しようという動きが出たが、震災時の朝鮮人大量虐殺という集団テロにその友好の萌芽も吹き飛ばされてしまった。

そうしたことに心の痛みを覚えながら夢二は、前記の「東京災難画信」で、自分の絵の下に「極めて月並みの宣伝標語」と断り書きを付けながら「子どもたちよ、棒切れを持って自警団ごっこをするのはやめましょう」などと呼びかけた。

夢二は震災から十一年目のまさに九月一日、あと半年で五十歳という若さで亡くなったが、辛基秀は「夢二の警告は数少ない人権尊重の勇気ある提言であった。ひっそく状態の生き残りの朝鮮人は初めて安らぎを感じたことであろう」などと著書の『アリランをこえて』（解放出版社）の中で記している。

それから七十年余りたった一九九五（平成七）年一月十七日未明、関西では阪神・淡路大震災が起き六千三百人もの市民が亡くなった。

辛基秀はこの時は既に目を覚まし、新聞を読んでいて大きな横揺れに驚いたが、大阪府堺市の木造二階建ての自宅は無事だった。

地震の後に被害が一番大きかった神戸市の長田区に入り、東洋大学のグループと被災住民約二百人から聞き取り調査をした。

「関東大震災時を思い起こさせる場面もあったのではと思ったが、杞憂にすぎなかった。日本人が朝鮮総連系の学校へ避難したり、朝鮮人も日本の小学校で仮住まいをしたりして互いに助け合っていた。在日の多い街だったからかもしれないが、時代の変化を感じたし、またそういうものだとも思いました」

辛は当時の感想をこう語っていた。

2、竹林に天皇の墓

朝鮮通信使の世界を広く紹介したり、戦時中の日本の植民地支配を告発するドキュメンタリー映画を製作してきた辛基秀のテーマは、朝鮮人と日本人の間にどうやったら人間的な連帯を築けるかというものだった。

在日コリアンの研究者、活動家には「気むずかしい、孤高の人」といったタイプが少なくないが、辛は仕事が終わると、誰に対しても「一杯やりますか」と赤提灯に誘う、人懐こい、開かれた性格をしていた。

背丈はそれほど高くない辛基秀が、ややO脚気味の足で、トッ、トッと歩き、居酒屋の中へ入っていくと、一緒にいた誰もを「これで一日が終わった。明日もまたいいことがあるかもしれない」と思わせてしまうような、人をくつろがせる雰囲気があった。彼の個性は、どうやってはぐくまれたのだろうか。

辛基秀は一九三一（昭和六）年三月三十日、父親の故郷である朝鮮半島の慶尚南道《キョンサンナムド》昌原郡《チャンウォングン》（現馬《マ》山《サン》市）にある鎮東面《チンドンミョン》鎮東里《チンドンリ》に生まれ、生後数ヵ月で京都市右京区の嵯峨野に移った。

この年の九月には、中国の奉天（現瀋陽）で南満州鉄道の線路が爆破され、日本が日中戦争へと突き進むきっかけとなる満州事変がぼっ発し、国内では翌年二月、前蔵相の井上準之助が暗殺される血盟団事件も起き、内外ともに暗い時代への突入を予感させた。

父親の辛宗歳《シンジョンセ》は、一九二五（大正十四）年、十七歳の時来日し、京都で新聞配達の苦学生をしていたが、厳しい民族差別に直面し勉学より無産者運動や朝鮮独立運動に身を投じるようになった。慶尚南道は日本の植民地支配に抵抗する一九一九（大正八）年の三・一独立運動が京城（ソウル）で起きたとき、地方で真っ先に呼応した土地柄でもあった。

母親は朝鮮半島南部の晋州《チンジュ》の出身で、やはり十七歳の時、京都のある紡績会社の「卓球台がある文化住宅に住めて、三年も働けば嫁入り支度の貯金ができる」という女子工員募集の案内を信じて来日、二人は知り合い、当時としては珍しい恋愛結婚をした。

車折神社近くの長屋に暮らし、辛と妹の貞順《ジョンスン》が生まれたが、母親は辛が五歳の時、結核で亡くなった。当時の紡績会社での労働環境はもうもうとした綿ぼこりが飛び交い、寮で未明に仮眠する布団は二人一組で使う不衛生なもので、結核が蔓延していた。

大阪の岸和田では一九二九（昭和四）年にこうした劣悪な労働条件と低賃金に反発した朝鮮人の女子労働者がストライキを起こしているほどだ。

辛は後に製作する『解放の日まで――在日朝鮮人の足跡』という長時間ドキュメンタリーに、この岸和田での争議を取り上げているが、「紡績会社の誇大広告にだまされて日本へ来て、幼い自分と妹を残して死んだオモニ（母親）の無念さがまぶたに浮かびました。母親のことを思い出しながら女工さんたちの取材を続けたものです」と生前話していた。

辛と妹は、母親が亡くなった後、国鉄（現ＪＲ）山陰本線の嵯峨駅裏の線路沿いのコールタールで黒く塗ったトタン屋根の七軒長屋に移り、祖母に育てられた。周囲は田んぼが多かったが、長屋の前には映画俳優の阪東妻三郎が所有する竹林と土壁のある大きな別荘があった。

嵯峨は底冷えのする土地で、冬に山陰本線の線路を越えて銭湯へ出かけるが、帰ってくる時に再び線路をまたぐと湯冷めするほどだったという。

父親は製材業や生糸の仲買いなどの職を転々としていて家を空けることが少なくなかったが、京都府警察本部に「不逞鮮人」として行動を監視されていた。

天皇が京都入りする際には朝鮮と縁の深い広隆寺の西隣にある太秦《うずまさ》警察署へ留置され、唐辛子の入った水をホースで鼻から流し込む拷問にかけられた。辛は祖母と一緒に父親のため差し入れに行ったが、警察の地下から男のうめき声が上がるのを耳にし、怖くなって建物の中へなかなか入れなかったという。

朝鮮独立運動をしていた父親への嫌がらせはさまざまで、父親が故郷へ帰るのに必要な渡航証明書をもらうために太秦警察署へ日参するが、なかなかＯＫが出ない。そこで辛が大事に育てていたプリモスの鶏を「内鮮係」の刑事に手土産として渡してようやく証明書が手に入った時は、子ども心にも恨めしい気持ちになったという。

嵯峨から山陰線でトンネルをいくつか抜けると霧の深い亀岡と綾部がある。この二つの町には当時、出口王仁三郎《でぐちおにさぶろう》（一八七一－一九四八）が主宰する大本《おおもと》教が教団本部を置いていた。「世の中の立て替え立て直し」を掲げる大本教は、「世直し教団」として民衆の間に浸透していったため、一九三五（昭和十）年十二月八日未明、警官隊五百五十人が教団本部に突入、全国の関連施設も合わせ、出口をはじめ三千人を摘発した。翌年十一月には亀岡と綾部の二つの本部にはダイナマイト数千発が仕掛けられ、施設はことごとく破壊された。

日本の近代宗教史上例を見ない弾圧を受けた理由の一つに「天皇家は日本の正統ではない」という大本教の教義が治安維持法違反と不敬罪に問われたのだが、京都在住の朝鮮人は天皇制ファシズムのすさまじさに震え上がったという。

辛基秀の父親は、大本教がアジアや世界の民衆との友好を掲げていたため、出口王仁三郎に対しては同情的だった。辛本人は太平洋戦争開戦の日に当たる一九四一（昭和十六）年十二月八日の新聞に載った天皇皇后の写真に、父親が焼け火箸を押し当てるのを見て驚いたことがあるそうだ。

「日ごろは家族思いのやさしい父親だったのですが、私は子ども心にもひどいことをすると思っていました。でも天皇のために警察へ捕まり拷問をかけられた父にすれば当然の感情だったのでしょう。出口王仁三郎の王仁は日本に千字文を伝えた朝鮮の王仁から取ったことを父から教えられたのは日本が戦争に負け、朝鮮民族が解放されてからのことでした」

父親との接触が少なかった辛基秀は、時代の空気に敏感な軍国少年に成長していく。

地元の嵯峨小学校に入学し、日本人の子どもたちとも仲良く遊んだ。

メンコやベーゴマ遊び、すもうは一年中だが、夏になれば、名勝・嵐山が近いため、渡月橋の上からふんどし一丁で桂川に飛び込み、鮎やオイカワを追いかけたり、水中で潜水艦遊びをする。捕まえた鮎は塩焼きや刺身にして食べたが、新鮮な鮎からはスイカの匂いがしたという。

雑木林ではカブトムシやクワガタがいくらでも取れたし、夜には乱舞する蛍とたわむれた。冬は愛宕山の雪景色に見とれながら半ズボンにゲタをはいて登校し、タコ揚げを楽しんだ。同じ長屋に馬で荷物を運び生計を立てる一家が暮らしていたため、馬の背中に乗って遊んだりもした。

たまに父親が家にいるときには、一緒に広沢の池へ出かけた。

「名月や　池をめぐりて　夜もすがら」の松尾芭蕉の句で知られる月の名所で、ここから流れ出る小川でフナやコイを捕った。近くの大覚寺は豆腐料理で定評があったが、「嵯峨は水の良いところなので豆腐もおいしい。父親と捕った魚と豆腐を使って찌개《チゲ》（鍋物）にしてよく食べた」という。

広沢の池は朝鮮半島からの渡来人である秦氏《ハタウジ》が作った人工池との説が有力で、近くには桜守として知られる佐野藤右衛門の広大な敷地があった。現十六代佐野藤右衛門は『桜のいのち　庭のこころ』（草思社）を著し海外の造園指導もするなど行動スケールの大きな人間だが、十五代藤右衛門は円山公園の枝垂《しだ》れ桜を育てた人物で、辛の父親とも親しかった。その関係で、辛は春になるとピンク一色に染まった桜の森をゆったりと散歩した。

こうした四季折々の俳諧的叙情に身をおいて育ったことが、後に朝鮮通信使を描いた作品の数々を発掘する辛基秀の感性をはぐくむことにつながったのかもしれない。

「辛君とは小学校の一年から六年までが同じクラス。甘いものといえば柿くらいしかない時代に、おやつ代わりに柿を盗んで逃げたり、何の屈託もなく遊びまわりました。朝鮮から来たということはあまり意識することなく、あのころの子どもは皆一緒という感じでした」と当時を思い出すのは、現在も嵯峨で食料品店を経営する川井博だ。

川井は辛たちと、国鉄嵯峨駅へ出征兵士の見送りに行かされ、「天に代わりて不義を討つ……」と旗を振りながら声を嗄らせて歌わされたことを覚えているという。

辛は朝鮮半島出身を理由に子どものころいじめを受けたことはあまりなかった、と生前話していたが、幼なじみのソウル大学名誉教授の金正根《キムジョングン》によると、時々はケンカも

嵯峨小学校時代の旧友と集まり、恩師を囲む。辛基秀は後列左から２人目（1995年10月撮影、提供・宮尾光保）

あったそうで、小学校二年生の時、辛と金、もう一人の大柄な朝鮮人少年、金南守《キムナムス》の三人で、日本人に対抗するため小指を切って血書を交わしたこともあるという。

金正根はトタン屋根の七軒長屋の隣に住み、父親は漢方医をしていた。辛基秀の父親とは碁を打つ間柄でありながら親日的な人物だったので、辛の父親が太秦警察署に拘留された時は身元を引き受けに行ったりした。幼い時代の辛は金の姉に背負われて大きくなったという。

辛基秀は運動神経もよく、勉強もできる快活な少年で、小学校二年の担任で師範学校を出たばかりの小川勇に影響を受け、二十歳くらいまで日記をつけていた。

当時の日記帳は表紙に「一日一孝」と印刷されていたが、一九四一（昭和十六）年十二月八日の太平洋戦争開戦の日のページにはこう記述がある。

大東亜戦争が始まった。今日ラジオの放送によると、日本は米英と戦争をした。もうハワイ諸島をとり、日本は各地を打ち破ってシンガポールに行っているのだそうだ。まだ戦争しないで。僕が大きくなったらよいのになあと思った。うんと暴れてやる

嵯峨小学校時代４年３組の集合写真。辛は前から２列目の右端（1940年撮影、提供・宮尾光保）

そしてその脇に勇ましい日本軍の絵とルーズベルトや蔣介石の似顔絵が添えられていた。

京都郊外の洛西でも戦争への高揚感が高まり、子どもたちは山陰本線のレールの上に釘を載せ、列車の車輪に踏ませ、ナイフの刃のようなものを作り、武器を作る真似事もした。嵯峨の民家には訓練と称して軍人が分宿する時代だった。

辛は不在がちの父親に代わって、車折神社で開かれる「協和会」に出席して皇国臣民の誓詞を唱えていた。協和会は、内務省が皇民化政策の一環として在日朝鮮人を指導するためにつくった組織で、誓詞を唱える宮司の白いはかま姿が格好よく見えたという。

一九四〇（昭和十五）年二月二十六日の日記には「向こうの方から天にかわりてふぎうつ、と元気よく聞こえる。……僕も大きくなったらば、くんしょさげてお馬にのって国のためにちゅうぎをつくして天皇へい下につくしたいと思った」と出てくる。

辛が戦後、皇民化教育の苦い思い出の例として引き合いに出す文章だが、担任教師は三重丸を付けて「いい日本人になりなさい」とほめる時代だった。

そんな軍国少年が、六年生のころに朝鮮人に日本名を名乗らせる「創氏改名」をさせられることになり、父親は猛反対したが、従わないと南方戦線に徴用に行かせると命じられ、「道川」と名乗ることにした。

名前が変わることは皇国少年の辛にとっても違和感があったが、それより前の一九三八（昭和十三）年ごろ、京福電鉄嵐山線の嵯峨駅前近くの竹林から長慶天皇（一三四三－一三九四）の墓が出土して大騒ぎになったことがある。

近くに住んでいた朝鮮人の集落五十戸は強制的に立ち退かされ、皆ばらばらになり、河川敷に掘っ立て小屋を建てたり、一軒の家に数世帯が住むことを余儀なくされたりしていった。

「嵯峨には天皇の御陵が何ヵ所もあり、暗記した百二十四代の天皇の名前を反芻しながら御陵めぐりをさせられた。それほど天皇色の強い土地柄とはいえ、子ども心に朝鮮人と天皇の墓が一緒にいたというのは不思議だった」と、竹林から少し離れたところに住んでいた辛基秀は話していたが、こうした朝鮮人が作る集落がこのころ、嵯峨にはいくつもあった。長慶天皇の墓が見つかったところは現在、長慶天皇嵯峨東陵となっている。

『京都のなかの朝鮮』（明石書店）によると、嵯峨野には朝鮮半島からの渡来人である秦氏《ハタウジ》が残した古墳がたくさんあり、五世紀末から七世紀の前半までに消滅した古墳も含めて二百基近くが造成されたが、これは京都市内の古墳総数の四、五割になるといわれている。

辛基秀が食道がんの手術で大阪市立医療センターへ入院していた二〇〇一（平成十三）年十二月二十三日の天皇六十八歳の誕生日は、日本とアジアの歴史に特記されてしかるべき記念日だ。

この日、天皇自らが「桓武天皇（七三七―八〇六）の生母が百済の武寧王《ムリョンワン》の子孫であると『続日本紀』に記されていることに韓国とのゆかりを感じています」と発言し、内外で話題を呼んだからである。

桓武天皇の生母である高野新笠《たかののにいがさ》の墓も京都市西京区の竹林の中にあるが、これまで国体護持にこだわってきた日本は、皇室と朝鮮半島との関係を何世紀にもわたってあいまいにしてきた。宮内庁が天皇家の墓を「私有財産だから」という理由で発掘をさせないのも、朝鮮半島とのつながりが表面化するのを恐れたからではないか、との指摘もある。

日韓のサッカーワールドカップが行われた翌二〇〇二年夏、このゆかり発言について辛に感想を求めると、声がほとんど出ない状態だったが、筆談で次のように答えた。

「在日朝鮮人と日本人学者の一部はその事実を知っていましたが、公然と言うのは、はばかられる雰囲気がありました。今回の天皇発言は大胆です。驚きました。タブーを打ち破ろうという姿勢が見える。天皇の周囲がこうした踏み込んだことを言わせるはずはないので、本人の肉声と思う。日韓のわだかまりをなくしたい。そんなきっかけを求めていたのだろうか。天皇への印象は大きく変わりました」

長慶天皇の墓石が見つかった朝鮮人の集落に、辛基秀は子どものころ、人恋しい気持ちになると、よく遊びに行っていた。貧しいながらも相互扶助的な生活が営まれていて、冠婚葬祭もきちっと行われ、民族のゆりかごといった感じを受けたという。

「集落の長（共同体のリーダー）は六十歳くらいの女性で、若い婦人たちが彼女を中心に礼儀正しい生活圏をつくっていました。異国の地で弱者が肩を寄せ合って暮らす。素朴だが温かい、いくつかの結婚式が原色のまま鮮やかに記憶に残っています。

集落には朝鮮の食材を売る店があり、唐辛子やにんにく、タチウオなどを買うこともできました。牛のハチノスやセンマイといった生の内臓肉に塩を付けたものをここで初めて食べたが、おいしいと思った。

当時の日本人は牛の内臓は食べなかったので、屠場から内臓を仕入れて一斗缶に詰めて売り歩く朝鮮人がいました。同胞にとってはそれが楽しみであり、貴重な栄養源だったのです」

しかし、戦況が厳しくなると、朝鮮の女性も防空演習に駆り出されるのだが、着たきりのチマチョゴリしか持っていないため、チマの下着姿で日本人にバケツリレーをさせられているのを見ていて少年時代の辛基秀はとても気の毒に思ったという。

長慶天皇の墓石が出た角倉町は、京都の高瀬川や天竜川など全国の河川開発工事や朱印船貿易を手掛けた豪商、角倉了以《すみのくらりょうい》（一五五四－一六一四）一族の村だった。了以の息子の素安は豊臣秀吉の文禄・慶長の役で虜囚となった朝鮮の儒学者、姜沆《カンハン》を嵐山に招いたことを、辛基秀は朝鮮通信使研究に手を染めるようになって初めて知ったという。

姜沆は文人でありながら日本軍と戦い、海上で藤堂高虎の軍に捕らえられ、伊予の大洲《おおず》に幽閉された。後に京都の伏見へ移されたが、角倉素安の師である藤原惺窩《せいか》と交友を深め、惺窩は姜沆の指導を受けながら「四書」「五経」の邦訳を完成させ、日本朱子学の開祖となった。

二人は戦争を否定し、民族と国家の垣根を越えた友情を育んでいく。その舞台が自分が生まれ育った故郷の嵯峨であったことを、辛基秀は内心誇りに思っていたようだ。

3、民族を取り戻した日

一九四五（昭和二十）年の八月十五日――。

日本の敗戦は、植民地支配を受けた朝鮮民族からすれば民族解放の日になるわけで、韓国では「光復節」、北朝鮮では「解放記念日」と呼ぶ。

辛基秀はこの日を、十四歳の京都市立第一工業学校（旧制中学、現市立洛陽高校）二年の時に迎えた。住まいは広沢の池に近い、田んぼの中にある借家の一軒家で、周囲には桑畑が広がっていた。

よく晴れた暑い日だった。正午に重大放送があるというので、午前中は小川でフナを捕り、近所の農家の軒先でラジオに耳を傾けたが、雑音がひどくて内容はよく聞き取れなかった。

しかし、その数日前から米軍の大型爆撃機B29が上空からビラをまいたりしていたから、大人たちの間では来るべき日がついにやってきたという受け止め方だった、という。

夕方になると、嵯峨釈迦堂裏や二尊院、鹿王院、太秦の各集落から朝鮮人が濁り酒や鶏をぶらさげて祝杯を上げにやってきた。その数はざっと三十人。太秦警察署にたびたび留置されながらも不屈の朝鮮独立運動を続けてきた辛の父親をねぎらう気持ちも

民族解放の日を喜ぶ在日の人々。大阪市西成区での様子
（『映像が語る「日韓併合」史』より）

あったのだろう。

冠婚葬祭以外でこんなに人が集まったのは久しぶりのこと、と辛少年は目を見張った。

「이겼다《イギョッタ》ー（勝った）」

「잘 됐다《チャルデッタ》ー（よかった）」

「만세《マンセ》ー（万歳）」――。

朝鮮語が飛び交う中で、庭にござを敷き、七輪を置いて鍋を囲む宴会が始まった。

炭火で湯が沸き立つ鍋の中には大根や水菜、人参などの京野菜。それに解体した鶏を放り込み、ゆで上がったところをしょうゆと唐辛子のたれにつけて食べる。

食糧難の時代とはいえ、皆自分の家の軒先で育てた野菜を持参し、それらを使って酸味のある冷やし汁を味わう即席の水キムチも漬けた。

どこからか調達してきた密造酒のマッコリ（どぶろく）を大人たちは浴びるように飲み干していく。

「大人たちは皆酔いが進むにつれ、아리랑《アリラン》や도라지《トラジ》などの朝鮮の歌を口ずさみ、夜中まで宴はにぎやかに続きました。解放された喜びと戦時中の苦労など話のタネは尽きなかったのです。軍国少年の自分にとって、それまで黒いカバーで覆っていた電球からカバーを取り払った裸電球のまぶしさがとても印象的でした」

辛基秀は当時の様子をこう語っていたが、この日以降、京都・西院にある朝鮮の基督教中央教会で見た民族の象徴である太極旗《テグッキ》の力強さに感動し、愛国歌《エグッカ》の旋律に心を揺さぶられた。

祇園の石段下で堂々と行われた母国語の講習会に参加するうち、天皇のために忠義を尽くしたい、と日記に書いた皇国少年の自己回復は半年もたたないうちに実現されていったのである。

翌一九四六年の八月、京都市の円山公園で開かれた解放一周年を記念する大会には約七千人の朝鮮人が参加したが、辛と父親、それに妹の辛貞順の姿もその中にあった。

参加者は太極旗と米国の星条旗を先頭に四条通りを円山公園から南座を通って京都市役所へとデモ行進した。後には百数十台のトラックや木炭車、花笠の人、三輪車の列も続いた。

「お年寄りも若い人も、覚えたての『解放のうた』を歌ったのですが、これほど高揚した気分になったのは生まれて初めてだった。京大や同志社、立命館の学生にも朝鮮人がたくさんいるのには驚きました。世の中がいっぺんに広がった気分でした」

この時に歌った「解放の歌」を辛基秀は特に気に入っていた。


朝鮮の大衆たちよ聞いてみよ　力強く聞こえてくる解放の歌を……


この歌詞を、リズミカルに歌うと体の中が熱くなり、自分がこの時代に生きていることをひしひしと感じたからだ。

しかし、作詞者のプロレタリア詩人林和《イムファ》が米国のスパイだったという理由を付けられ、その後歌うことを禁止されてしまったという。

林和は松本清張の『北の詩人』のモデルにもなった人物で、一九四七（昭和二十二）年に朝鮮半島の三八度線を越えて北朝鮮へ渡ったが、六年後にスパイ容疑で処刑されるという数奇な運命をたどっている。

辛基秀にとって林和の名前が忘れられないのは、プロレタリア作家の中野重治（一九〇二－一九七九）が戦前に書いた『雨の降る品川駅』に対して、朝鮮側の応答歌『雨傘さす横浜埠頭』を発表した人物だったからだ。

中野のこの詩は、朝鮮の親しい友人が強制送還される時の心境を詠んだもので、辛は神戸大学の学生時代から繰り返し読んで暗誦するほど気に入っていた。

ところで、辛と父親が南座の前を行進している様子が同胞の手によって一六ミリカメラで撮影されていたことが分かり、後にそのフィルムが撮影者の息子から譲り渡された。この場面は、辛の作品の『解放の日まで』や呉徳洙《オドクス》が監督して一九九八（平成十）年に全国で自主上映されたドキュメンタリー『戦後在日五〇年史・在日』などに登場する。

この民族解放から四十日後の一九四五（昭和二十）年九月末、米軍司令部が京都入りした時、在日朝鮮人を代表して司令官のクルーガーに花束を贈る役を担わされたのが辛基秀の妹、辛貞順だった。

京都市立二條高等女学校に通っていたが、器量も良く、成績も優秀だったからで、父親の得意顔は数日続いたというが、母親そっくりだったという妹も十七歳の若さで結核で亡くなり、父親の落胆ぶりには目も当てられなかったという。

旧制中学時代の辛基秀については、同級で大阪市生野区でメッキ工場を営む沈鐘愚《チンジョンウ》は「バスケットボールを一緒にやっていたが、アクティブな性格だった。中学三年の時、『聖書の教えを実践しよう』と言って、大きな鍋を持って四条大宮から河原町にかけて街行く人に募金を呼びかけたこともあった」と話している。

ところで、朝鮮人の帰国対策や生産現場から投げ出された失業者の救済、同胞の生命財産保護、子どもたちの民族教育……と山積みの課題に対応するため、在日本朝鮮人連盟（朝連）の設立が東京や大阪など各地で相次いだが、京都では一九四五年十月、林尊康《イムジョンガン》を委員長とする在日本京都朝鮮人連盟が結成された。

その本部は奈良電気鉄道九条（現近鉄東寺）駅前の工科学校の建物にあり、地下は留置場になっていた。当時、京都では日本人やくざと朝鮮人やくざの抗争が絶えなかったが、警察は無力だったため、占領軍が朝鮮人連盟に米軍の憲兵の役目を与えていたのである。

辛基秀の父親はその朝連で保安部長を務め、解放民族ということで有頂天になりはね上がる若者たちを諭し、民族回生への隊列に参加させたり、暴力団抗争を解決するため、京都最大の暴力団といわれた「図越組」の組長の盃を受けたこともあるという。

「父も最初は帰国するつもりで、わずかな家財を荷造りして故郷に送りました。しかし、韓国と日本を頻繁に行き来している親戚から向こうではコレラが流行っているし、ストライキも頻発してインフレで生活が成り立たないと聞き、帰国を見合わせたのです」

辛の親戚の中には、三世帯で船をチャーターして京都・舞鶴港を出たものの島根沖で故障し、いったん辛の家に舞い戻り、数ヵ月後に汽車で下関へ向かった一家もいた。知人の一家はオンボロ船が大阪湾で沈没して命からがら助かり、辛の家に駆け込んだという。

辛の家には、こうした同居人が一時期は二十人もいて超満員だった。しかし、下関では、数千人の朝鮮人が野宿生活をして空腹に耐えながら帰国の船を待つという厳しい現実があったのである。

日本は中国や朝鮮からの日本人帰国者に対しては援護策にも力を入れたが、朝鮮人の帰国に対しては冷淡で、日本から持ち出せる通貨は当時の金額で千円まで、荷物はわずか二五〇ポンド（百十三キロ）以下と厳しく制限した。

日本で働いて得たわずかながらの蓄財も制限額を超えた分は事実上没収されるわけで、朝鮮半島を離れて長い年月がたち、生活基盤が故郷に持てない人々にとっては過酷な措置だった。

当時、朝鮮人は日本の植民地支配から解放されたものの、戦勝国民でもなければ敗北民でもないというわけで、「第三国人」と呼ばれた。彼らは闇市を支配したり、日本人より経済的に優位に立つ者もいたりして、日本人の間では反感が高まっていた。

大阪では梅田や天六、鶴橋、難波などに四十もの闇市場があり、闇市は「第三国人の闇帝国」とするマスコミのキャンペーンが張られた。大蔵大臣の石橋湛山が現行通貨五百億円のうち二百億円は第三国人に握られていると言明したこともある。

こうした情勢の中でも、経済的に成功した朝鮮人はごくわずかで、その大半は日々の暮らしにも困る貧しい人々であった。

太平洋戦争末期に強制連行や自由渡航で日本に来ていた朝鮮人は約二百万人いたが、一九四六年三月までに約百三十万人が玄界灘を渡って故郷へ帰っていった。

「この年の秋くらいまでは私たちの気持ちも高揚していました。すぐには帰国できないと分かっても、言葉に不自由しないために寺小屋のような民族学校をあちこちに作りました。色でたとえるとギラギラした赤ですね。それが二年たつと変色して黒っぽくなっていったのです」

辛基秀がこう回想するのは、一九四七（昭和二十二）年、新憲法発布のわずか一日前の五月二日に、明治憲法の最後の勅令として外国人登録令が発布されたからだ。

十四歳以上の者に外国人登録証の常時携帯を義務付けたもので、日本の法律専門家は住民票の一種くらいにみていたが、戦後の在日朝鮮人の法的地位を象徴する制度だった。

「当時、別件逮捕できる仕組みとは気づきませんでした。朝鮮戦争が始まるころになると、民族学校の先生などたくさんの人が銭湯への行き帰りに捕まりましたが、その理由は登録証の不所持です。日本は植民地支配の過去を忘れて、戦前の朝鮮人差別を法律面でそのまま引き継いだ。自分にとっては戦後のほうが朝鮮人として生きるのは難しいと思い知らされました」

辛基秀自身も外登法問題についてはさまざまな抵抗を試みながらも、指紋の押捺には応じざるを得ず、何度も苦い思いを経験してきた、という。

4、青菜に塩の最強労組

辛基秀は京都・嵯峨野の内陸の地に育ちながら、大学は明るく開けたミナト神戸の神戸大学経営学部に進んだ。大学院を中退するまで足掛け八年間を港町ですごしたが、その大半は学生運動に費やしてしまった、という。

神戸大学で全学連（全日本学生自治会総連合）と共闘し、学生自治会の委員長としてレッドパージ反対闘争を繰り広げ時代をリードする一方、朝鮮通信使への関心も芽生えていった。

「阪急電車に梅田から乗って御影あたりから見た海がキラキラ光っているのが印象的で、途中に四国があるにもかかわらず、そのまま太平洋の向こうへとつながっているように思えました。京都ではのびのび育ったとはいえ、神社、仏閣が多く、天皇制に包囲されているようで重苦しく、あまりなじめなかった、というのが正直な気持ちです」

こう話す辛にとって神戸大学の学生時代、その後の人生を決定するような出来事は、六十三日間もの長期ストを打ち抜いて世間の注目を集めていた炭労（日本炭坑労働組合）中央委員会の委員長、田中章の辞任劇だった。

辛が神戸大学教養部の学生自治会で委員長をしていた一九五二（昭和二十七）年二月、炭鉱資本と組合の団体交渉の席上で、会社側は「田中は朝鮮人だ、組合は朝鮮人をトップにいだいていいのか」と暴露する戦術に打って出た。

当時、石炭は黒いダイヤとも呼ばれるほど値打ちがあり、日本のエネルギー源の中心だった。労働運動の高揚期でもあり、一九五九年の三井三池の大争議までは炭労が日本の労働運動で最強の部隊だった。

そうした全国の炭鉱労働者をたばねる立場の田中の存在は、炭鉱資本側にとっては邪魔で仕方なかった。

ところが、資本側のその一言で労働運動の先頭に立ってきた炭労は、総崩れになり、田中は組織に迷惑をかけられないとして、組合を去っていく。

元々、炭労は、囚人労働に近い劣悪な労働条件に抵抗する朝鮮人や中国人労働者の蜂起に鼓舞激励された日本人労働者たちが作った組織だったという経緯があったにもかかわらずである。

『週刊朝日』の一九五三年三月十五日号に田中本人が寄せた「私は委員長のイスを去る――ある異邦人闘士の心境」という一文によると、田中は一九二一（大正十）年、南朝鮮の慶尚北道《キョンサンブット》で朝鮮人の父と日本人の母の間に生まれた。樺太の炭鉱で働いた後、戦後北海道の三井砂川炭鉱で坑内夫をするうち、道炭（北海道炭坑労働組合）労委員長になり、中央本部の委員長に抜擢された。

人に知られないうちに帰化の手続きをとって日本人になろうと思ったが、委員長という責務から許されなかった。自ら国籍を発表する時は実に苦しかったが、かえってスッキリと気は楽になった。傘下組合員からは同情や激励の声も寄せられた。今後は平凡な一労働者の立場に戻り、一個の路傍の石であっても、日本と韓国の両国民の友情のために意義のある生き方をしていきたい。それが韓国人である私と、日本人である妻との家庭が平和に営まれていくことと、切り離すことができないからである――という内容だった。

辛基秀は田中が辞任する知らせを聞いた時、「なんとも腹が立ち、涙が止まらない思いだった」と言い、『アリラン峠をこえて』（解放出版社）の中で次のように感想を書いている。

下劣な攻撃であったが、騎虎の勢いの炭労は、まるで青菜に塩をふったようにへなへなと崩れてしまったというニュースは衝撃的だった。……アキレスけんめがけての一撃により、炭労は〝枯れた尾花〟にすぎなかったことを見せつけられた。それ以来、社会的弱者の味方のはずの日本労働運動と在日朝鮮人の関係は、三十年以上の重いテーマとなった

辛の問題意識の一端だが、後に、映画『解放の日までに』の撮影や朝鮮人強制連行調査などのため北海道入りした時には、田中の消息を探し求めたが、その後は分からずじまいだった、という。

辛基秀が、旧制中学の京都市立第一工業学校を卒業して神戸経済大学の予科に入学したのは一九四八（昭和二十三）年春のことである。

米軍の占領政策転換で、文部省が朝鮮人の民族学校に閉鎖命令を出して三千人以上の逮捕者が出た阪神教育事件が起きたのは、この年四月だ。

「親戚が山口県下関の大坪町で民族学校の先生をしていたので神戸大学へ入る前に訪ねたことがあります。刑務所の近くのバラック小屋に住んでいました。当時は帰国船の順番を待つ人を相手にいろんな商売があったのですが、親戚は闇タバコを扱っていたので手巻き用の紙を風呂敷いっぱい運んでいったものです。学生だったらバレないだろう、と言われて。

そのとき見た民族学校の様子は『朝鮮語を片言でもしゃべってくれ』『民族文化を忘れないでほしい』というすさまじいまでの熱気でいっぱいでした。わが子を思いやるこの親たちが兵庫県庁に押しかけたのです」

当時瀬戸内海の家島諸島でも石切場で働かされていた朝鮮人が民族学校を作ったが、ここには日本の学校がなかったため、日本人の子どもも通わせてもらい、教師は二度授業を行うという国際交流が

実現したこともあった、という。

朝鮮半島では南北の緊張が高まり、ＧＨＱ（連合国軍総司令部）にとって日本国内の朝鮮人学校の盛況ぶりは無視できない存在になっていた。一九四七年当時のデータで全国に五百七十八校の民族学校があり、六万人余りが通っていた。兵庫県内だけでも四十二校あり、約七千五百人が母国語を学んでいた。

そこでＧＨＱの指示を受けた文部省が、児童は日本人学校へ通わせるようこれらの学校に指示したが、従わないことを理由に神戸市長は学校閉鎖令を出した。

反発した朝鮮人児童の親や教師らは兵庫県庁に抗議に押しかけ、警官隊ともみ合いになり、多数の逮捕者を出したが、知事らとの交渉で学校閉鎖令撤回の覚書が交わされ、逮捕者の即時釈放まで認められた。

危機感を覚えたＧＨＱ兵庫軍政部は四月二十四日、神戸で非常事態宣言を発令した。戦後初めてで唯一の非常事態宣言で、翌日から兵庫県内ではＭＰ（占領軍憲兵）のジープのサイレンが鳴り響き、朝鮮人狩りが始まった。通行人でも、「一円五十銭」と言わされ、朝鮮人なまりがあれば逮捕されたという。

このような大事件でありながら、新聞は一行も報じず、後日になってから遠慮がちに報道した。米占領下では報道の自由も大幅に制限されていたのである。

十九校に閉鎖命令が出た大阪では知事と朝鮮人父兄代表の交渉が行われる府庁前に数千人が座り込んだが、警官側が発砲し、十六歳の朝鮮人少年、金太一《キムテイル》が死亡した。

「戒厳令が出たときは本当に怖かった。朝鮮人が集まっているところが見つかったら無条件に捕まえられて留置場へ放り込まれるんです。検挙されて朝鮮に送還された人を待っているのは死刑か、沖縄に送られた人は強制労働という過酷な処置だった。翌年、大学の自治会で委員長をしていたが、学校に警察やGHQが来るといううわさを聞く度におびえていた、というのが正直な心境でした」

こうした時代に、辛基秀は神戸経済大学の予科に一年在学した後、一九四九（昭和二十四）年夏に発足した新制の神戸大学経営学部に入学した。

この年、旧制山形高校（現山形大学）で哲学を教えていて唯物論者として著名な小松摂郎《こまつせつお》が神戸大学に文学部教授として招かれてきたが、日本共産党へ入党を宣言したことからGHQによるレッドパージの対象となり、学内を大きく揺るがす事態になった。

共産党員とその同調者を職場から追放するレッドパージは新聞界から始まり、全産業分野へまたたくまに広がっていた。GHQの民間情報教育局顧問イールズが「共産主義には思想の自由がない」と東北大学を皮切りに全国の大学で講演し、追放教授千数百人のリストが作られたほどで、言論人や知識人の間でも転向問題が公然化していた。

小松の処遇については学園自治の立場から文学部や教養部の教授会は任用を決定したが、その上部機関である大学評議会はGHQと文部省から圧力を受けて任用を拒否。一九五〇年三月に任用期限が切れるため、大学内で教養部を中心に小松を擁護するための大規模な無期限ストライキが行われた。

その中心となったのが教養部自治会二代目の委員長に選ばれた辛基秀で、辛と教養部で机を並べた京都の元府立高校教諭高松寛は次のように振り返る。

「このころの神戸大学は武井昭夫委員長が率いる全学連の関西の拠点で、日共色が濃い京都大学や大阪市立大学とことあるごとに対立しており、全国から注目を集めていた。東京大学からもよくオルグに来ていたものです。

そうした中で辛君はおおらかな性格とリーダーシップ性を発揮して、旧制と新制の学生自治会をうまくまとめがんばったが、ストライキは一ヵ月で終わった。

当時共産党は野坂参三が自分たちが獄中から出てくることができたのは米国のおかげとして占領軍がいても日本での革命は可能とする見解を打ち出していた。われわれはこれに反対し、全占領軍の撤退を求めていた。ストライキの期間中、米軍のＭＰ（憲兵）が自動小銃を持ってジープでキャンパスへ乗り入れてきたりして、腹が立ったものです」

当時の神戸大学は、本部は六甲にあったが御影や姫路にも教育学部や工学部の校舎を置くタコ足大学で、入学式や卒業式などは六甲にある大講堂を使った。戦前に総合商社の兼松江商が寄付をして建てたものだが、戦後はＧＨＱに接収され、式典のときは特別に許可を求めて使わせてもらっていた。普段は近くにある米軍の住宅「六甲ハイツ」の住民が映画を見たりする際に使っていたため、神戸大生は「六甲ハイツシアター」と呼んでいた。中の壁にはマリリン・モンローやタイロン・パワーなど映画俳優のポスターがたくさん貼ってあったという。

小松を守るための反レッドパージ闘争で、「先頭に立った辛基秀を退学処分にせよ」という声が全学の教授会でも出たが、経営学部教授の古林喜楽《こばやしよしもと》や文学部が反対して撤回させた。

こうした中で、辛は初代教職員組合委員長でもあった古林の謦咳《けいがい》に接することが多くなっていく。古林は戦前の社会科学者であり『貧乏物語』の著者、河上肇の弟子に当たる、ヒューマンな経済学者だった。全学連中央委員長の武井昭夫も「ぼくら学生の活動家にもとても親しく接してくれた」と言う。

「当時、GHQと文部省の合作による政令六十二号に反対して闘うことは、職を失い、路頭に迷うことを覚悟しなければならず、レッドパージを防ぐことができるのは学生運動だけだった。東大の出《いで》隆《たかし》先生がレッドパージ反対の全学抗議集会に当てたメッセージを神戸大でも徹夜で印刷したのですが、一枚の原紙で三千枚のガリ版を無事刷り終えた朝の充足感は忘れがたいものでした」

こう辛基秀が語るギリシャ哲学の権威、出隆のメッセージとは次のようなものだった。

「学園はまたその秩序の名の下に『エデンの園』に化しつつある。エデンの園は神の植民地であった。……」

そして一九五〇（昭和二十五）年六月一日、大学評議会と小松摂郎教授の弁護団の対決の場がやってきた。

広い階段教室で教職員組合委員長の古林は学長の田中保太郎ら評議会側を舌鋒鋭く追及し、公開審理の場に駆けつけた学生たちを拍手喝采させた。反戦旗を振る学生もいて熱気に包まれた。

この月には審理が三回開かれたが、六月二十五日、朝鮮戦争が突然起きると、神戸大学に対する警察の規制も厳しくなり、徹底的なビラ捜査が行われ、運動仲間の工学部生が逮捕される衝撃の事態に発展した。

「当時、私は胸をやられ京都に一時帰って療養生活をしていて、号外で朝鮮戦争の勃発を知りました。粗末な学生寮や新聞部の部屋に寝泊りするうち、結核にやられてしまったのです。神戸港から朝鮮へ送られるジープや戦車、山積みのドラム缶の光景が記憶のアルバムに残っています。あの軍事物資で故郷の全土は荒廃していった。神戸大の学生は、アルバイトとしてはしけや本船へ乗り込み、二十四時間眠らないで、朝鮮向けの積荷の数を数えていたものです」

当時の状況を知る元神戸大生によると、このアルバイトは、現金八百円が支給された上、麦飯が四食付いた。このほか、朝鮮半島で戦死した米兵の体をホルマリンで洗って祖国へ送り出す仕事は一晩で二千四百円が支払われたという。

辛基秀ら学生運動の最前線にいた学生にとって、米兵の遺体を処理するアルバイトはタブーとなっていたが、朝鮮戦争の兵站《へいたん》基地になっていた神戸港は特需景気に沸き立ち、隣国の不幸がそのまま日本の戦後復興のバネになっていったのである。

と言っても、当時の学生は皆貧しく、寮生活をしている者が多かった。

辛と同じ時期に新制の神戸大学に入学した橋口忠男は、阪急今津線の小林駅近くの学生寮に住んでいたが、広さは十二畳の空間に男三人が寝起きしていた。

「とにかくコメの飯がない。朝から晩までイモばかりで、いつも腹を空かせていた。そんなときに辛が近所の朝鮮部落からバケツにドブロクを入れて持ってきてくれたんだ。あれは酸っぱかったが、たまらなく旨かった。学生時代、辛とは一番よく酒を飲んだ間柄だが、彼はどんなに酔っ払っても、本を読んで勉強していたことを覚えている」と話す。

文学部教授の小松摂郎の処遇をめぐる公開審理は、九月以降中断となったまま、レッドパージ反対の闘いは結局、敗北に終わってゆく。

5、未来を見通して行動

そして、辛基秀は一九五〇（昭和二十五）年の、ロシアの十月革命と同じ日の夜、神戸大学の先輩二人と日本共産党へ入党した。

共産党こそが、戦前の天皇制支配によるファシズムの歴史と闘ってきた唯一の党であり、日本の社会を変革していくためには、不可欠な存在と思っていたからだ。

それに加え、戦前、戦後と在日朝鮮人に支えられながら党勢を保ち、拡大してきたにもかかわらず、そのことが顧みられない点に違和感を覚え、自分なりに共産党を変えるための力になりたい、との気持ちもあったようである。

一九四五（昭和二十）年末の日本共産党の全党員約千五百人のうち、三分の一は在日朝鮮人だった。治安維持法がようやく撤廃され、この年十月十日、各地の刑務所から思想犯とされながら非転向の立場を貫いた共産党の幹部が出獄した際、出迎えたのは朝鮮人の活動家たちばかりだったのである。

小雨が降り、肌寒い東京・府中刑務所から徳田球一、志賀義雄、金天海《キムチョンヘ》らが釈放された時の様子について作家の中西伊之助は、翌一九四六年七月発行の『民主朝鮮』四号に次のような一文を寄せている。

昨年十月十日、徳田、志賀、金天海等の諸君が日本有史以来の、歴史的な「天皇制打倒、人民共和政府樹立」のスローガンを高く掲げて府中の牢獄から出てきたとき、数台のトラックに赤旗をひるがえして出迎えた数百人の出迎え人は、ほとんど朝鮮人連盟の諸君だった。その中に混ざっていた日本人はわずかに二、三十にすぎない心細さであった。同志の出獄に或いは十分に連絡がとれなかったのかも知れないが、新聞紙では前々日あたりからセンセエショナルに報道していたからわからぬことはなかったはずである。だからその中にいた日本人で、朝鮮人諸君に対して恥ずかしくもあり、肩身の狭い思いをしたのは、私ばかりではなかったであろう

北は札幌から秋田、仙台、大阪、九州の各刑務所でも同様の光景が見られたが、出迎えたのは朝鮮人がほとんどで、料理屋などへ案内し、長年の労苦をねぎらったという。

「いつからか、在日朝鮮人というと、みじめな受難者的な朝鮮人像がつくられてしまったが、歴史を振り返ればそんなことはなかった。朝鮮人は戦前も貧しい生活の中で差別の壁を破りながら、日本の民主的な勢力と連帯して、反帝国主義、反戦、生活権を守る闘いを続けてきたのです」

辛基秀が常々口にしてきた言葉だが、在日朝鮮人労働者は、関東大震災による朝鮮人狩りで壊滅的なダメージを受けたにもかかわらず、その後のメーデーにも積極的に参加し、岸和田紡績の女工争議や有馬電鉄工事現場の千二百人ゼネストなどの闘いが各地で繰り広げられた。

日本人労働者の闘いが皆無になった戦争末期の時点でも、朝鮮人労働者による闘いは続き、特高警察が神経質になっていたことが次の資料などから窺われる。

「一部思想分子の中には未だ朝鮮独立の悪夢より醒めず依然として不穏策動を続け治安維持法違反として検挙せられたる者が昨年の如きも一九二名の多きに上り」（一九四四年『治安状況』）

こうした時代、日本共産党がとっていた朝鮮人労働者の位置づけは、天皇制を打倒する日本革命を実現させるための「前衛的行動部隊」というもので、民族問題は階級問題に従属させられた。戦後も、独自の民族的課題を背負った在日朝鮮人の運動にあまり関心がなかった共産党は、戦前の路線をそのまま引き継いだ。

戦前、戦後のこうした経緯をよく知る詩人で小説家の中野重治は、晩年の著書『沓掛筆記』（河出書房新社）の中の「在日朝鮮人と全国水平社の人びと」で次のように書いている。中野は辛基秀が神戸大学の大学祭などにも来てもらい、講演を依頼したこともある。

「日本帝国主義の植民地であった朝鮮、台湾の解放の旗を敢然と……」、「日本と朝鮮の労働者は団結せよ」、それは正しかった。またきまりきったことだった。しかしわれわれは、共産主義者を先頭に立てて、日本の「内地」で、朝鮮人労働者とどこまで肉親的に団結していただろうか。むしろ朝鮮人労働者の側が、日本側の戦闘的労働者と団結していたと言えるのではないだろうか。（筆者注・『共産党五十年史』に）金天海の名は書かれている。しかし、その意味は書かれていないここで日本共産党の戦後の歴史に少し触れると、一九四七（昭和二十二）年当時の党員数は約十万人で、一九四九年一月の総選挙では一躍三十五席をとって党史上、最高の勢力となった。ところが一年後、国際共産党情報局「コミンフォルム」の機関紙（『恒久平和と人民民主主義のために』）に野坂参三の唱える平和革命論を徹底的に批判する論文が載り、これがきっかけで共産党の指導部は一九五〇年六月、「所感派」と「国際派」に分裂した。

所感派は徳田球一や野坂参三ら指導部の多数派でつくり、軍事路線を採用したのに対し、国際派は宮本顕治や志賀義雄ら少数派で形成する、日常闘争を重視した穏健路線だった。

所感派が主導権を握った日本共産党は一九五一年一月の第四回全国協議会（四全協）で、在日朝鮮人を日本の中の少数民族であると規定した。

このため、在日朝鮮人問題は国内で抱える問題のひとつにすぎないという認識になり、日本革命が成就しないかぎり、解決できないという理屈になった。

辛基秀の在学していた神戸大学は国際派の拠点で、民族差別的な路線をとる共産党に対し反対の声も上げたが、「朝鮮人の抱えるいろいろな課題は、日本へ帰化すれば解決するというのが当時の共産党指導部の認識だった」と辛は振り返る。

辛は神戸大学の代表として全学連の全国大会などに参加していたが、東京大学出身で一九四八年に全学連が結成されて以来委員長を務めてきた武井昭夫の回想。

「彼は弁は立つし、頭も切れる男だった。東京での都道府県代表者会議のほか、こちらから関西へ出かけた時にもしばしば会ったが、にぎやかに人を集めて皆の先頭に立てる男で、秀才らしくない秀才という感じだった」

当時の全学連の地方メンバーには、旧制四高（金沢）出身で後に経済学者として大成する宮本憲一や、旧制五高（熊本）出身の歴史学者大江志乃夫らそうそうたる面々が加わっていたが、辛基秀のリーダーとしての資質も並外れていたという。

そんな全学連も、委員長の武井が率いる国際派より、武力闘争も辞さない所感派の勢力が強まり、一九五二（昭和二十七）年六月二十六日から三日間、京都で開かれた第五回全学連大会で、武井は辛基秀ら他大学の二十六人とともに「反革命・分裂主義者」との一方的なレッテルを貼られ、国民戦線より追放決議処分を受けることになっていく。

辛基秀の学生時代の交友範囲は広く、全学連の中央執行委員では東大生で戦後の退学処分第一号となった安東仁兵衛や、戦時中の兵役拒否者で常東農民組合の指導者、山口武秀らとも交流があった。

父親の辛宗歳はそんな息子を見て「日本の政治や農民運動なんかにうつつを抜かしていないで、朝鮮人のための民族運動をしっかりやらんか」と叱りつけた、という。

辛基秀が、神戸大学に来て本当に良かったと感じたのは、先にも触れた哲学者の小松摂郎を擁護するための反レッドパージ闘争を通して出会った古林喜楽のゼミナールで学べたからである。

辛は一九五三（昭和二十八）年に神戸大学を卒業したが、不況のドン底で就職先も見つからなかったので、大学院を受験して古林の研究室へ入った。

ところが、ゼミでは山田盛太郎の『日本資本主義分析』や河上肇の『経済学大綱』を輪読したが、山田の著作の漢字だらけの難解な内容には驚いたという。

同じゼミ生の中には、経営を学ぶ学部なのになぜマルクス主義ばかりやるのかと苦情を言う者もいたが、大学院でドイツ語版を使ってのマルクスの「資本論」を講義する古林の姿勢は変わらなかった。

「学生運動が敗北に終わって私たちも何をしていいか分からなくなった。そんな時代に、古林先生は学生にマルクス主義をじっくり勉強させることにより、混迷し分裂した運動のレールを社会科学の理論のレールに転轍させようと努力されたのだと思う」

辛基秀は、神戸・三宮の赤提灯へ古林のお供をしたり、阪急御影駅の高級住宅街の片隅にある古林の小さな家の門をよくくぐった。

暗い谷間の戦時中、京都大学で学んだ恩師、河上肇の講義ノートを見せてもらったり、新聞配達をしていた朝鮮人苦学生を下宿させた牧師の父親の話などを聞かされた。

と言って古林は生まじめなだけの、堅苦しい性格ではなかった。ドイツに三年留学した経験もあっただけにビールが大好きで、ドジョウすくいもやるなど多芸多才で、日本学術会議では〝歌傑〟と名声をとどろかせるほどの声楽家の一面もあった。

辛たちは百円札を何枚もカンパしてもらい、それが翌日のビラ代や昼飯代に化けたりしたこともあったという。

古林が神戸大学の学長をしていた時代は、在日朝鮮人への人権侵害が頂点に達していた。日本政府の敵視政策の下、民族学校は認可されず、生徒たちは通学定期を買うこともできない。そんな時、学長の忙しい仕事をしながら、外国人学校が認可されるよう奔走した。

在日の神戸大学ＯＢが設立した大阪法科経済大学誕生の陰にも、文部省へ再三の陳情を繰り返した古林の、教え子への並々ならぬ愛情があったのである。

古林は、皆から惜しまれる中、一九七七（昭和五十二）年一月、胃がんを患い、七十四歳で帰らぬ人となった。

学長時代が長く、雑務に追われる日々が多かっただけに、その間の活字飢餓症状を埋め合わせるかのように、闘病生活中も猛勉強を続けていたという。

辛基秀は神戸大学時代の思い出を尋ねられると、恩師古林について触れることが多く、「お通夜の時、先生のお宅の台所は床が抜けそうになっているのを見て、清貧の中で一生を全うされたと感じた。朝鮮と日本をつなぐ玄界灘の架け橋であり、本当の国際人というのは古林先生のような方をいうのだとつくづく思ったものです」と話すのだった。

そんな辛の存在は、神戸大学の後輩たちの目にはどう映っていたのだろうか。

辛基秀より四歳若く、一九五六（昭和三十一）年に神戸大学で教養部の自治会委員長を務めた連合兵庫の前会長石井亮一は「先輩たちの多くは、暴力革命を志向する当時の共産党の誤りを繰り返したらいかん、神戸大の学生運動の伝統を守れと口先で説教するだけ。ところが辛さんは必ずカンパしてくれた。うどんが一杯十円か二十円の時代に五百円から千円を置いていってくれたこともある」と振り返る。

しかし、石井が辛に心酔していくのは、そうした後輩への思いやりはもちろんのこと、辛基秀自身の未来を見通して行動しようとするモノの考え方からだったという。

「左翼的な学生は北朝鮮を是とし、韓国はアメリカの傀儡《かいらい》だから否とする風潮があるが、ワシは韓国でも北朝鮮支持でもない第三の道を選ぶ。朝鮮民族統一の立場だ。朝鮮民族の優れた文化を掘り起こして、日本人にも国際的にも評価されるものを提起していきたい」

辛が石井に語った言葉だが、こうした発想が、後に映画『江戸時代の朝鮮通信使』の製作や青丘文化ホールの開設へとつながっていく。

石井は辛基秀と長い付き合いを続けてきた理由について、辛が亡くなった後、こう語って目を潤ませたことがある。

「日本はかつて朝鮮を植民地支配し、本当にひどいことをやったと思う。辛さんもいろいろな差別を受けただろう。でも、日本と朝鮮をめぐる激しい議論になっても、日本人であるボクを責めたり、恨みがましいことを一度も言ったことがない。心の広い人だった」

この点、辛基秀を「心の許せる友人」と語る京都大学名誉教授の上田正昭も次のように言う。

「確かに辛さんから自分が民族差別を受けたという話は聞いたことがない。しかし、彼の仕事でいつも民衆の視点を打ち出せるのはそうした痛みをよく知っているからだと思う。『在日に生きる』は誰にでもできるが、辛さんのように『在日を生きる』となると、相当な努力と信念がなければできることではないと考えるからだ」

6、コスモポリタンの一家

「私、この人と結婚する時、大学院で勉強している経営学博士と聞いていたので、生活は一生保障されると勘違いしてしまったんです」

無邪気に笑みを浮かべながら、当時を振り返るのは、辛基秀と一緒に朝鮮通信使の史料発掘を続けてきた妻の姜鶴子である。

「ところが、本棚を見ると、経済の本もあったけれど、映画の本ばかり並んでいるのね。毎晩、アパートにいろんな人が泊まりに来ては酒盛りの繰り返しで、家にはおかずを買うお金も残らない。刺激があって面白い毎日だったけれど、本当に腹の立つことも多かった」

二人がそんな新婚生活を始めたのは、一九五八（昭和三十三）年一月のことだった。

戦後復興もかなり進み、プロ野球で長嶋茂雄が巨人軍からデビューしたものの、対国鉄スワローズ戦で在日朝鮮人ピッチャーの金田正一から四打席連続三振を奪われ大きな話題になったのも、この時代だった。

「ある人の縁で一緒になったんです」と照れていた辛だが、鶴子は大阪府の南部にある和泉市で土木建築業「中野組」を営む在日朝鮮人の裕福な家庭に育った。

父親の姜明祚《カンミョンジョ》は、戦前に朝鮮人労働者を使って国鉄阪和線建設の末期工事に携わったり、泉北地方に灌漑用水を送る光明池を完成させたりした。その一方で、泉北光明会を結成し、地域の日本人社会との融和にも努める人物だった。

「私は、蝶よ、花よと親から大事に育てられてきた。お稽古から家へ帰ったら勉強をする、というように管理されていたのですが、そこに辛が『家庭教師をしてあげる』と言って、近づいてきたのです。父親の下では日本人もたくさん働いていたので、この人と結婚するまで在日の苦労はほとんど知らなかった」と鶴子は話す。

戦後、男女共学になったばかりの大阪府立泉大津高校で学んだ。一学年上に女優の山本富士子がいたが、目鼻立ちのくっきりした姜鶴子も男子生徒の目を引いたようだ。

お茶に生け花、踊り、琴と習い事は何でもこなした。木村益子服飾デザインスクールを卒業してからは阪急百貨店や大丸百貨店でデザイナーの仕事をしたりしていた。

大学院にまで進んだ辛基秀を鶴子の両親はことのほか気に入っており、後に辛が朝鮮通信使の史料発掘などの仕事を始めると、物心両面で支えてくれるようになる。

そんな二人の結婚披露宴は、一九五八年一月十一日、大阪の上六にある教職員組合の施設である浪速荘で、神戸大学の恩師古林喜楽夫妻を媒酌人に行われた。

一人三百円の会費制で二百人近くが集まったが、鶴子は「お客さんはこちらからお呼びするのがすじなのにお金を取るなんて失礼だ、と父親に叱られました。披露宴では吉本新喜劇も顔負けの調子であちこちで爆笑の輪ができて、まるで同窓会という感じでした」と話す。

そして、ミナミの「いろは」という料亭や梅田のドブロク屋で二次会、三次会とやって、皆からカンパを受け取り、国鉄梅田駅から夜十一時三十分発の汽車に乗って山口へ新婚旅行に旅立ったという。

「夜汽車の三等席はイスが固くて、わびしい感じだった。小郡で乗り換え、朝山口に着いた時は、雪が一尺くらい積もり、寒くて仕方なかった。あわてて長靴を買ったけれど、『あたし、もう帰りたい』という気持ちでいっぱい。今なら成田離婚ですよ」

姜鶴子は半世紀前を振り返り苦笑するが、二人は湯田温泉の旅館で一泊した後、辛の友人で山口大学経済学部へ赴任していた小島正巳の寝泊りする寮に転がり込んだ。

小島は神戸大学と大学院時代に同じ経営学部で学んだ間柄で、中国の労働問題を専攻し、山口大学で教授を務めた後、やはり神戸大学の先輩であるダイエーの中内功が設立した流通科学大学でも教鞭をとった。

最初の晩は二人が土産替わりに持参した牛肉と豆腐、ネギですき焼きパーティーを開き、寮の住人も招いたら、次の晩は「今度は自分たちが」と言って白菜と鶏肉の鍋でもてなしてくれた。

二晩を世話になったが、「お茶などの稽古ごとの世界しか知らない私にとって、彼の友達とにぎやかに過ごす時間はすべてが新鮮でした」と鶴子はいう。

この後二人は日本海へ回り、島根の温泉津温泉などに寄ってから大阪へ戻った。

新居は、大阪市東淀川区の塚本にある、六畳と三畳の簡素なアパートに決まったが、辛の指示でツケが利く酒屋の近くに見つけた。

「『酒ないし、金ないし、辛君の家へ行こうか』とみんながやってくるのです。いつも週の半分は誰かが泊まっていた。夜遅くなってお酒の量り買いに行かされるのですが、こうしたお店があることを知り、ビックリしたものです」

神戸大学自治会の後輩たちが大阪でデモや集会を終えた後、終電車がなくなったなどの口実を作ってはアパートにやって来て、朝まで怪気炎を上げるのだった。

梅や人参、松葉などを焼酎に漬けて果実酒などをつくろうとしても、皆が熟成する前に瓶からストローで焼酎を吸い出してしまうので、作る楽しみも何もなかった、という。

このころ、辛基秀が神戸大学の図書館から見つけてきた朝鮮史専門家の松田甲が書いた本のページをめくりながら「朝鮮通信使というのは初めて聞いた。学校で習ったことのない歴史があったんだ」と話していたのを姜鶴子は覚えている、という。

辛は神戸大学の大学院生活は、すべての科目は履修したが、授業料未納で最終的に中退扱いとなる。姜鶴子と結婚してから鶴子の父親の仕事を手伝ったりして生計を立てていたが、関西労働組合映画協議会で映画を自主上映する運動もしていたため、鶴子が縫い子二人を使ってするデザイン関係の仕事が辛一家の収入の大きな比重を占めていた。

こうするうち一九六〇（昭和三十五）年の十一月に長女の美沙が生まれる。

一家の生活も軌道に乗り、大阪府堺市北野田のつましい建売住宅に引越したが、美沙は小さいころから読書が好きで、勉強もよくできる少女だった。

両親の薦めもあって音楽の道へ進み、東京の国立《くにたち》音楽大学でピアノを専攻したが、美沙のその後の人生は音楽からさらに広がりを持って美術の世界へ進み、内外からアーティストが集まる岡山県の牛窓国際芸術祭にスタッフとして参加したりした。途中、

松田甲の『日鮮史話』（大正15年発行）に出てくる徳川時代の朝鮮通信使

韓国の延世《ヨンセ》大学へ語学留学した経験も持つ。

一九九〇（平成二）年に米国へ行き、ニューヨーク大の大学院でアート・アドミニストレーションを学び、卒業後はニューヨークの画廊やアート専門のマネジメント会社で働き、九年の滞在を経て日本へ戻った。

帰国後、東京藝術大学の先端芸術表現科に非常勤講師で迎えられる。「芸術の持つ力や精神性をどう社会に発信し、共有していくか」をテーマにして、学生たちと茨城県取手市の使われていない民家などを使って斬新なアート展を開いた。その一方で、内外のアーティストを招聘して、一定期間滞在してもらい、創作活動を行う、茨城県主催のアーティスト・イン・レジデンスプログラムを運営し、その後、東京都心にある美術館でマネジャーを務めたりもした。

美沙は、海外を自在に飛び回る自分について「父の自由に物事を見る目とか、組織にも属さない生き方が知らず知らずのうちに私にも影響しているのかもしれません」と話している。

美沙の妹、理華は一九六四（昭和三十九）年七月生まれ。四歳からピアノを習いながらも、「父の薦

中学１年生の孫、源を囲む辛基秀、姜鶴子夫妻（2000年夏、神戸市内で）

めで柔道もやっていて、男の子と間違えられた」というほど快活な少女時代を過ごした。

　辛の自宅には客人用の布団が十組以上もあって、朝鮮通信使関係の絵巻物などが見つかると、お披露目の宴会をやるのが常だった。

　朝起きると、家には客人が泊まっていることが多く、理華は「お客さんの鼻にティッシュペーパーでつくったこよりをそっと入れて起床させるのが楽しみでした。いたずらが好きだったんですね」と笑う。

　このころの辛基秀は知人と作った土木建築会社の仕事が成功し、堺市西野に一戸建て住宅を建てて、北野田から移り住んだ。


　理華は、一九八二（昭和五十七）年夏、美沙と一緒に初めて韓国へ渡った。それまで辛基秀は朝鮮籍を持っていたので家族も自由に海外渡航ができなかったのだが、韓国籍を取得して娘二人の海外留学実現へとレールを敷いたのだった。

「ソウルでは戒厳令が解けた直後だったけれど、夜間の軍事訓練がありました。窓から明かりが少しでも漏れていると軍服の人たちが強いライトを当ててどなりつけるんです。緊張しましたが、アジアは本当に広いという感じでした。

　父の故郷の慶尚南道鎮東里は土の塀がどこまでも続く田舎でしたが、お年寄りが地べたに腰を下ろし、自分の畑で作ったトマトやキュウリを売ってのんびり暮らしているようなところでした。父の生まれたところは納屋に姿を変えていましたが、自分に代わって故郷を訪ねてくれたことをとても喜んでくれました」

理華は辛基秀のいとこに当たる叔父に韓国内を案内してもらった感想をこう語ったが、関心はさらに海外へと広がり、一九八六（昭和六十一）年にロンドン大学へ入学。言語学を修め、卒業後はロンドンをベースに日本や英国テレビ局の番組制作に関するリサーチの仕事に携わっている。

辛基秀の友人でもあるＮＨＫのプロデューサー中田整一が一九九三年に企画した番組、ＮＨＫスペシャル「太平洋戦争」の制作にも参加し、英国側情報をリサーチするうち、インパール作戦の存在を知り、「イギリスでは第二次世界大戦の檜舞台はヨーロッパといわれているが、忘れ去られたアジアでの戦いに関心を持つようになった」という。

同じころ、イギリスＢＢＣからもドキュメンタリー「Burma The Forgotten War（ビルマ　忘れられた戦争）」のために、日本側の兵士の証言を集めることを依頼された。

『インパール』という同じテーマを通し、戦後何十年を経て存在する日英双方の見解の違いを知り、また国の枠を越えて同じ悲しみを共有する人々に出会った。二つの番組を通して、日英の溝は少しでも埋められたのでしょうか」

理華は、取材を進める過程で日本と朝鮮半島の関係についても同様の思いを重ねていたという。

二人の娘が世界を舞台にした仕事を始めたことについて姜鶴子はこう言う。

「辛はお酒が好きで、友達をたくさん連れてきては朝までいろんな社会問題の議論を果てしなくやっている。あまりにいろいろなお客さんが泊まっていくので、娘が『私のお父ちゃん、ホンマは誰なの』と冗談に言うほどでした。

そんな酔っ払った人たちの一部始終を長年見てきて、二人の娘たちにはナショナルの枠を越えた、インターナショナルなものを目指してほしいと思うようになった。誤解を恐れずに言えば、子どもたちには差別反対などの社会運動だけで人生を終わらせたくなかったんです」

鶴子はかつて名デザイナー木村益子の下で勉強していた時、「あなたの作品は仕立てがしっかりしているから、洗っても崩れたりしない」とほめられ、フランスへファッションの留学をするよう勧められたことがあったという。

両親から早く結婚するよう言い渡され、自身の夢はかなわなかっただけに、美沙と理華にはいつか海外へ飛躍して欲しいという気持ちを持つようになった。

それで、二人には韓国・朝鮮の民族学校へ入学させるよりは、普通の日本の学校へ通わせ、世界でも通用する美術や音楽に触れさせていったのである。

しかし、鶴子のこうした考えは辛の古くからの友人や在日の人たちとの間でたまに摩擦を呼ぶこともあった。

「辛基秀は私から見て太陽という存在です。周りに集まってくるたくさんの人たちに光を当てて幸せにしてあげる分、私が引き受けなければならない役割もありました。彼は帰宅してからの抹茶の一服が好きで、部屋に生けてある花を見ては心をなごませていました。それにしても一緒に朝鮮通信使の史料を探していたころは、皆さんとの連絡役を引き受けたりしていたので、先に一人で逝かれてしまい、ぽっかり開いた心の空洞は埋まりようもありません。『私の仕事を奪わないで』という気持ちです」

鶴子は、夫の遺した仕事の整理をしながらの日々をこう語っているが、辛基秀やその家族のイメージは周囲にはどう映っていたのだろうか。

辛基秀と四十年来の付き合いがあった元教員、市川正昭の回想。

「かつて学園紛争でゲバ棒が流行った時代があったが、辛さんは何事でも、勇ましくコブシを振り上げて自分を主張するようなやり方は嫌いだった。感情的な行動に走るのではなくて、一つ一つの事実を積み上げて権力構造を射て行く。在日の中でも孤塁を保つというか、異質な存在と見られていた」

辛基秀一家について「こういう在日の家族は見たことがない」と言うのは共同通信外信部編集委員の阪堂博之で、「辛さんの葬儀に出席して感じたが、普通在日の告別式は皆白いチマチョゴリなどを着て出席し、もっと感情を露にして故人を送り出すのに、辛さんの場合は日本人のそれのように淡々と執り行われたことが印象に残っている」と振り返る。

大阪で在日コリアンと言えば、猪飼野《いかいの》をベースにした知識人や焼肉屋、大きな稼ぎを得るパチンコ店主などいくつかの典型例があるが、辛基秀の娘たちは「私たち一家を在日のそうした枠組みの中で見ても、なかなか理解されないと思う」と話している。

第4章　人間的連帯を目指して

ＪＲ大阪環状線の高架下にあった青丘文化ホール。左から井上正一、辛基秀、文公輝、そして筆者（2001年９月の閉館時、撮影・朴鐘祐）

1、高架下に文化の殿堂

ゴトゴト、ゴットン、ゴットン……。頭の上を電車が通過する音を聞きながら、ゆりかごで安らぐ気分で、日本と朝鮮のさまざまな文化を吸収できる——。

そんな青丘文化ホールが、国鉄（現ＪＲ）大阪環状線寺田町駅から歩いてすぐの高架下に産声を上げたのは、一九八四（昭和五十九）年五月二十六日のことだった。

怪人百面相を名乗るグループがチョコレートなどに毒を入れるぞ、と食品企業を次々と脅したグリコ森永事件。関西のマスメディアがこの「劇場犯罪」報道に連日のように大きく紙面をさいていた時代、社会面のささやかなスペースを使って韓国・朝鮮関係のカルチャーセンター誕生の知らせが伝えられた。

「大阪には二十万人近い韓国・朝鮮人が住むが、二世や三世の大半は日本での生活しか知らず、文化的には日本に埋没しつつある。民族の心、在日の主体性を育てるためには、歴史と文化を学んでもらうしかないと考えた。ここには朝鮮を南北に分け隔てる三十八度線は存在しないので、同胞の皆さんはくつろぎにやってきて欲しい。同時に日本人には本当の朝鮮史を知ってもらい、ゆがめられがちな韓国・朝鮮人観をただしてもらえれば。そして両者の心の溝を少しでも埋めていくことができれば、と願っているのです」

辛基秀《シンギス》が朝鮮通信使の史料発掘と同時に手がけたのが、この青丘文化ホールの運営で、開設の目的を当時こう語っていた。

意味を持つという。

「青丘」とは紀元前七世紀の古代朝鮮の呼称で、中国から見た東の星座、神仙のパラダイスという

「当時、在日韓国・朝鮮人の間で議論になるのは、韓国支持の民団と北朝鮮支持の朝鮮総連のどちらの立場につくかという政治論議や組織論議がほとんどだった。そうした既成団体から離れた、自由な寄り合いの場をつくりたいと、二人でよく話していたのです」と振り返るのは、辛基秀が兄のように慕っていた歴史学者の姜在彦《カンジェオン》である。

「韓国、北朝鮮の対立があるからといって、NHKの朝鮮語講座『アンニョンハシムニカ』のようにどこの国の言葉かすぐには分からないような名前では困る。分断民族の痛みを克服する上でも、古い時代の言葉がいいだろうとなった。青丘は私の好きな言葉で、この名前ならさしさわりがなくてよいのではとアイデアを提供したら、それで行こうと決まった」という。

辛基秀が大阪鉄道管理局から国鉄のガード下に焼肉屋として借りていた二階建て店舗を改造して作ったホールは、延べ面積が約二百平方メートル。一階は、ミニ劇場や音楽会、集会などに使う小ホールで、ビデオのワイドスコープやピアノを置いた。

辛基秀と姜在彦（右）。大阪市立博物館で開かれた朝鮮通信使展のオープニングセレモニーで（1994年６月）

二階はライブラリーとガス台を備えた調理室になっているが、資料室には辛が映画『江戸時代の朝鮮通信使』や『解放の日まで』などの製作過程で収集した膨大な資料をはじめ、自身で撮影したり集めたりした日朝関係のフィルムや写真、書籍、ミニコミ誌など約五千点を展示した。

そのコンセプトは、これまでほとんど記録を残していない在日朝鮮人の歴史の証《あかし》を体系的に集める空間にしたい、ということだった。ここには研究者、学者はもちろん、近畿の中高生らが文化祭などで発表する資料を作るため訪れることもしばしばあったという。

在日の同胞や日本人の知人友人から、映写機をはじめ朝鮮民謡を歌うためのカラオケセットや朝鮮の民画、灰皿にいたるまでさまざまな備品が寄贈されたが、それでも開業資金は一千万円かかった。このため家計費の全てをつぎ込み、資金に充てた。月額五百円の会員約六百人に支えられてのスタートだった。

オープニングパーティーには関西はもとより、東京、名古屋から約百五十人が参加したが、辛基秀が私淑していた作家の金達寿《キムダルス》は「大阪こそ〝中央〟」として次のように祝辞を述べた。

東京にも青丘文化会があり、神戸にも青丘文庫がある。あちこちに起こってくるが、将来はいろいろと活動を経るうちに高級なものをつくってほしい。

在日朝鮮人には美術館の一つもない。

同胞の中にはお金を持っている人も相当いると思うがつくっていない。

資料館、博物館一つつくろうと思えばつくれる。在日朝鮮人としてやれる仕事として、例えば、朝鮮にない絵画、陶磁器が多くあるという条件の下、力を合わせて、例えば、大阪で〝青丘美術館〟を作ることを望みたい。

特に大阪は在日朝鮮人にとっていうならば中央なんです。東京は大都市といっても同胞は六、七万です。大阪でさまざまな運動が起こって、徐々に統一的な方向に進んでほしい。

このホールも個人の力では限界があり大変です。力をあわせて、文化的な意味で広げてほしい

（『青丘文化ホール通信』創刊号より抜粋）

二十一世紀に入り、テレビで『冬のソナタ』などの韓国ドラマが放送され、街のカルチャーセンターでは朝鮮関係の講座も多く、コリアン文化は空前の盛り上がりを見せている。しかし、こうした世界に日本人の目が向くようになったのは一九八八（昭和六十三）年のソウル五輪を経た一九九〇年代以降の話で、それも近年のことなのである。

それよりはるか以前の一九八四年に青丘文化ホールを開設した辛基秀は、『青丘文化ホール通信』の第二号（同年六月発行）に「豊かな文化創造のバネに」という一文を寄せ、自身の思いを次のように記している。

近い将来には、財団法人として、大同団結できる方向を目指しています。お隣りの神戸には、在日中国人の手になる財団法人の歴史資料館があり、個人所蔵の貴重な資料が提供され、また資料館の維持の

ため寄付したり理事になることは在日中国人の名誉であると聞いています。

また、本国のえらい人が来日されると、必ず立ち寄り、過去の歴史を確認するという話を聞きます。五万人の在日中国人に比べ、十数倍の在日韓国・朝鮮人が、なぜ、美術館、資料館一つをつくり得なかったのか嘆息が出ます。世代は変り、私たちも大きな曲がり角に立たされています。今からでも、目を遠方にばかり向けず、在日の足許をしかと見て、自らの手で、もっと立派な歴史資料館づくりに努力したいと念じています

こうしてスタートした青丘文化ホールの活動内容は実に多彩で、開設から二年間に取り上げた企画や講座名の主なものを以下に掲げる。

○「古代朝鮮と日本」（全六回）――大阪の中の渡来文化を解説、講師金達寿（作家）
○「李朝画人講座」（全十二回）――朝鮮通信使の一行として来日した画家や李朝時代に活躍した画人らを紹介。講師吉田宏志（大和文華館学芸部次長）
○「済州道《チェジュド》講座」（全五回）――映画を鑑賞しながら、大阪となじみの深い済州島の歴史を振り返る。講師金石範《キムソッポム》（作家）ら
○「近世朝・日交流史」（全七回）――雨森芳洲《あめのもりほうしゅう》と朝鮮通信使の世界などを学ぶ。講師ロナルド・トビ（イリノイ大学助教授）ら
○「姜沆《カンハン》と江戸儒学」（全二回）――講師姜在彦（大阪市立大学講師）

○「東アジア民衆映画祭」（三年間に三回開催）。韓国映画『風吹く良き日』『寡婦の舞』、フィリピン映画『よろこびの神秘』、台湾映画『坊やの人形』『老兵の春』などを上映
○「韓国料理を味わう会」（全十一回）――一般家庭で作る料理を食べながら韓国文化を学ぶ。講師金静子《キムチョンジャ》（大阪外国語大学客員教授）
○「ハングル講座」（初級、中級、上級）――講師呉満《オマン》（桃山学院大学講師）
○自主夜間中学「麦豆教室」――在日のオモニ（母親）が日本語を勉強。講師岩井好子

青丘文化ホールではこのほかにも一般館が放映しない珍しい映画の上映会や講演会、シンポジウム、それに朝鮮民謡を歌ったり、장구《チャング》（太鼓）をたたいたりの音楽講座など企画が目白押しだった。毎月『青丘文化』という十ページ前後の機関紙も発行し、講座の中身を伝えたり、日朝問題に詳しい文化人からの寄稿などを載せた。

しかし、これだけ盛りだくさんのイベントをこなすJR高架下の建物は、看板こそ大きく立派だが、ややくたびれた感じで、遠方から訪ねてくる人の中には、近代的なビルを想像して「もっと立派な施設かと思ったのに」と驚きを隠さない人もいた。

識字学級に通っていたオモニたちはホール脇に生えている雑草を抜いたり、溝の掃除をして自転車の整理をしてから授業に参加するのが習わしだった。

ホールの一階部分はコンクリートの打ちっ放しだったので、冬場は夕方になると暖房があっても冷え込み、辛基秀は客人と近くの銭湯へ出かけ、温まって帰ってきては焼酎を飲んでいい気分になり談

論風発の場になることもあった、という。

しかし、こうした肩のこらない空間だったからこそ、逆に辛の多くの友人知人が手弁当も同然で講師役に駆けつけてくれたのである。

「古代朝鮮と日本」の連続講座を担当した作家の金達寿は『玄界灘』『太白山脈』など骨太の作品を書き、『朴達の裁判』で芥川賞候補になったこともあるが、辛とは朝鮮総連の在日朝鮮文学芸術家同盟（文芸同）にいたころからの四十年以上の付き合いだ。

戦前の一九三〇（昭和五）年に十歳で来日した金はくず拾いと納豆売りをしながら日本語を勉強するうち、文学に目覚め、戦後『民主朝鮮』に「後裔の街」を連載、新日本文学会の会員としても健筆を振るった。

「正邪に対して厳しく、妥協しない人で、笑う時でも怒るときでも大きな体を揺すり、仁王立ちになる。特に人を叱る時には大きな声でどなるので、ドナルド・キンと愛称がついていた。朝鮮総連の、文学作品の自由な発表を許さなかったり、意見の異なる人物を手段を選ばない方法で排斥するやり方に抗議して組織を離れていった」（辛基秀）という。

金達寿は一九七五（昭和五十）年に在日の歴史家姜在彦、李進熙《リジンヒ》らとともに雑誌『季刊三千里』を創刊し、在日朝鮮人と朝鮮に関心を持つ日本人の作品を発表する場を作ったが、この場に集まったのは朝鮮総連を離れた在日の知識人が多かった。

『三千里』は朝鮮統一に向け韓国と北朝鮮が出した共同声明（一九七二年）を受け、文化人もできることをと、具体的なアクションを起こした雑誌で、作家の司馬遼太郎らも執筆し、一九八七（昭和六十二）年発行の第五十号まで続いた。

十三年間にわたり日朝両民族の複雑によじれた糸を解きほぐし、相互の理解を深めるために果たした役割は大きく、編集発行人の李哲《イチョル》は「祖国統一への思いをこめて在日一世からの寄付も多く、商業広告を一切取らなかった。それまで北朝鮮礼賛の機関紙以外に市民レベルの出版物はなく、日本の歴史学会からも肯定的な評価を受けていた」と振り返る。

辛基秀もこの雑誌の執筆メンバーに加わっており、列島に暮らす同胞を訪ねるカメラルポの連載などを長く担当した。民俗学者、宮本常一の旅紀行が好きだったという辛は、離島山村の人々の生活向上を目指して全国を歩いた宮本の思いに、在日に対する自分の気持ちを重ねていたのかもしれない。

後に金達寿は小説よりも『日本の中の朝鮮文化』という各地に残る朝鮮人の足跡をたどる紀行文（講談社文庫全十二巻）に力を入れ著名になっていくが、その基本には辛基秀と続けた東北や四国、九州の旅もあったのである。

「金達寿さんとの旅では教えられることが多かった。『帰化人』という言い方は政治的な意味を持ってくるので、日

金達寿（左）と辛基秀（1984年、新羅神社で）

本古来の『風土記』にも出てくる『渡来人』が正しいというように。日本の伝統的な皇国史観に歴史学者でもないのに敢然と立ち向かっていく馬力には本当に驚かされた。高松塚の古墳で壁画が見つかり古代史の見直しブームが起きている時期でもあり、本が一冊出ると読者カードが千三百枚も返って来るほど金さんの仕事は注目を集めていた」

金達寿は一九九七（平成九）年に七十七歳で亡くなったが、辛基秀は二〇〇二（平成十四）年春、食道がんで闘病中の入院生活を送りながら追悼の気持ちをこめて『金達寿ルネサンス――文学・歴史・民族』（解放出版社）を自ら編集して世に送り出したのである。

青丘文化ホールで講座「姜沆と江戸儒学」をはじめ多くの講演をし、大阪市立大学などで教鞭をとっていた姜在彦もかつて朝鮮総連にいた時期があった。

済州島で一九二六（大正十五）年生まれの姜在彦は、朝鮮戦争さなかの一九五〇（昭和二十五）年十二月、当時韓国の忠清北道《チュンチョンブット》で高校の教師をしていたが、「いずれ軍に引っ張られ、北の同胞相手に銃を持たされる」として四トンのイカ釣り船で釜山《プサン》から日本へ密航、対馬を経て下関へ渡った。

大阪商科大学（現大阪市立大）大学院でマルクス経済学を勉強してからは、東京へ出て朝鮮通信社で翻訳の仕事をした。姜の学問的関心は朝鮮がなぜ日本の植民地にならざるを得なかったかを解明することで、朝鮮総連結成と同時に大阪へ戻り、幹部教育を受け持ちながら朝鮮近代史の研究に専念した。

このころ文芸同にいた辛基秀と知り合ったのだが、北朝鮮主席の金日成《キムイルソン》を神格化する組織内の統制に耐え切れず、「歴史にうそを書くことは許されない」として一九六八（昭和四十三）年に朝鮮総連を離れた。『朝鮮近代史研究』（日本評論社）、『朝鮮の開化思想』（岩波書店）など三十数冊の著作を持つ学究だ。

姜在彦の妻は、長年女性労働研究を続け、大阪市立大学経済学部長も務めた竹中恵美子で、二人はおしどり夫婦として知られる。

辛基秀一家と家族ぐるみの付き合いを続けており、近畿の山あいの地へタヌキや鹿肉の料理を食べに出かけたり、酒席をともにすることも多かったが、姜は「辛君はぼうようとしていて何をやりだすか分からない男。ぼくは文献を基にしたエリート層の歴史を書いてきたが、彼は絵画や民具などの発掘を通して民衆の世界を表現したところがすごい」と話している。

当時、朝鮮総連では後に大作『火山島』を完成させる作家の金石範や、『猪飼野《いかいの》』などの長文詩で知られる金時鐘《キムシジョン》らがいたが、いずれも組織の束縛に反発して、総連から離脱して、それぞれの個性を花開かせていく。

しかし、こうしたメンバーに対する朝鮮総連の対応は厳しく、機関紙などを使って「転向分子」「脱落分子」などと非難中傷の言葉を浴びせ続けた。

2、味覚は国境を越えて

ところで、青丘文化ホールでは、集まった人間はいつも難しい文学や歴史談義にばかりふけっていた訳ではないのである。

ホールの常連である姜在彦らがもっとも楽しみにしていたのは、大阪外国語大学で客員教授を務める金静子が一年間ほぼ毎月開いた韓国料理の教室である。

在日コリアンが多く住む大阪でも、韓国・朝鮮料理といえば焼肉やホルモン料理、キムチが定番だった。講師の金がこの講座で取り上げたのは、「食べるものは薬になる」と考える韓国の家庭で日常的に食べている料理の作り方であり、そうした食生活の背景にある文化や四季折々の歳時記を伝えることだった。

一九八四(昭和五十九)年七月六日付毎日新聞の大阪市内版は「味覚は国境を越えて」という見出しを付けて「韓国料理を味わう会」に在日韓国・朝鮮人と日本人の女性らが参加している様子を次のように伝えた。

「韓国の人がご飯やお汁をスプーンですくう時は内側に向けてすくいます。外側に向かって動かすと福が逃げるので」

国鉄寺田町駅近くの高架下にある青丘文化ホール一階で、料理講師役の金静子さん(四二)は出席した二十人近い二~四十代の奥さんたちにこう説明。長いテーブルの上には、二階の調理室で全員で作ったばかりの朝鮮料理の皿がズラリ。金さんが「焼き肉とキムチだけが朝鮮料理と思ったら大間違い」と言うように、朝鮮ミソを使ったなべもの「テンジンチゲ」、小型の朝鮮カボチャのフライ「ホバクチョン」など、おかずは多彩。薬味のミソを塗ったご飯をサムチョ(朝鮮レタス)で巻いたのもなかなかいける。

出席者の一人の豊中の主婦は「韓国語を習っているんやけど、言葉にくっついている文化も知りたい。熟してないカボチャを食べる料理があるなんて、知らんかった」。

参加者の中には在日二世、三世の若い朝鮮人女性もまじっており、ホールの代表、辛基秀さん（五三）は「在日の人にもやっと生活のゆとりができ、手間のかかる朝鮮料理を習えるようになった」と目を細める。

金静子は韓国・黄海道《ファンヘド》に生まれ、ソウルの梨花《イファ》女子大学を卒業してからテニスの名プレーヤーだった夫に同伴して一九六九（昭和四十四）年に来日、大阪外国語大学や京都府立大学などで朝鮮語の講師をするかたわら、塚本勲編著『朝鮮語大辞典』（角川書店）の編纂作業などを手伝ってきた。ソウル五輪（一九八八年）も近づきながら、日本では韓国料理を知っている人間が少なかったため、新聞でコメントを求められるようになり、自分の食べて育った家庭料理について話をするうちに料理の先生に祭り上げられてしまった、という。

「日本へ来て驚いたのはホルモン焼きなどと言って牛の内臓を焼いて食べることでした。韓国ではテールスープのように内臓はすべて煮付けるのが基本。それと日本人は韓国料理をスタミナ料理と思っているけれど、野菜を豊富に使う健康食が特色で、たくさんのお皿を一度に並べて野菜、魚、肉とバランス良くいただきます。この講座では料理だけでなく、毎回必ず何か新しい発見ができることを望みながらメニューを組んできました」

こう考える金静子が一年間に教えた韓国料理のメニューは以下の通り。

一回当たりの会費は三千円で、材料の多くは猪飼野と呼ばれた御幸通商店街の朝鮮市場で調達してきた。ここでないと、本場並みのキムチを漬けるのに必要なエビの塩辛などは手に入らなかったのである。

○一九八四年六月……오이콩나물《オイコンナムル》（豆モヤシとキュウリ）、된장찌개《テンジャンチゲ》（味噌鍋）、호박전《ホバクチョン》（カボチャのお好み焼き）、김《キム》（焼き海苔）

○同七月……매운탕《メウンタン》（コチュジャンとニンニク、玉ねぎで味付けした汁に白身魚やエビなどを入れる辛い鍋）、풋고추전《プッコチュジョン》（肉あん入り青甘唐辛子のお好み焼き）

○同八月……삼계탕《サムゲタン》（参鶏湯、丸鶏にもち米や朝鮮人参を詰めて作ったスープ煮。滋養強壮によく、当時は幻の料理を再現と注目された）、キュウリとキャベツのキムチ

○同九月……갈비찜《カルビチム》（牛あばら肉の煮物）、ホウレンソウと大豆モヤシの和え物、물김치《ムルキムチ》（水に大根と白菜、ニンニクなどとともに浮かべて軽く発酵させた水キムチのことで、二日酔いのさまし汁に最適。冷麺のだし汁にも使う）

○同十月……잡채《チャプチェ》（牛肉、春雨、野菜が入った五目炒め）、전《ジョン》（とき卵を衣にして肉、野菜、魚貝類を焼く）

○同十一月……빈대떡《ピンデトック》（緑豆を水に一晩漬けてやわらかくし、肉や調味料を混ぜ焼き上げる）、수정과《スジョンガ》（柿を使って作る飲み物で正月料理の定番）

○同十二月……떡만두국《トンマンドゥクッ》（モヤシやホウレンソウ、田舎豆腐、肉を混ぜてギョーザの皮で包み、骨付きカルビで取ったスープで餅と一緒に煮込む）、곶감쌈《コッカムサム》（干し柿の中にくるみを詰めた菓子）

○一九八五年二月……낙지볶음《ナクチポックム》（タコの炒めもの）、파쇠고기산적《パセコギサンジョク》（ネギと牛肉の串焼き）、김치산적《キムチサンジョク》（キムチの串焼き）

○同三月……꽃게찌개《コッケチゲ》（一年のうちこの季節でしかとれない生きた渡り蟹を豆腐や野菜とともに唐辛子味噌で煮込む）、두부조림《トウブチョリム》（豆腐をスライスしてごま油で炒め、中にひき肉やネギ、シイタケをはさみ、砂糖、しょうゆで煮付ける）

○同四月……우거지국《ウゴジクッ》（牛の骨やスジで取ったスープで青野菜を煮込んだもの）、돼지고기완자《テジコギワンジャ》（豚肉のだんごにもち米をまぶして蒸し上げる）

○同五月……김밥《キムパップ》（寿司メシでなく普通のご飯にキムチの古漬け、甘辛く煮付けたひき肉などを入れてごま油を塗ったのりで包む）、오이김치《オイキムチ》（キュウリキムチ）

このほか、약밥《ヤクパップ》（薬飯、もち米にナツメ、栗、クルミ、ハチミツ、ごま油を炊き込んだもの）まで作り、まさに韓国料理が百花繚乱といった感じで、講座には多いときで五十人以上が参加したが、この中には土井料理学校を経営する土井勝夫人らも加わっていた。

辛基秀たちはこれらの料理のご相伴《しょうばん》にあずかりながら楽しい宴を繰り返したが、この講座がきっかけで金静子は関西での料理教室で引っ張りだこになっていき、また別の講師を迎えて韓国料理の講座はその後も発展して続いていくのである。

「相手国の文化を知るということは歴史や言語を勉強することだけではない。食文化の交流こそが互いに知り合う一番の近道」

辛はことあるごとにこう触れていたが、日本で一番消費量の多い漬物はぬか漬けではなくてキムチという二十一世紀に入ってからの現実をみても、この言葉の重みが感じられるというものだ。

さまざまな文化活動を行う一方で、辛基秀が心を砕いたのが、在日のオモニ（母親）たちに日本語の読み書きを覚えてもらうための識字学級だった。

大阪市の天王寺中学で長年夜間学校の教師をしていた岩井好子は定年を迎えた一九八六（昭和六十一）年五月から青丘文化ホールで、「麦豆教室」を始めた。

「私の（再婚した）オモニも生活に追われ、読み書きを知らず苦労しました。この場所を使って文字を覚え、自分の歩いてきた道を次の時代の子どもたちに伝えてください」

辛基秀のこうした激励で始まった自主夜間中学は毎週火、木曜の二回、ホールの一階で午後五時ごろから三時間行われた。昼間の仕事を終えて奈良や大阪各地から集まってきた年配のオモニたち約三十人は、特製のプリントを使って勉強しながら岩井をはじめいろいろな先生と交流し、日本語の読み書きを学んでいった。

「麦豆教室」は、公立の夜間中学と違って修業年限がないため、勉強をしたいだけ在籍できるのが特徴で、麦一握り、豆一合が先生への謝礼という朝鮮の昔の書堂《ソダン》のような豊かな学校にしたい、という願いを込めて名付けられた。

「勉強が楽しい」

「習うた字、看板に書いてある」

「生きてきたこと、書いて残したい」

「孫が学校からもらってくるお便り、あれだけでも読めるようになりたいのです」

オモニたちの言葉だが、この教室は彼女たちが生きるためにはなくてはならない学校であり、「校舎は私の恋人」と思うほどの存在だったのである。

こうした教室の日常を、映画『男はつらいよ』で有名な監督の山田洋次が取材撮影し、毎日放送系『中村敦夫の地球発22時』の特別番組で紹介され、話題になったこともある。

この自主講座は青丘文化ホールで八年間続けられ、別のビルへ移っていったが、『オモニの唄』（ちくま文庫）の著書も持つ岩井は次のように話し、当時をなつかしむ。

「文字を知らないことがどんなに大変なことか、私も夜間の教師をやるまで知りませんでした。オモニたちは病院や役所へ出かけても自分の名前や住所も書けずに不自由な生活だったと思う。ホールの会議室は学校の教室とちょうど同じ大きさで、参考書もそのまま置かせてもらえた。年取ってからでも自由に勉強できる場所を長年提供してくださって辛さんには感謝の言葉もありません」

こうした文化施設を長年にわたって主宰してきた辛基秀について共同通信奈良支局長の中川健一は、「日本人と在日コリアン、在日の一世と二、四世など次の世代、日本と朝鮮半島、そして過去と未来を結ぶ『架橋の人』と呼ぶのがふさわしいと思う」として次のように付け加える。

「在日の一世はコリアンとして自らをむき出しにして生きてこざるを得なかったが、二世以降の世代は厳しい差別の中で、出自を隠したり帰化する人も多い。そんな世代の人たちも青丘文化ホールに来ては民族のことをたくさん学び、民族学級やコリアンと日本人の相互理解の発展にも大きく貢献した。日本と朝鮮にまつわるさまざまな人々を結びつける架け橋の役割を果たしていたのが辛さんとこのホールだったのだと思う」

3、今村太平《いまむらたいへい》に学ぶ

辛基秀は大変な読書家で、学生時代から古今東西の文献を渉猟《しょうりょう》してきたが、基本的には活字人間というよりは映像志向の人間である。

評論家・花田清輝（一九〇九－一九七四）、今村太平（一九一一－一九八六）の著作を読み、これからは活字文化から視聴覚文化に移るのだと考えていた。また、朝鮮の文化が漢籍など活字を重視し絵画などを軽視する風潮に反発も感じていた。だから、差別や闘いを取り上げるうえで、映像の表現が大事だと思っていた

（朝鮮通信使研究の井戸掘り人『100人の在日コリアン』（三五館）より）

これは大阪で朝鮮問題に長年取り組んできた毎日放送の記者、西村秀樹のインタビューに辛が答えた内容だが、映画論について独学していた神戸大学の大学院時代に醸成されていった考え方であるという。

「特に影響を受けたのが、日本人の映画論としては初めて英訳された今村太平の記録映画論で、絵巻物と映画の表現の類似性を力説している点に感銘を受けたのです。『江戸時代の朝鮮通信使』を作

るという発想もここから出てきた。日本と朝鮮の歴史に欠落したものをよみがえらせるには、活字より映像のほうが力を持てる。自分が劇映画より記録映画に関心を抱いたのは社会運動にかかわっていたからで、そうした視点でドキュメンタリーの『解放の日まで』も作っていったのです」

辛基秀は生前こう語っていたが、朝鮮通信使研究に没頭する一九九〇（平成二）年以前は映像文化協会代表、映像作家と肩書きを名乗ることも少なくなかった。

青丘文化ホールの大きな特色は、他の劇場では見ることのできない歴史的な名画を上映したり、映画館関係者の講演会が開かれることにもあった。

今のプチシアターの走りでもあり、そうした試みの一つで、一九八四（昭和五十九）年から三年間行われた「東アジア民衆映画祭」の呼びかけ文句は次のようなものだった。

東アジア三軒両隣と言われるほど、東アジアの国々は、アメリカやヨーロッパから一体とみなされているにもかかわらず、現実はお互いをよく知りません。このたび台湾の映画「坊やの人形」の日本上映を機に、韓国、日本の映画を選んで東アジア映画祭を企画しました。知らないもの同志が知り合うためのメディアとして映画は最適ではないでしょうか。日本映画や洋画に関する情報量に比べ、台湾、韓国映画のニュースは限られていますが、この映画祭を機に、民衆がともに笑い、泣くそれぞれの国の映画を通して、真の交流を深めたいと思います

ということで一九八四年十一月十七、十八日に開催された第一回映画祭の上映作品は以下の通り。

○『坊やの人形』（一九八三年、台湾、監督侯孝賢。六〇年代前半の台湾を舞台に赤ん坊が生まれたばかりの若夫婦ら健気《けなげ》に生きる人々の姿を描く）

○『泥の河』（一九八一年、日本、監督小栗康平。大阪の安治川河口を舞台に、食堂に住む少年と、対岸に繋がれた廓舟《くるわぶね》の姉弟との出会いと別れを情感豊かに表現）

○『風吹く良き日』（一九八〇年、韓国、監督李長鎬《イジャンホ》、田舎からソウルに出てきた三人の若者を主人公に、高度経済成長の陰でたくましく生きる人々を描写）

この後、シンポジウムを開き、『泥の河』の監督小栗康平と彫刻家の金城実、愛知県立大学の田中宏、辛基秀が「東アジア・民族・民衆・表現」をテーマに話し合ったが、二日間で千百人が参加するという盛況ぶりだった。

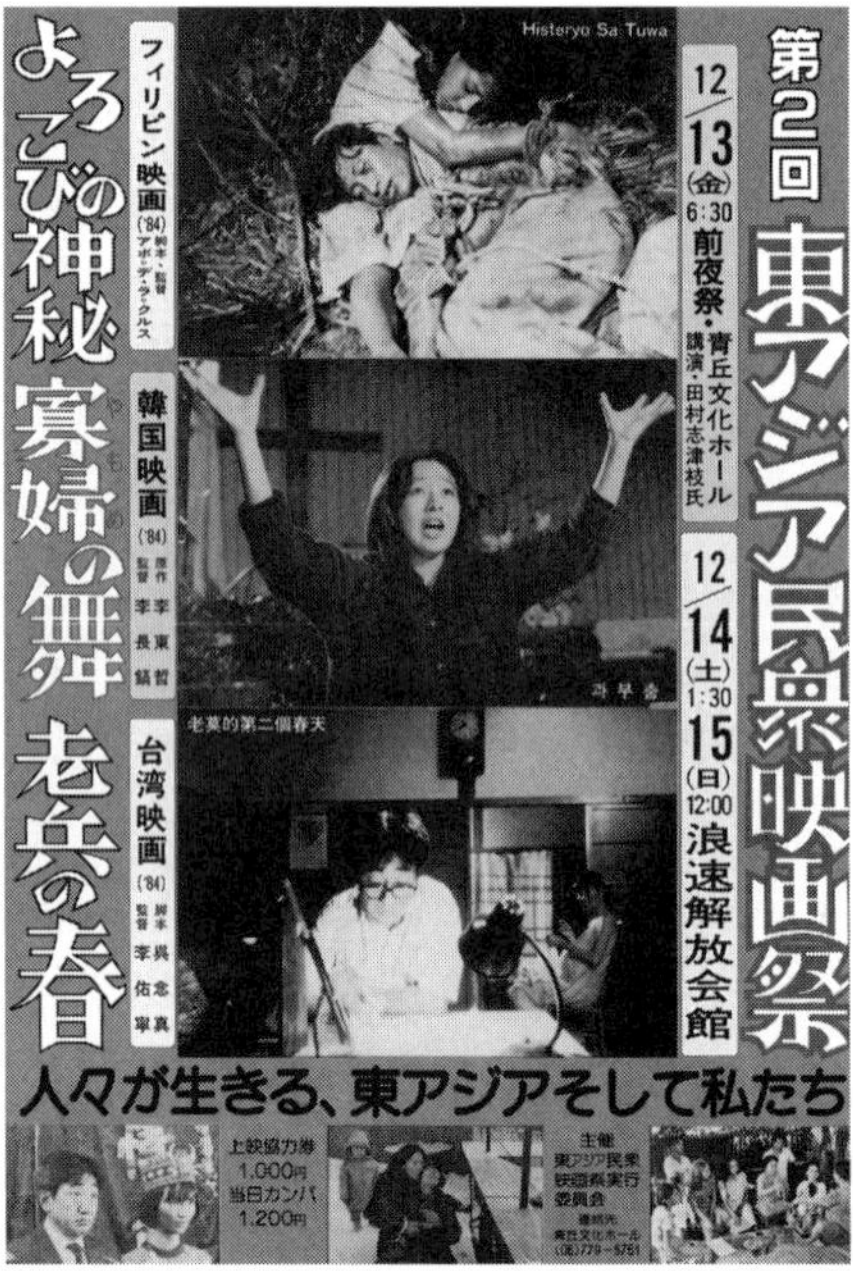

第２回東アジア民衆映画祭の手作りチラシ

東アジア民衆映画祭の二回目（八五年十二月）は、韓国映画『寡婦の舞』、台湾映画『老兵の春』、フィリピン映画『よろこびの神秘』をラインナップした。

これらの作品は浪速解放会館のような大きなホールで上映したが、それまでの準備期間には青丘文化ホールで東アジア民衆映画祭の拡大月例会の形で忘れられた小品を鑑賞したり、韓国映画の上映会を開いたりした。

さらに、戦中派の映画監督亀井文夫らの講演会やマルセ太郎の里帰り一人芸の鑑賞会、朝鮮民謡を歌う会などバラエティーに富んだ企画が多かったが、こうした試みには辛基秀のプロデューサー的手腕が存分に発揮されていたようだ。

朝鮮民謡といえば、辛が青丘文化ホールを始める前の一九八一（昭和五十六）年からかかわった企画「日本と朝鮮の戦前戦後を考える集い」（主催・社会主義理論政策センター）のうち、傑作として語り継がれていたのが翌八二年八月に開かれた「怨歌でつづる朝鮮の心」と題した韓国演歌のディナーショーだった。

古賀メロディーの源流ともなった朝鮮の怨歌に民族の魂の哀調、美しさ、抵抗の感性を聞くことができる。こうした触れ込みで、大阪・梅田の堂山町にあるバナナホールで、豚足、豚耳、キムチの三点セットを肴にマッコリ（ドブロク）を飲みながら、アマチュア歌手の韓国の歌を聴こうという試みに定員の二倍に当たる三百人が詰め掛けたことがある。

以下は辛基秀と「戦前戦後を考える集い」を一緒に企画した、市民政治新聞『アクト』の編集長小寺山康雄の発言。

「『釜山港へ帰れ』を歌う趙容弼《チョヨンピル》が日本でもようやく知られるようになってきたころの話だ。朝から猪飼野の市場へ豚足をたくさん買いに行き、つまみ三種類とワンドリンク付けて入場料を二千円にしたけれど、チケットは飛ぶように売れた。マッコリにしてもコメから作った甘味の強いものではなく、キビで作った酸味のあるものを選ぶなど、辛さんのこだわりは相当なもので、興行主が社会主義理論政策センターという場違いな看板も下ろさなかったというのも自慢だった。自ら猪飼野中に歌謡ショーのポスターを張りまくるマメさといい、イベントの企画力でも辛さんはたぐいまれなるものを持っていた」

辛基秀の神戸大学自治会委員長の十年後輩に当たる小寺山は、辛に社会主義理論政策センターの朝鮮問題研究会の責任者を引き受けてもらったのだが、「朝鮮人を差別の受難者という側面だけでなく、戦前戦後の労働運動、社会運動の担い手として掘り起こしたい、という姿勢に感銘を受けた」と言う。イベント、企画の達人、辛基秀は自ら強力にリーダーシップを取るのではなくて、周りの人間をその気にさせてしまう不思議な雰囲気があったようだ。

かつて「東アジア民衆映画祭」の事務局を受け持ち、現在、大阪大学の大学院で日本学・文化交流史を教える杉原達は、青丘文化ホール時代の辛について次のように語る。

「どんな映画を企画で取り上げたらいいのか、当時事務局の仕事を二、三十代の十人で担当したが、在日朝鮮人、在日中国人、沖縄出身者も含め皆で時にはケンケンガクガクと、基本的には楽しくワイワイとやりました。辛さんは、私たちが自由勝手に発言するのを温かく、時には苦笑いもされながら聞いてくださり、度量の広い人だと思ったものです」

猪飼野で暮らしながら、この地域でフィールドワークを続けてきた杉原は、一九九八（平成十）年に『越境する民――近代大阪の朝鮮人研究』（新幹社）を書き上げ、大阪と在日朝鮮人を軸に世界史を見直そうという試みが論壇でも注目されたが、そのベースの一端は青丘文化ホールでの文化活動にもあったようだ。

『越境する民』は猪飼野で暮らす人々に焦点を当てているが、ここに住む在日コリアンは戦前、「君が代丸」に乗って済州島から出稼ぎにやってきた人やその子孫が多かった。「同化強要のシンボルとして特別な意味を持つ名称」と杉原がいうところのこの連絡船は、尼崎汽船部という大阪の中小海運業者が一九二三（大正十二）年ごろに運航を始め、一九四五（昭和二十）年に米軍の爆撃で大阪の安治川付近で撃沈されるまで四半世紀近くにわたって済阪航路を往来した。

「犬小屋のように狭い」と言われた君が代丸で玄界灘を越えて、東洋のマンチェスターと呼ばれた大阪を目指した人々は多く、太平洋戦争末期、大阪市住民三百万人余りの一割は朝鮮人だったという。

こうした史実を現場で調べる過程で、杉原は辛基秀との忘れられない思い出として、君が代丸の写真探し

大阪と済州島を結んだ「第二君が代丸」。前身はロシアの軍艦で、1927年の１年間で約３万6000人を運んだ（『映像が語る「日韓併合」史』より）

を一緒にやったことを挙げる。

「辛さんの写真収集は非常に先駆的な仕事と思っていたので、『君が代丸』の船長を務めた方の遺族を捜し出した時、写真を一緒に見に行っていただいた。そして遺族がお持ちの貴重な船の写真や港の写真、船長の写真を辛さんに一枚一枚接写してもらったが、『君が代丸』と『第二君が代丸』の双方の写真があったのには私だけでなく辛さんもとても驚いておられたのを覚えています」

辛基秀が一九八七（昭和六十二）年に刊行した『映像が語る「日韓併合」史』（労働経済社）は、日本の朝鮮侵略の全貌を五百八十枚の写真で再現したものだが、杉原は辛が亡くなった後も大学の研究室でこの写真集を学生たちに見せる機会が少なくないという。

4、内鮮一体のまやかし

辛基秀が戦時中、京都の嵯峨野で小学校生活を送ったころの楽しみは、車折神社近くの空き地に移動上映班がやってきて見せてくれる銀幕の鑑賞会だった。

父親は警察の目を逃れながら朝鮮独立運動に奔走し、母親を病気で幼いころに亡くしていた辛は祖母に連れられ宵闇の上映会場へ向かったものだが、そのころ見た映画で一番感動したのは今井正（一九一二―一九九一）監督の『望楼の決死隊』だった、という。

一九四三（昭和十八）年に日本と朝鮮で同時公開されたこの映画は、朝鮮半島北端の鴨緑江《アムノッカン》に面した小さな村を舞台に、日本人と朝鮮人の武装警官が力をあわせて抗日ゲリラから村を守るというス

郵便はがき

料金受取人払郵便

神田局
承認

8080

差出有効期間
2020年 1 月
31日まで

切手を貼らずに
お出し下さい。

101-8796

537

【受 取 人】

東京都千代田区外神田6-9-5

株式会社 明石書店 読者通信係 行

お買い上げ、ありがとうございました。
今後の出版物の参考といたしたく、ご記入、ご投函いただければ幸いに存じます。

ふりがな お名前	年齢	性別

ご住所 〒 -

TEL ( ) FAX ( )

メールアドレス	ご職業（または学校名）

＊図書目録のご希望 □ある □ない	＊ジャンル別などのご案内（不定期）のご希望 □ある：ジャンル（ □ない

書籍のタイトル

◆本書を何でお知りになりましたか？
□新聞・雑誌の広告…掲載紙誌名[ ]
□書評・紹介記事……掲載紙誌名[ ]
□店頭で □知人のすすめ □弊社からの案内 □弊社ホームページ
□ネット書店 [ ] □その他[ ]

◆本書についてのご意見・ご感想
■定　価 □安い（満足） □ほどほど □高い（不満）
■カバーデザイン □良い □ふつう □悪い・ふさわしくない
■内　容 □良い □ふつう □期待はずれ
■その他お気づきの点、ご質問、ご感想など、ご自由にお書き下さい。

◆本書をお買い上げの書店
[市・区・町・村 書店 店]

◆今後どのような書籍をお望みですか？
今関心をお持ちのテーマ・人・ジャンル、また翻訳希望の本など、何でもお書き下さい。

◆ご購読紙 (1)朝日 (2)読売 (3)毎日 (4)日経 (5)その他[新聞]
◆定期ご購読の雑誌 [ ]

ご協力ありがとうございました。

ご意見などを弊社ホームページなどでご紹介させていただくことがあります。 □諾 □否

◆ご 注 文 書◆ このハガキで弊社刊行物をご注文いただけます。
□ご指定の書店でお受取り……下欄に書店名と所在地域、わかれば電話番号をご記入下さい。
□代金引換郵便にてお受取り…送料+手数料として300円かかります(表記ご住所宛のみ)。

名	冊
名	冊

指定の書店・支店名	書店の所在地域 都・道 府・県 市・区 町・村
	書店の電話番号 ( )

トーリーで、高田稔と原節子が出演した。

「夏の夜、映画を見終わって祖母と夜道を急いだ足取りの軽さは、朝鮮人と日本人の警官が『内鮮一体』となって民族差別もなく国境警備に励んでいるすがすがしさによるものであった。それほどできばえの良い映画だった」

辛は「私の中の昭和の映像」（『アリラン峠をこえて』所収）でこう感想を書いているが、朝鮮の映画史を研究するようになってからはこうした見方に疑問を持つようになり、東宝や国立近代美術館のフィルムライブラリーにフィルムを貸し出して上映させてくれるよう再三交渉した。

しかし、今井本人の強い意志で貸し出し上映はできないと断られたという。

今井は戦後、『青い山脈』や『また逢う日まで』『橋のない川』などの名作を次々と生み出し、「民主映画の旗手」とされただけに、戦時中に『望楼の決死隊』のような国策遂行映画を作っていたことはあまり触れられたくなかったのだ。

この作品はその後、東宝のビデオシリーズに入り、販売されたため、辛基秀は青丘文化ホールで上映したが、四十五年ぶりに見たときの感想を次のように話していた。

「『望楼の決死隊』が作られた時代は、朝鮮総督府が一九四〇年に出した朝鮮映画令で、朝鮮の映画人は自由な映画を作ることができなくなっていた。そんな流れの中で、朝鮮人青年を大陸へ送り込む、徴兵制の布石のために作られたのがこの作品だった。

戦意高揚映画としては成功しているが、抗日ゲリラがなぜ出てくるのかなどの時代背景を無視した作り方で、侵略者の思想に染まった今井正に精神の荒廃すら感じた。助監督の名前に崔寅奎《チェインギュ》とあり、そのほか美術、録音、照明なども朝鮮人が受け持っているのを知り、天皇制イデオロギーに屈した朝鮮の映画人を見たようで複雑な思いがしたものです」

『望楼の決死隊』と同様に辛基秀が「映画が国策遂行のための水先案内人を果たした例」として青丘文化ホールで上映したのが豊田四郎（一九〇六―一九七七）が監督した『大日向村』（一九四〇年、東宝）である。

この作品は、一九三六（昭和十一）年、長野県の南佐久地方にある寒村、大日向村の百数十戸が、村の財政建て直しのため満州の開拓地へ集団移転するという和田伝の小説を映像化したもので、劇団前進座の面々が総出演した。

拓務省は全国の僻村に移動映写班を派遣して先祖伝来の土地から離れることをためらっている農民に、満州へ移れとばかりに檄を飛ばした。

「作品そのものが大砲以上の力を持った」として一挙に百万人大移動の原動力となり、土地を奪われる中国人への視点などはもちろんなかった。

豊田四郎も石坂洋次郎の『若い人』を映画化するなど戦時中から第一級の映画監督として注目され、東宝から抜擢されて『大日向村』をつくったが、『青丘文化』第十二号によると、戦後に自作を顧みて「この人達はだまされて連れていかれるのじゃないか、無理に捨てたくない故郷を捨てるのじゃないかと、そういう疑いがどうしても消えず、不愉快で二度と私はああいう作品だけは撮りません」と語ったという。

この作品の助監督も春山潤こと尹龍奎《ユンヨンギュ》で、『望楼の決死隊』の助監督崔寅奎と同様、日本の敗戦による祖国解放後、民族の魂を取り戻す映像製作に没頭して朝鮮映画を復興させ、その第一人者になっていく。

昭和の天皇が死去した時、おびただしい数の「昭和」前史の映像を見たが、小学生時代に学校の講堂で見た「日の丸ニュース」のものが多く、英国のＢＢＣのような批判力のある映像は皆無に等しい。「昭和」の前半に見たニュース映画の中国大陸の城壁の万歳のシーンにやらせのものが多いと教えられたのは、戦後であった。今日の日本のドキュメンタリーは技術的にはすばらしいが、批判力が欠如しているのは、戦前の伝統をひきつぐものであろうか　（「私の中の昭和の映像」）

辛基秀は日本の映像が持つ本質をこうとらえていたが、神戸大学大学院在学中から「関西労働組合映画協議会」に参加して、映画を自主上映したり八ミリを使って庶民の生活や住民運動などを記録する仕事にかかわってきた。

それに加え、一九六〇（昭和三十五）年に在日本朝鮮人総連合会（朝鮮総連）へ入ってからは、在日朝鮮文学芸術家同盟（文芸同）の映画部に所属して、八・一五の解放記念日や三・一独立運動記念日などをはじめ、西日本の各地で行われる朝鮮総連主催のイベントなどの映像を十六ミリと三十五ミリで撮ることが大きな仕事となってゆく。

そのかたわらで広島の朝鮮人被爆者や日本の社会保障制度から取り残された在日同胞の生活ぶりを

伝える小さな映画を作っていたが、金日成主席から表彰状をもらえる直前になって朝鮮総連をやめてゆく。

「金日成への個人崇拝と組織の中での教条主義と権威主義があまりにひどくなっていた。個人的に出していた映画雑誌も『勝手なことをするな』といって没収されるようになり、ここにおったら何もできなくなると思い、腹をくくったのです」

辛基秀は生前、当時をこう振り返っていたが、妻の姜鶴子は「辛が総連に入ったころは夫婦げんかが絶えなかった。私は学者と結婚したつもりだったのに、活動家になるのでは話がちがうじゃない、と思ったのです」と話す。

辛はこのころから映画評論を執筆するようになるが、一九七六（昭和五十一）年発行の『社会評論』創刊号には「映画作家の責任──日帝支配下の朝鮮映画人の活動をとおして」を書いた。この中で戦時中に映画界からただ一人、人身御供《ひとみごくう》にされた反骨の監督、亀井文夫（一九〇八－一九八六）を取り上げているのが印象的だ。

亀井は、言論表現の自由への統制が厳しい戦時下の一九三九（昭和十四）年に、中国侵略戦争の武漢作戦に従軍して、長編記録映画『戦う兵隊』を撮影した。

陸軍省からの「国民の戦意を高揚するような映画を作ってくれ」という指示で亀井が完成させた作品は、焼き払われた中国の民家に、農民のクローズアップ、延々と続く避難民、子どものアップと続く。

そして、「また部隊が去った。その日から農民たちの生活が始まる」のタイトル、部隊が捨てた病気の廃馬が夕陽を背に崩れるように倒れる。兵士が歩道に寝たり、頭を抱えて休んでいるシーンに続き「兵隊は名誉も勲章も欲しくない、ただ眠りたいだけだ」のタイトルが大きく浮かび上がる。馬と人間を等しく大事にしてカメラを向ける発想は、それまでの「日の丸万歳」のニュース映画とは異なる戦争の実態を記録した。

亀井は一九二八（昭和三）年に革命後のソビエトに留学して、レニングラード映画専門学校で斬新な映画理論を学んで帰国し、農民詩人小林一茶（一七六三－一八二七）の俳句とその生涯を通して信濃の風景と民俗を描いた『小林一茶』などの叙情あふれる作品を作っていた。

検閲官は亀井の『戦う兵隊』の意図を見抜き、この作品を非公開とし、太平洋戦争前夜の一九四一（昭和十六）年十月、亀井は特高警察に寝込みを襲われ、治安維持法違反容疑で逮捕される。

特高課長はこの作品について「銃後の国民の戦意をくじくために仕組んだアヘンだ」と追及したが、亀井は「反戦映画ではなく、まったく主観的な美の追求」と主張し、留置所と刑務所に約一年間身柄を拘束された。

戦時中に多数の検挙者が出た文学、演劇界に比べ、映画界では亀井ただ一人が人身御供の扱いになり、本人は獄中で「家族以外誰も差し入れに来てくれないのはどうしてだろう、とたわいのないことを考えていた」という。

辛基秀は一九八五（昭和六十）年に東アジア民衆映画祭の七月例会を青丘文化ホールで開いた時、『戦う兵隊』と『小林一茶』を上映し、東京で古美術商をしていた亀井に特別講師として来てもらった。

当時七十七歳という高齢にもかかわらず「自分は少しも勇ましいことをしたわけではない」として

『戦う兵隊』の製作意図と内幕を次のように語った。

ぼくはいつも宣伝映画を作っていたが、スポンサーの望むよりはお客さんのためになる映画を作るのも宣伝映画だと考えている。今のコマーシャルはお客さんをむしばむ、縛りつけるような感じであまり役にたっていないように思えるけれど。

戦時中には今期待されるような反戦映画は作れません。ぼくのような気の弱い人間にはとてもできない(笑)。ただ字幕の裏に何かあるなと考えながら見てほしい。本当に言いたいことは字幕には出ませんので。でもね、当時の人たちはそんなことは考えなくても考えたんです。自分の子供や兄弟が戦場に行っていますから。

今、戦争というものをまじめに考えなければならない。そのための参考資料としてこの映画を見ていただきたい。

ぼくは現地に行ってみてこの作戦は大失敗だと思いました。ですから映像の中に「日本軍は死をかけて戦っている。しかしこれは歴史の一ページを魯山に刻んでいるんだ」と入れた。これは歴史が進むに従って日本軍ここに残虐なことをしたという証拠を残しておきたかったからなんです。

声を出して戦争反対と言わなくても、戦争の実態を知らせることで国内の家族に戦争に対する厭戦気分を出すこともできると考えた。

『戦う兵隊』が出来上がったら東宝でも労をねぎらってくれました。軍人の中にもこの映画を支持する人もいたんですよ。しかし、しばらくたつと東宝の人が破格の退職金を持ってきた。それで映画はどう

なるのかと思っていたら自主的に取り下げることになった

（『青丘文化』第十五号より要約）

青丘文化ホールで『戦う兵隊』と『小林一茶』の上映と亀井の講演は結局七時間に及んだが、会場の人々は亀井の作品と情熱的な話しぶりに圧倒されっぱなしだったそうだ。

それから半年後に亀井は七十八歳で亡くなったが、辛基秀は「今井正の『望楼の決死隊』や豊田四郎の『大日向村』を例に引くまでもなく、日本の左翼や良心的映画人の多くは戦時中に転向して朝鮮へ渡り、朝鮮人に皇民化政策を押し付けるための映画を作らせていた。その時代に亀井さんは自分の良心を守るための映画を作り、ただ一人獄中につながれていた。そのことの意味を日本の映画史はきちっと書き残すべきである」と映画評論などの中で繰り返し強調し、日本の映画人を啓発していた。

5、大島渚との交友

みちのくは奥羽山脈と北上山地にはさまれ、北上川の清流が流れる岩手県水沢市。東北本線の水沢駅から徒歩で十五分の斎藤實記念館を辛基秀が訪れたのは一九八六（昭和六十一）年のことだった。東北大学へ朝鮮通信使の講演で訪れた帰りに、かつて朝鮮総督を務める文治政治家でありながら、二・二六事件の凶弾に倒れた斎藤實（一八五八－一九三六）の生家を訪ねてみたいと思っていたからだ。

妻と一緒によくトーキー映画を観に行き、「日本活動写真家協会」の会長も務めた斎藤の記念館なら、値打ちのある映像資料も残されているのではというヨミもあったという。

一九七五（昭和五十）年に斎藤の生家に誕生した二階建ての記念館には、本人の日記や、書簡、勲章、二・二六事件の遺品、蔵書三万八千冊などが収蔵されていたが、辛は館内を見回すうち、階段の下に積んであるアルバムの存在に気づき、管理している市の職員に見せてもらうと、まさに朝鮮を植民地支配していた時代のセピア色の写真の数々だった。

学校や市場など庶民の暮らしを写した映像に混じり、日本の統治に抵抗する思想犯に使った拷問台などの生々しい写真も含まれていた。

「これはどこでも手に入らない貴重な、歴史的な映像だ。是非接写させてください」

「困ります。ソウル五輪に向け日韓友好の気運が高まっている時に、だいなしになってしまう」

「そんなことはありません。斎藤さんは三・一独立運動の後、銃で脅す政治から文治政治へと転換させた歴史上に名前の残る人物だ」

「しかし、水沢市がわざわざ日本の旧悪をさらして非難を浴びるわけにはいかない」

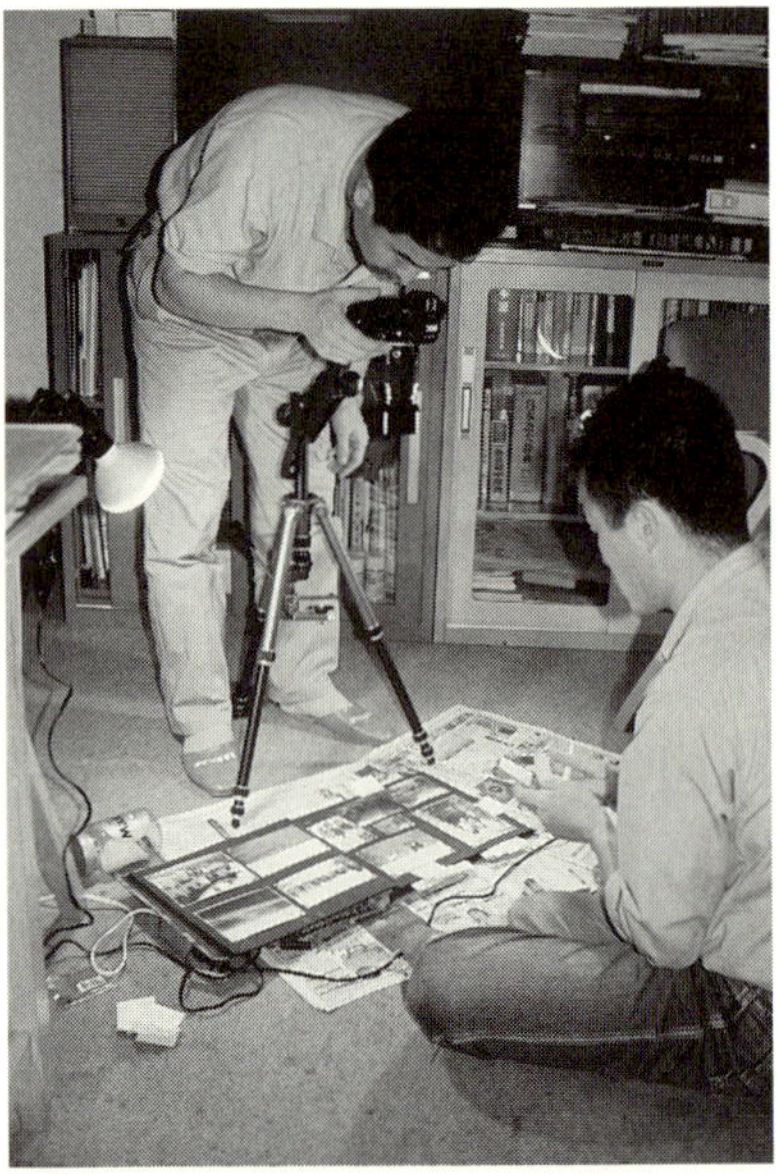
斎藤實記念館で極秘アルバムを接写する

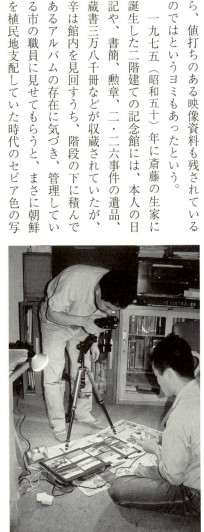

「斎藤さんは六年間も総督府にいて現地の民衆にもそれなりに好感をもたれていた。長年歴史の発掘を続けている私だって悪い印象は持っていないのです」

辛基秀がこういった調子で説明すると、市の職員もようやく折れて、ゴーサインを出してくれ、辛は日を改めてカメラマンと接写に出向き、三日がかりで作業を終えた。

これらの写真は、一年後の一九八七（昭和六十二）年八月十五日に刊行した『映像が語る「日韓併合」史　一八七五年―一九四五年』（労働経済社）のうちの多くの比重を占めることになり、この写真集の完成がマスコミに大きく取り上げられると、韓国からも朝鮮日報や中央日報の記者が取材に駆けつけたが、斎藤實記念館側は取材に抵抗する姿勢を見せたという。

『映像が語る「日韓併合」史』を辛基秀が編集したのは、朝鮮半島には日本統治時代の古い写真はほとんど残ってなく、かつて日本が植民地支配で何をしたのかを文献以外で実証する術はなかったからだ。

それに朝鮮は儒教国のため、文字が絶対優位で写真や映像を軽視する風潮があり、写真を組織的に収集する活動もなかった。朝鮮戦争によって国土の多くが灰じんに帰していたことも写真が失われた理由の一つだった。

辛基秀は斎藤實記念館のほか、東本願寺大谷家の旧蔵や北海道開拓記念館などで古い写真を探す一方、多くの個人を訪ね歩いて写真を提供してもらった。

日本国内でも写真があまり見つからなかったのは、敗戦時に強制連行などの資料とともに、都合の悪いものとして焼却されていたという事情がある。

八年がかりで集めた五百八十枚に及ぶ写真集の中には、日本の侵略に抵抗して処刑された朝鮮人政治犯やダム建設現場で強制労働させられている朝鮮人労働者なども収録されている。

「ロシア革命や第二次世界大戦にしても、社会の一つの曲がり角にドキュメンタリーが果たした役割というのは活字よりも大きいと思う。それで映像の力を借りてゆがんだ日韓関係を照らし出してみたいと考えたのです。この写真集を出したころは藤尾正行文相（当時）が韓国併合は対等に行われたと発言するなど歴史を歪曲する主張が目立ったのですが、写真集を見てもらえば、日本側が警察、憲兵を総動員し、銃剣で韓国併合を進めた事実がよく分かる。それと植民地支配下でも胸を張って生きるわれわれ朝鮮民族の姿についても知って欲しかった」

辛基秀がこう語るこの写真集には、民族服を着ながら力仕事や野良仕事をする職人や農民　▽兵士というより儒者の風格の義兵　▽タコ部屋でいためつけられても平静を装う土木労働者――などの写真も収められているが、すべては侵略側すなわち日本人による撮影である。

これらの写真は、日清戦争後に日本から朝鮮へ渡ったカメラマンが、各地の様子をフィルムに収め

『閔妃暗殺』（新潮社）を書いた角田房子と辛基秀（1994年６月、佐賀・唐津焼きの里で。提供・吉岡数子）

た。日清戦争の三国干渉により中国に遼東半島を返還させられた日本は朝鮮半島における劣勢を挽回すべく、刺客を放ってロシアと手を結ぶ王妃の閔妃《ミンビ》を暗殺したが、そのときに威力を発揮したのが事前に王宮関係の女性すべてを撮影した写真集だったという。

写真には日本の朝鮮侵略の尖兵として使われたという負の歴史があったのである。

『映像が語る「日韓併合」史』は六千八百円もする高価なものだったが、初版二千部はたちまち売り切れ、千部ずつ三回に分け増刷、計五千部を製作した。途中、誤植部分の手直しや新資料追加で増補改訂版は七千五百円になった。

「それでも売れたのは、教科書問題などで自民党の政治家が朝鮮の植民地支配について開き直るので、それなら映像で証拠をお見せしましょうということになったから」というのは、労働経済社でこの写真集の編集を担当した三浦力だ。

過労死など社会問題の出版を手がけてきた三浦は「大阪の小学校の先生から『内容が暗すぎる』とクレームをつけられたことがあった。日本の子どもはこの写真集を見たら在日の子どもに同情する。ところが在日の子はその同情をどう受け入れていいか分からず、下を向いてしまう。結局六年後に『朝鮮通信使往来――260年の平和と友好』というカラー写真をたくさん入れた本を辛基秀さんに書いてもらってバランスを取った。平等互恵の関係が二百六十年間もあったことを知ってもらえば、植民地支配の三十五年のおぞましさがより鮮明に見えてくる」と話す。

この『朝鮮通信使往来』も五千部を刷り、斬新な内容が注目され、毎日出版文化賞の受賞候補作となったが、惜しくも最終選考からもれた、という。

『映像が語る「日韓併合」史』は、朝鮮に対する日本の植民地支配の実態を映像で初めて告発したものとして反響が大きく、辛基秀と交流があった映画監督の大島渚は「朝鮮民族のすべての宝」として次の一文を寄せている。

私はかつて「敗者は映像を持たない」と言った。太平洋戦争についてのテレビドキュメンタリーをつくりながら痛感したのである。日本側が撮った映像はガダルカナル戦を境になくなり、あとはアメリカ側の映像のみが存在するのである。

この『映像が語る「日韓併合」史』に収められた写真の大半は「大日本帝国」の側から「大日本帝国」のために撮られたものである。当時の勝者による映像である。

しかし勝者は永遠ではありえず、敗者はいつまでも敗者ではない。ここにかつての「敗者」の立場から集められた映像は、かつての「勝者」がいかに道徳的に敗者であり「敗者」がいかに道徳的に勝者であったかを厳粛なかたちで明るみに出す。

ここに写しだされた朝鮮人民の闘いは、現代の韓国民衆の闘いにつながっている。これはこの地球上の各地に生きる朝鮮民族のすべてにとっての宝であり、日本人にとっては粛然として向い身を正すべき鏡である

（増補改訂版の折り込み冊子より）

大島渚は辛基秀が神戸大学の自治会委員長をやっていたころ、京都大学法学部の学生で全学連の京都府学連委員長をしていた。当時二人はあまり交流はなかったが、大島が一九六〇（昭和三十五）年

に松竹で製作した『日本の夜と霧』を観た時の衝撃について、辛は「学生運動の挫折という内幕について映画はこういう風にまとめることができるとは。ぞっこん参りました」と感想を話していた。『日本の夜と霧』は社会党委員長の浅沼稲次郎が右翼少年に刺殺されたため、松竹は政治的配慮を理由にわずか四日で上映を打ち切ってしまい、大島渚はこれに抗議して独立した。

朝鮮半島を舞台にした作品を撮りたいと大阪へ通ううち辛基秀と交遊を深め、二人は猪飼野のホルモン焼き屋でパンツ一丁になりながら杯を交わし続けたが、「当時の大島君は腹の出た巨漢で、タンやホルモンを炭火であぶりながら幾枚も平らげる日本人ばなれした健啖家《けんたん》だった」という。

そして一九六三（昭和三十八）年に出来上がったのが『忘れられた皇軍』というテレビ用のドキュメンタリーで、日本兵として戦傷を負いながら朝鮮半島出身ゆえに補償を受けられない片手片足で両目を失明した男のドラマを描いた。

大島はこの作品を持って翌年、韓国へ初めて渡ったが、辛は「この当時、祖国を自ら訪ねることなどできるはずもないので、故郷への思いをすべて彼に託し、スナップ写真をたくさん持ち帰ってもらった」と話す。

『忘れられた皇軍』は結局韓国では税関で差し押さえられ、上映できなかったが、大島は四・一九革命で李承晩《イスンマン》政権を打倒した女子学生が遊郭に身を沈めて働く様子を『青春の碑』という映像にまとめ帰ってきた。

辛基秀は上京した時には、大島の家を訪ね、大島の母親が作るビビンバをふるまわれたこともあったという。大島の父親はかつて水道の技師として対馬に滞在していたため、朝鮮人のきこりと付き合いがあり朝鮮料理も身近だったからだ。

辛基秀の亡き後、妻の姜鶴子が明らかにした辛の人柄を物語る次のようなエピソードがある。

大島渚の妻で、女優の小山明子が国鉄の京橋駅まで大島が辛から借りていた資料を返しに来てくれたことがある。辛は資料を受け取ると、ホームの上をスタスタと急ぎ足で歩き出し、決して後ろを振り向こうとしない。その後をまだ用事があった小山が「辛さーん、辛さーん」と大きな声を出して追いかけていくという映画さながらのシーンが繰り広げられたのだが、「小山明子さんがあまりに美しすぎて一緒にいるだけで何だか胸が苦しくなってしまって」と照れながら話していたという。

大島との交友では、その後辛基秀が『江戸時代の朝鮮通信使』や『イルム（名前）』『解放の日まで』などを発表していくと、惜しみなく拍手を送ってきた。

しかし、互いに多忙の身で、かつてのように映像表現はいかにあるべきかというような芸術論争はできないまま時が流れ、一九九六（平成八）年に大島がロンドンのヒースロー空港で脳梗塞で倒れた。

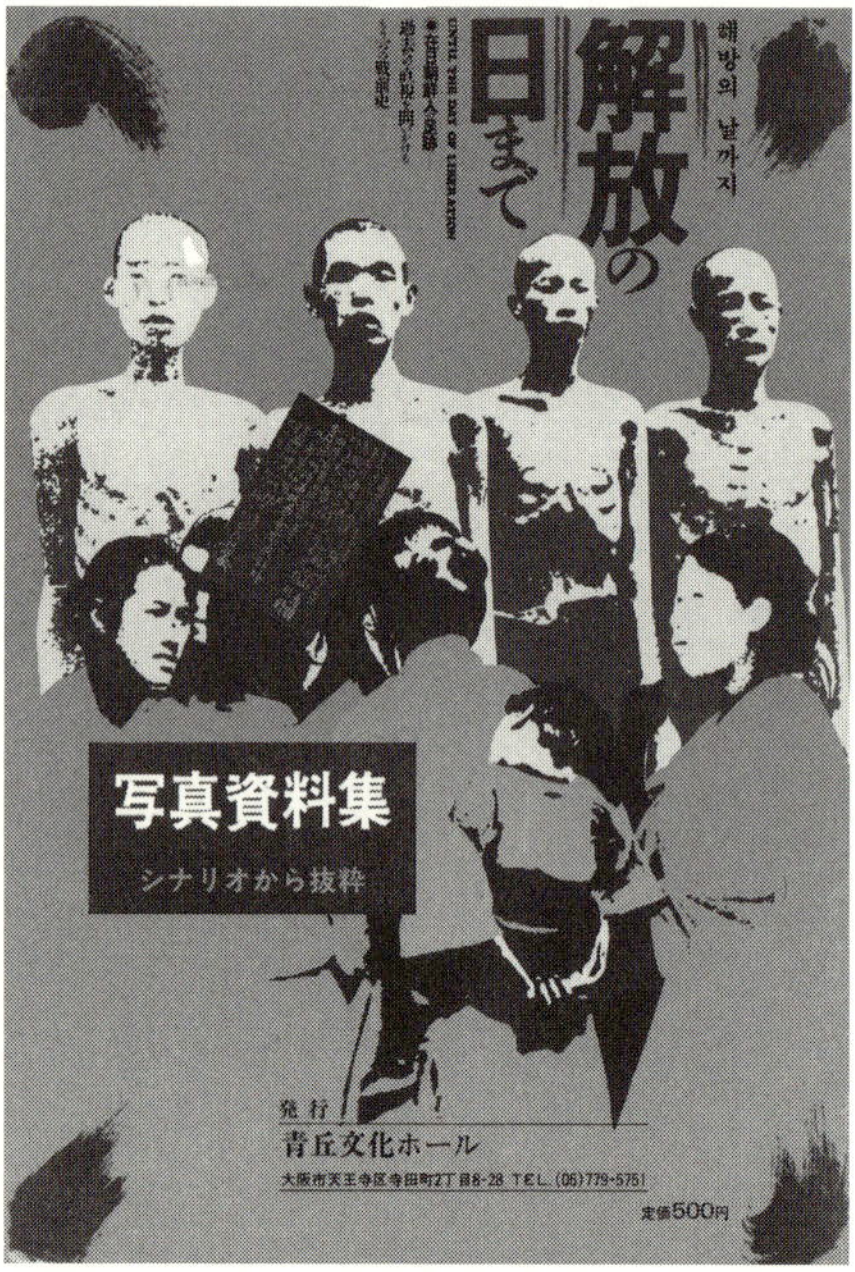

映画『解放の日まで』写真資料集

この時には当時英国在住の辛の二女理華が見舞いに駆けつけた。大島はその後回復し、一九九九年に『御法度』を十三年ぶりに完成させ話題になったが、逆に辛は二〇〇二年秋、七十一歳で帰らぬ人となってしまった。

大島より一歳年上だったが、二人は映画論について意見を交わす機会は永遠になくなってしまった。

辛基秀と長い付き合いがある関西大学文学部講師の梁永厚《ヤンヨンフ》は「辛さんが大島さんと知り合ったのは在日朝鮮文学芸術家同盟に所属して、北朝鮮礼賛の映画ばかり作らされていたころで、特に『忘れられた皇軍』が辛さんのその後の仕事を大きく刺激したようだった」と振り返る。

6、一条の光芒

辛基秀が写真集『映像が語る「日韓併合」史』の出版と合わせるように、一九八六（昭和六十一）年に完成させた『解放の日まで』は三時間二十分に及ぶ長編ドキュメンタリー映画である。

かつて日本各地の炭鉱や山間僻地のダム、鉄道建設現場などで劣悪な労働条件で働かされた朝鮮半島出身者。辛たちは埋もれた史料を発掘し、証言者を探し出してインタビューを重ね、フィルムにまとめ上げるのに六年もの歳月がかかった。青丘文化ホールでの多彩な催しを続ける合間を見て列島の各地を取材して歩いた。

映画の狙いは、民族差別に抵抗し、人間として生きる権利を主張して闘った一世たちの生き様を知ってもらうことにあり、それでこそ在日の若者たちは誇りを持って生きていける、と辛基秀は考えたのである。
映画『江戸時代の朝鮮通信使』と表裏一体の関係にある作品で、その基調となるテーマは、朝鮮と日本の民衆の間で人間的な連帯をいかにして築いていくかにあった。辛はこうしたつながりを表現するのに「一条の光芒」という言葉を好んで使っていた。
辛が愛唱していて、この映画でも紹介されるプロレタリア文学の代表的作家中野重治（一九〇二―一九七九）の詩に次の作品がある。

「雨の降る品川駅」

辛よ　さようなら
金よ　さようなら
君らは雨の降る品川駅から乗車する

李よ　さようなら
も一人の李よ　さようなら
君らは君らの父母の国にかえる

君らの国の川はさむい冬に凍る

君らの叛逆する心はわかれの一瞬に凍る

海は夕ぐれのなかに海鳴りの声をたかめる
鳩は雨にぬれて車庫の屋根からまいおりる
君らは雨にぬれて君らを追う日本天皇を思い出す
君らは雨にぬれて　髭　眼鏡　猫背の彼を思い出す

降りしぶく雨のなかに緑のシグナルはあがる
降りしぶく雨のなかに君らの瞳はとがる

雨は敷石に注ぎ暗い海面におちかかる
雨は君らの熱い頬にきえる

君らのくろい影は改札口をよぎる
君らの白いモスソは歩廊の闇にひるがえる

シグナルは色をかえる
君らは乗り込む

中野重治（映画『解放の日まで』写真資料集より）

君らは出発する
君らは去る

さようなら辛
さようなら金
さようなら李
さようなら　女の李

行ってあのかたい　厚い　なめらかな氷をたたきわれ
ながく堰かれていた水をしてほとばしらしめよ
日本プロレタリアートのうしろ盾まえ盾
さようなら
報復の歓喜に泣きわらう日まで

（『中野重治詩集』思潮社版より引用）

中野重治が一九二九（昭和四）年に雑誌『改造』に発表した詩だが、昭和天皇の即位式を前に母国へ強制送還される「不逞鮮人」の仲間を見送った際の真情をつづったものである。

辛基秀はこの詩を気に入った理由について「書き出しの『辛よ　さようなら』という自分と同姓に

対する呼び掛けに親近感を持ったのと、天皇制ファシズムが荒れ狂う中で、朝鮮人と日本人の人間的連帯を歌った内容に心を揺さぶられたからです」と生前話していた。

伏字の箇所が多かったが、その後の日韓双方の研究者の研究で全体像がほぼ分かってきた。「別れの抒情」「国際的な連帯」「天皇へのテロリズム」「ヒューマニズム」……。さまざまに解釈されてきたが、映像化する場合、具体的なイメージをつかむのが大変だったようだ。

「この詩の場面をどこで、どのように撮影するかで、とても苦労した。今の品川駅は近代化されていてふさわしくないし、アジサイの葉で雨に打たれるカタツムリのようなものをイメージしても、うまくない。

『雨の降る品川駅』を何度もウォークマンで聞きながらあちこち歩き、房総半島九十九里の海岸に行き着いた。夜明けで東の空が少しずつ明るくなるところをズームアップして詩のクライマックスへと導いていったのです」

こう回想するのは映画『江戸時代の朝鮮通信使』に続いて『解放の日まで』でも撮影を引き受けた高岩仁である。

辛基秀から協力を求められた時、高岩は「戦前の朝鮮人の悲惨さを強調するだけの作品を意図しているのなら手伝えない。そうした中で闘ってきた朝鮮人もいるはずで、戦後にも影響を及ぼしたような人物を取り上げる前向きな内容なら一緒にやってもいい」と答えたという。

『解放の日まで』は、辛基秀が『江戸時代の朝鮮通信使』の上映も一段落したころ、『朝鮮人強制連行の記録』（未來社）の著者である歴史家の朴慶植《パクキョンシク》に映画作りの相談を持ちかけたことに始まる。朴の『在日朝鮮人運動史』（三一書房）を読んだ辛は、それまでの在日論が朝鮮人の受難的側面を強調したものばかりで、民族解放に向けて闘った朝鮮人像を描いたものがなかっただけに深く感銘を受けた。

辛の誘いに朴は「今だったらあの時代を生きた証人もぎりぎりで見つかるだろう。映画で在日の力強い歩みをたどっていこう」と全面協力を約束してくれたという。

朴慶植は一九二二（大正十一）年、慶尚北道《キョンサンプット》に生まれ、六歳の時に日本へ渡り、東洋大学文学部を卒業後、朝鮮大学校などの教員を務めるかたわら在野の歴史家として膨大な民衆史史料を収集し、数々の著作を残した。

一九九八（平成十）年二月に東京都調布市で自転車で帰宅中、交通事故に遭い七十五歳で亡くなったが、生前残した史料は数万点にも及ぶといい、滋賀県立大学に朴慶植文庫として残されている。朴慶植は『在日朝鮮人――私の青春』（三一書房）の中で、日本人女性との切なかった恋愛経験を書いているが、辛基秀はそうした朴の人間味あふれるところにも心引かれたという。

事前の下見取材では北海道や九州など各地を歩き回っていた辛だが、朴を伴っての本格的な現地撮影は一九八三（昭和五十八）年七月の筑豊炭鉱に始まり、まず福岡県飯塚市に住む旧知の林えいだい宅を訪れた。

林は『筑豊坑夫塚』『北九州のコメ騒動』など五十冊余の著書を持つノンフィクション作家で、朝鮮人をかばったことから特高警察で拷問を受け死亡した宮司の父親を持つ。地元生まれのため日本最大の産炭地、筑豊の事情にも詳しいので、麻生商店経営の炭鉱跡を訪ね、関係者探しを手伝ってもらった。

「ぼくがこれまで朝鮮人坑夫のところへ何回聞き書きに通ってもある程度以上の話は聞けなかった。それが同胞が来てくれたということで、堰を切った水のように次から次へと話が出てくるのは驚きだった」

こう林えいだいが言うのは、辛と朴がかつて七百人の同胞とともに筑豊全体を揺るがす大争議を闘った黄学成《ファンハクソン》から突っ込んだ話を聞き出したからだったのである。

当時の麻生炭鉱の労働条件は、長時間労働はいうに及ばず労災が起きても朝鮮人労働者への補償はなく、賃金は日本人の半分。それも現金でなく会社の売店でしか通用しないチケットで配給され、市販品より二倍から三倍も高いものを買わされた。

一九三二（昭和七）年に不況の波が九州にも押し寄せると、朝鮮人は真っ先に人減らしの対象になった。そこで夜間学校で日本語の書き方を習った黄は生まれて初めて首切り反対のビラをつくり、早朝や深夜に身体検査されないようパンツの中に隠して、それこそ命がけで峠を越え他の炭鉱にも配りに行った、という。

その結果、筑豊全体にビラの内容は伝わり、三週間にも及ぶ大争議を打ち抜き、困り果てた会社側は朝鮮人に対する労務方針を転換せざるを得なくなり、日本人の労働条件も向上した。この争議の期間中には米俵百数十俵が水平社の貧しい農民らからカンパで寄せられたという。

「日本の炭鉱労働運動史上に残る筑豊の争議は、朝鮮人が夜間学校で文字を学ぶところから始まったと知り、感激した。あの時代に日本人から大量のコメがカンパとして寄せられるなど、朝鮮人と日本人の連帯気運の高まりについても貴重な証言を映像に残すことができた。

ただ、聞き取りをした時点で黄さんの仲間の多くは既に亡くなり、日本の土になっていた。もっと早くから足元を見つめ、過去を掘り返す作業をしているべきでした」

辛基秀は筑豊行きの感想をこう語っていたが、林えいだいは「コツコツと聞き取りをするお二人の姿勢からは学ぶことも多く、とても勇気付けられたが、これは本来俺たち加害者日本人がやる仕事じゃないかと改めて思った」と当時を振り返る。

辛基秀と朴慶植が筑豊に二週間滞在中の話題で特筆すべきエピソードがある。

筑豊に語り継がれている話で、地中数百メートルで石炭を掘っている朝鮮人が故郷を偲んで、「お母さん会いたいよ　お腹がすいたよ　故郷に帰りたい」とハングルで刻んだ壁板が出てきて、日本の過酷な植民地支配を象徴するものとして朝日新聞社の『アサヒグラフ』や平凡社の『太陽』など多くの出版物へ取り上げられたことがある。

林えいだいもこのエピソードを自著に掲載していたが、酒宴の席で朴が「あれは一字だけ戦後のハングルが入っていて文法的にもおかしいんだ。以前に朝鮮総連傘下の在日本朝鮮文学芸術同盟（文芸同）の人間を問い詰めたら捏造を認めたことがある」と驚くべき事実を明らかにしたのである。

この話は辛基秀も知っている文芸同映画部の関係者が一九六五（昭和四十）年の日韓条約に反対するための作品を撮影するため筑豊入りしたが、廃鉱に適当な材料がなかったため、在日の若い女性に壁板にハングルを刻ませたというのが真相だった。

日ごろは温厚な朴慶植が「人間を冒とくした作品の作り方をしてはならない。ドキュメンタリーの精神に反する行為だ」として、この時は色をなして怒った、という。

この壁板は地元の作家上野英信が自宅である筑豊文庫に貴重な歴史的証拠物として保管していたが、遠賀川が氾濫した時に流されてどこかへ行ってしまったといい、朴たちと一緒に焼酎を飲んでいた上野は「あれは、水に流される運命にあったのですね」と感想を語った。

辛基秀は自身もかつて在籍していた文芸同の手法について「やらせの映画作りは戦時下の日本映画の特徴だった。在日の映画作りにもその影響があるのだろうか。衰退したドキュメンタリーは、いつの日かばれる運命にあった」と『青丘文化』の第二十七号に、その顚末を書いている。

筑豊取材の一ヵ月後に撮影班は北海道へ飛び、夕張炭鉱や日本最大級の人造湖雨竜ダムがある朱鞠内《しゅまりない》、激しい労働争議が起きた釧路などを訪れた。

緑で覆われた炭住の町に黄色い原色の花が咲き乱れ、

北海道での『解放の日まで』の撮影風景。左から高岩仁、金興坤、朴慶植

湖面は青々と水をたたえる気持ちのいい季節だった。

戦争末期の一九四四（昭和十九）年秋になっても北海道は、憲兵や警察の厳しい監視下にありながら朝鮮人労働者によるストライキやサボタージュの件数は前年より増加して翌年の日本敗戦、つまり朝鮮民族解放の八月十五日へと突き進んでゆく。

幌加内《ほろかない》のクロム鉱山では日本人が衣料チケットを横流ししていたため、朝鮮人鉱夫たちは雪の中を破れた衣服や地下足袋で作業をさせられていた。現場監督をしていた蔡晩鎮《チェマンジン》はそんな同胞の窮状を見かねてタコ部屋追放のため立ち上がった。

各地の炭鉱を渡り歩き、自らの体にダイナマイトを巻いて「賃金を払わんかい」と日本人使用者に迫り、仲間の未払い賃金を獲得した金興坤《キムフンゴン》。一匹狼の金は一九三〇年ごろ雨竜ダムの建設工事現場で、千人の朝鮮人が洗面器をたたく示威行動を指導し、革命家で危険人物とマークされた。

そして、夕張炭鉱に強制連行されてきた朝鮮人が神社で皇国臣民の誓いをさせられている場面を少年のころ目撃したという小学校教師の加藤博史たち……。

辛基秀と朴慶植らは、かつての歴史舞台を歩きながら一人ひとりからインタビューを重ねる一方、札幌市にある北海道開拓記念館へも足を運んだ。

ここの地下倉庫には、極秘扱いの朱印が押された「移入半島人関係綴」など住友金属鴻之舞鉱業所で働く朝鮮人労働者の資料が段ボール数箱に保管されていた。この中には朝鮮人一人ひとりの性格や思想傾向まで記した顔写真付きの名簿なども含まれていた。

それらを一枚一枚接写したが、この時の取材は『解放の日まで』が完成した後の一九九〇年以降にも、辛基秀が朝鮮人強制連行問題で韓国へ現地調査に出向くときに大いに役立っていくのである。

北の大地での取材を振り返って辛の回想。

「日本の敗戦直後、夕張では朝鮮人一万人の大集会が開かれ、年内の帰国や賃金保障などを要求したが、日本人も刺激を受けて朝鮮人から労組の作り方を教わった例もあった。こうした雰囲気の一部を伝えることがこのフィルムの狙いだった。

そのために蔡晩鎮さんたちと歩いた幌加内のアリラン峠や金興坤さんと見た雨竜ダムの光景が忘れられない。北海道では民衆史の発掘運動が広がり、映画製作の趣旨に共鳴してくれる人もいて、とても勇気付けられたものです」

7、在日を生きる自信

九州や北海道取材の合間を縫って撮影班は本州の山間部にも足を踏み入れたが、在日の歴史学者、姜徳相《カンドクサン》が「辛基秀、朴慶植さんの二人三脚によるこの映画の中で特に面白いと思った」というのが、三信鉄道編だった。

日本の鉄道の枕木で朝鮮人の血と汗が染み込んでいないところはないが、長野県飯田市と愛知県岡崎市を結ぶ国鉄飯田線の前身である三信鉄道もその例に漏れなかった。

この鉄道はトンネルをいくつも掘ると同時に断崖絶壁での難工事が予想され、測量はアイヌ民族が、実際の工事は誇大広告で朝鮮半島から連れて来られた五百人が動員された。日本が中国への侵略戦争を開始する前年の一九三〇（昭和五）年のことである。

危険な上、監視付きの賃金も支払われない重労働に朝鮮人たちが賃金支払いを要求して立ち上がると、愛知県警などの警官千人以上が駆けつけ争議団を取り囲み、サーベルを抜いて切りかかった。

朝鮮人労働者は血だらけになりながらも棍棒や石で応戦し、逆にサーベルや帽子を取り上げ警官を武装解除してしまった。この話が外部に伝わることを恐れた警察側は二度と弾圧しないことを誓ったという。半年に及ぶ大争議を闘い抜いた末のことである。

こうした歴史の一幕がよみがえったのも実際に鉄道の枕木建設に従事した朴斗権《パクトゥグォン》が長野県塩尻市に健在だったからで、朴は辛基秀に「あの時、村の日本人のおかみさんたちは朝鮮人に同情して握り飯を作ってくれた。その味は五十五年たった今も忘れられないよ」と語ったという。

朝鮮人労働者はダム建設現場や金属鉱山などに駆り出された（『映像で語る「日韓併合」史』より）

撮影現場は山深いところで、学生時代にロケの下見に朴慶植に同行したフリージャーナリストの伊東順子は『病としての韓国ナショナリズム』（洋泉新書）の中で次のように書いている。

報　昭和57年(1982年)10月25日　(月曜日)　(18)

中津川発電所「朝鮮人虐殺はあった」

津南の古老 60年の沈黙破り証言

飯場逃亡 死のリンチ

佐藤泰治 小出高教諭 〝四年の追跡〟を発表

富士川にミニ「大峡谷」

台風10号のいたずら

見物客殺到、県しぶい顔

新潟　大宮

上越新幹線開業まで

60年前の朝鮮人虐殺を伝える『新潟日報』1982年10月25日付朝刊

朴慶植は、青年のようにフットワークが軽い人だった。私が『先生、あそこに石碑のようなものがあります』と言えば、もうその瞬間に崖を駆け上がっていた。ズボンが濡れようが靴が傷もうがおかまいなし、朝露がついた藪のなかをいつも先頭で進んだ。そうしてたどりついた慰霊碑に朝鮮人の名前を認めると、何度も何度もそこをなぞっていた

三信鉄道編は取材や撮影に手間がかかり、辛基秀は現地へ数度通い、自らカメラも回して十六ミリフィルムを撮影したという。

朴斗権は映画『解放の日まで』が出来上がってからまもなくして亡くなったが、辛は「朴さんが日本の警官が朝鮮人にサーベルや官服も取り上げられるさまを目撃した体験は、以後半世紀以上の在日を生きる原点になった。村の婦人が日本人警官のための炊き出しには応じないが、朝鮮人のためなら喜んで握り飯を作ったというのも貧しい者同士の連帯の証だった」とこの作品の説明文などに書いている。

争議の舞台となった川合村には朝鮮人が去った後も、彼らが川で衣類を洗濯するときに木の棒を使う朝鮮式のやり方が長く伝わったという。

「こんな険しい山奥で同胞は働かされ、その挙句にむごい目に遭っていたとは」――。

二〇〇〇（平成十二）年初夏、韓国・大邱《テグ》の放送局の三十代のディレクターたちが、新潟県の信濃

川上流にある津南町を訪れた時、辛基秀から朝鮮人虐殺の説明を聞き、うめき声をもらした。辛の半生を『在日韓国人――私の一代記』という一時間番組にまとめ八月十五日に放映するための取材にやってきたのだが、在日の苦難の歴史を知らない本国の若者たちにとって辛の話は衝撃と驚きの連続だった。

映画『解放の日まで』の「ＰＡＲＴ①朝鮮の植民地化と抗日の闘い」の中で、生々しい証言が飛び出すのが、この津南町を舞台に一九二二（大正十一）年に繰り広げられた中津川朝鮮人虐殺事件だった。

当時、秘境と呼ばれたこの山奥で信越電力によって東洋一の水力発電所の建設工事が始まったが、その作業に従事させられたのは朝鮮人で、ダイナマイトを険しい岩肌に仕掛ける危険な仕事の連続に抗議したり、逃亡する者が跡を絶たなかった。

そうした朝鮮人には請け負い業者から凄惨なリンチが加えられ、死体は次々と信濃川に放り込まれた。その数は百数十人ともいうが、定かな数は分かっていない。

この問題は読売新聞が「北越の地獄谷」として同年七月二十九日に大きく報道したことから明るみに出て、東京にいた朝鮮人留学生が弁護士の布施辰治（一八八〇－一九五三）と現地へ調査団として駆けつけると同時に、ソウルからも東亜日報の編集長が特派されてきた。

布施は韓国で「日本版シンドラー」と呼ばれるほど、戦前の朝鮮人の人権擁護と独立運動を支援し続け、二〇〇四（平成十六）年に韓国政府から建国勲章を授与されている。

当時、東京・神田の青年会館で開かれた事件の真相を究明する大集会には日本人約二千人と朝鮮人約五百人が参加、会場に入れない人は数千人に及んだ、という。

あまりの盛況ぶりを恐れた警察は解散命令を出したが、日本人聴衆は「警察横暴」と叫び朝鮮人に同情的だった、と当時の東亜日報は伝えている。地元の動きについても同紙は精力的に報道したが、徹底的なかん口令が敷かれていたようだ。

それから六十年たち、地元で町史執筆を担当する高校教師佐藤泰治の四年がかりの聞き取り調査に「当時はまったく無政府状態だった」「冬のさなか、後ろ手に縛られた朝鮮人が水につけられ……」などと重い沈黙を破って証言する古老が現れてきたのである。

辛基秀は映画では、「歴史の汚点を葬り去らせてはいけない」と訴える佐藤やこうしたお年寄りの肉声を集めて作品をまとめ上げたが、約二十年ぶりに韓国の若者と現地を訪れての感想を「当時に比べ過疎化が進み、飯場の建物はかろうじて残っていたが、話を聞いたお年寄りは皆亡くなっていた。放送局の若いディレクターたちは、あの暗い時代に日本の民衆が朝鮮人虐殺の真相に強い関心を寄せたという話に心を動かされたようだ」と話していた。


これらの旅に加え、撮影班は大阪府南部にある岸和田市にも出かけた。

紡績はかつて日本資本主義の花形産業だったが、朝鮮人女子工員に安い賃金で十二時間ずつ二交代で働かせる岸和田紡績は、昭和の初めに紡績の盛んな泉州地方でも最大の会社に成長し、朝鮮紡績とも呼ばれた。

細井和喜蔵の『女工哀史』を引き合いに出すまでもなく、彼女たちの労働条件はひどいもので、そうした中でも朝鮮や沖縄出身者にはより条件の厳しい仕事が回ってきた。綿がもうもうと舞う劣悪な環境で働かされ、過労や栄養失調にかかり、結核で異国の地で命を落とす若き乙女たち。身寄りのない者は共同墓地に葬られたが、墓石代わりに路傍の小さな石が置かれ、その前に花を生ける牛乳瓶が埋めてあった。

「自分も紡績女工の母親を五歳の時に京都で亡くしているので、この墓石代わりの石を見ていると母親の姿がまぶたに重なったものです」

辛基秀は、この取材の感想をこう話したが、在日コリアンの多い猪飼野でも紡績女子工員の生き残りを探してもなかなか見つからなかった。

ようやく出会えた沈相杜《シムサンドゥ》は一九〇七（明治四十）年生まれ、十八歳の時に結婚し、出稼ぎで日本へ渡った夫の後を追って大阪へやってきた。泉州特産のたまねぎを保存する小屋でろうそくを使っての生活。食事はごはんに醤油をかけ、野草をおかずにする。岸和田紡績で働いたが、長女を出産する当日まで職場に行き、一人で産後の始末をしたという。

たくましく生き抜いた沈相杜たちハルモニの証言を基に、辛基秀たちは一九三〇（昭和五）年五月の岸和田大争議の様子を映像化してゆく。

この争議は大幅な賃金カットや人員整理をもくろむ泉州一帯の紡績会社に対して岸和田の朝鮮人女子工員が労働団体の支持を受けながらストライキで対抗したもので、沈ハルモニの家はビラ、ポスターの製作所として使われた。当時、朝鮮人女子工員が日本人労働者の根性を変えたとまで語り伝えられている。映画の中で沈相杜が五十数年ぶりに革命歌を口ずさむシーンは印象的だ。

この作品を製作するため、辛基秀の下で東京の近代文学館などへ古い史料を探しに行った河合塾講師の趙博《チョパク》は、当時を次のように振り返る。

「辛さんはオールド・ボリシェビキとでも呼んだらいいのだろうか。ぼくにとってはとても安心できる雰囲気があった。『在日の歴史を掘り起こして共通の認識をつくらなきゃアカンで』が辛さんの口ぐせだった。土本典昭さんが水俣病の映画を撮って患者を救済する運動にどれほど寄与したことか、在日にもこれが必要やと執念を燃やしていた。朝鮮総連の主張する北朝鮮礼賛一辺倒の作品では僕らの歴史は描けないという考えが辛さんの根底にはあったと思う」

こうして各地を取材して高岩仁たちが撮影したフィルムは全部で十五時間分にもなったが、どうまとめるかも難しいところだった。その高岩の回想。

「どこで出会った人たちも皆人間的な強さを持っていて明るく、実に魅力的だった。十五時間分のフィルムを『江戸時代の朝鮮通信使』のように一時間に収めようかと思っていたら、これをすべて見た朴慶植さんが大変貴重な映像だから無理に短くしないほうがいいよ、とアドバイスしてくれた」

最終的に全五部構成で三時間二十分にまとめ上げた作品は一九八六（昭和六十一）年四月六日、東京の日仏会館で恵泉女学園大学教員の内海愛子らが世話人になって上映会が開かれたが、会場に入りきれない人のため急遽、韓国ＹＭＣＡホールを第二会場に充てた。

一九一九（大正八）年に、朝鮮本国での独立運動の高まりに呼応して在日の留学生が独立宣言を発したのがこのＹＭＣＡで、『解放の日まで』を上映したことに歴史のめぐり合わせを感じる者もいた。

「朝鮮通信使の存在を日本中に広めた最大の貢献者は辛基秀さんだが、その彼がエエッ、こんな作品も作るのと驚いたのがこの映画『解放の日まで』だった」

当時を振り返って、こう語るのは毎日新聞論説委員の石原進で、「日本に来た朝鮮人には輝ける闘いの歴史がある。在日のアイデンティティーはここにあり、ということこの映画はとても分かりやすく、大阪社会部時代に自分が書いた紹介記事はデスクが破格の扱いで大きく紙面に載せてくれたことを覚えている」と話す。

関西での映画の上映は、京都を手始めに神戸など各地でリレー式に行われていったが、この作品を鑑賞した関西大学教授の山下肇（ドイツ文学）は「軍国主義日本の歴史をかえりみる新鮮で最良の教科書といえよう」として、当時次のような感想を『青丘文化』第二十号に寄せた。

「わだつみ」世代の私の立場からは、一九四三年秋「朝鮮人学徒出陣壮行会」のシーンが鋭い切り口の印象だったが、随所に感動の場面がちりばめられ、資料発掘の多大の労苦がしのばれて、揺さぶられる深い思いの三時間半だった。……「指紋押捺」問題一つを考えても、日本の民主主義の甚だしい遅れを改めて痛感させずにはいない。そうした反省の自覚を契機として、これと「朝鮮通信使」絵巻を並べれば、まこと過去に意図的に隠蔽された深い霧を歴然と吹き払ってくれることになるであろう

またＮＨＫのディレクター水谷慶一は同じ記録映像を製作する立場から「日本の近・現代史をまったく新しい視点から見すえる作品」として次のような言葉を辛基秀に送ってきた。

御作にはドキュメンタリーの原点があると思いました。近ごろのＮＨＫの作品に欠けているだけに一層強く感じた次第で、今日も若いディレクターたちを集めて必ず見るようすすめたところです。三信鉄道工事の争議の顚末を笑いながら語る人の、話の内容がまるで悲惨なだけに一種の凄さを感じました。語り出される歴史とはまさに、あのようなものでしょう

朝鮮民族が育つゆりかごの地と言っていいような青丘文化ホールだったが、二〇〇一（平成十三）年九月に閉館した。辛基秀はこのころ、体の不調を訴えており、ホールの維持管理にも悩んでいた。一年後に辛は亡くなり、ホールにあった貴重な写真やフィルム、蔵書類三千冊は九州大学の韓国研究センターへ寄贈され、辛基秀文庫として活用されている。

第5章　秀吉の侵略と降倭

秀吉の朝鮮侵略から400年。沙也可の子孫・金在徳と薩摩焼陶工の14代沈寿官（右）が連帯の握手を交わした（1997年11月、ピースおおさかで）

1、京都仏教会が自己批判

東京・九段にある靖国神社の存在が気になって仕方がない、と辛基秀《シンギス》は生前もらしていた。世間で言われる靖国参拝の是非という意味だけではない。

ここの機関車の後ろに立っていた高さ二メートル程の、鳩の糞にまみれ、文字も読みにくくなっている石碑のことなのである。

題字には「北関大捷碑《ほっかんたいしょうひ》」とあり、豊臣秀吉(一五三七―一五九八)による文禄・慶長の役(朝鮮では壬辰《イムジン》・丁酉倭乱《チョンユウェラン》)で咸鏡北道《ハムギョンブット》の吉州《キルジュ》で加藤清正軍を撃退した鄭文孚《チョンムンブ》の功績をたたえた内容が漢文で刻まれている。この石碑は吉州の臨溟《リムミョン》駅にあったものを、日露戦争後の一九〇七(明治四十)年に日本軍が明治天皇への戦利品として引き抜いて持ち帰ってきたものという。

文禄の役(一五九二年)は、加藤清正の軍勢が小西行長と先陣争いをしながら、二十日間で漢陽《ハニャン》(ソウル)に攻め上り、破竹の勢いで今でいう北朝鮮・豆満江《トゥマンガン》の中国国境沿いまで達したが、進撃できたのははじめの二ヵ月だけで、後は兵站線《へいたん》が断ち切られ、朝鮮の義兵活動によって主力部隊の半分を失うほどの敗北を喫していた。

海上戦でも李舜臣《イスンシン》(一五四五―一五九八)率いる亀甲船団の水軍による徹底抗戦に遭い、藤堂高虎らの水軍が壊滅的打撃を受けていた。

日本の学校教育ではこのことはあまり教えておらず、加藤清正の虎退治ばかりが武勇伝のように強調されているが、その百二十～百三十年後に、こうした日本軍への戦勝の石碑が朝鮮半島の各地に建てられていくのである。

国民新聞を主宰していた徳富蘇峰はかつて朝鮮総督の寺内正毅に、日本が朝鮮を統治する際に一番困難なことは、秀吉の朝鮮侵略のイメージをどうやって打ち消すかであり、そのためにはこれらの石碑をどうするかということだとアドバイスしたという。

辛はこの碑文の表面を拓本にしたものを持っていたが「韓国の光州《クァンジュ》に住む人からこの石碑を返還してほしいと靖国神社に要望が出されたらしいが、石碑があったのは今の北朝鮮に当たるため返還は実現していない。当時の石碑の大半は日本軍によって海に捨てられ、今では秀吉の朝鮮侵略に関する史料はほとんどなくなっている」と話していた。

その後の二〇〇五（平成十七）年六月になって、北関大捷碑の返還問題は日韓の政府間でも取り上げられ、「返還が実現すれば日韓関係のみならず、南北朝鮮の関係改善にもつながる」として、靖国神社から四ヵ月後に韓国へ引き渡され、翌〇六年三月に故郷の北朝鮮まで運ばれた。

辛基秀が発掘作業に半生を捧げてきた朝鮮通信使は、これまでにも触れてきたように文禄・慶長の役の戦後処理を徳川家康が誠実に行ったからこそ、実現し得たのである。

その意味で言えば、日朝間で近世の光といっていい朝鮮通信使の世界と、影に当たるその後の朝鮮植民地支配にこだわる辛にとって、豊臣秀吉の朝鮮侵略はあらゆる表現活動の原点となるテーマであった。

映画『江戸時代の朝鮮通信使』の上映運動を一段落させた後、映画『解放の日まで』の事前取材や青丘文化ホール開設に向けて準備を進める中で、辛基秀が新たに取り組んだのが一九八三（昭和五十八）年秋に京都で開いた「耳塚民衆法要」だった。

この年公開された池尚浩《チサンホ》製作の八ミリ記録映画『秀吉の侵略』に辛基秀は啓発されていた。池は現在は郷里の韓国・南原《ナモン》市で生活するが、一九三九（昭和十四）年に来日し、山口県岩国市に住んでいた。辛とは『江戸時代の朝鮮通信使』を山口県内で上映した時に知り合い、一緒に金達寿《キムダルス》の『日本の中の朝鮮文化』の取材を手伝ったこともある。

池が十年余りの歳月をかけて完成した『秀吉の侵略』の中には、京都の耳塚をはじめ各地に残るつめ跡が記録されており、映画製作の動機について「日本で〝侵略〟という表記をめぐる教科書問題が起きた時、あれが侵略でなくて何なのかと思った。太平洋戦争だけでなく秀吉の朝鮮出兵も侵略なのだ、という思いを伝えたくて映画を作った。四百年前の責任を追及する気はないが、侵略という事実だけは認識してほしい」（毎日新聞、一九九四年一月七日夕刊）と話していた。

関東大震災での朝鮮人虐殺から六十年に当たる一九八三（昭和五十八）年、大阪では〝はばたけ国際都市〟の名の下に、秀吉をたたえる大阪築城四百年祭という行政主体の企画が進行していた。

辛基秀は「大阪では景気がよくない時には、いつも太閤・秀吉が引っ張り出されるが、韓国人の子どもが最初に覚える日本人の名前は豊臣秀吉。学校で教えているからで、韓国人の秀吉に対する憎しみは根強く、立身出世の英雄として見る日本人とのギャップは大きいことは忘れてはならない」と話す。

七万人もの朝鮮人を拉致したことから「人さらい戦争」とも呼ばれた文禄・慶長の役だが、秀吉は朝鮮半島で抵抗する農民義兵たちの首の代わりに耳や鼻を塩漬けにして、〝戦勝の証《あかし》〟として樽に詰めて日本へ持ち帰らせた。

数万人分の耳や鼻は京都市東山区の豊国神社のすぐ近くにある「耳塚」という周囲五十メートルの盛り土の丘に埋められ、供養されていたが、それは秀吉の〝慈悲〟を誇示する虚構の慰霊碑であった。事実、耳塚を取り囲む石柵には日本の歌舞伎史上有名な役者の名前が刻まれているが、彼らは明治になって「秀吉外征」が顕彰されるようになると、『太閤記』を上演するようになり、日本の民衆に朝鮮蔑視感を植え付ける役割を演じていくのだった。

大正生まれの宋斗会《ソンドゥフェ》という在日コリアンが一九七四（昭和四十九）年ごろから、「日本人の朝鮮人に対する差別や戦争責任の原点は秀吉の『朝鮮征伐』にある」として、個人でささやかな供養を開いてきたが、耳塚の史実については歪曲されたままで僧侶が立ち会う法要は営まれたことがなかった。

宋は戦後、朝鮮半島への帰国者を乗せた浮島丸が京都・舞鶴沖で爆発、沈没した浮島丸事件で、訴訟の原告団代表を務めた人物で、辛基秀にも刺激を与えていた。

そこで、辛は旧知の「ちょっと待て！〝大阪築城４００年まつり〟にモノ申す会」代表世話人柏井宏之と、秀吉礼賛の流れにクサビを打ち込むための行動を起こした。一九八三年春のことである。

まず浄土宗総本山の知恩院に二人で乗り込み、「耳塚はなぜ建立されたのか。朝鮮人犠牲者の慰霊ではなくて、秀吉の徳をたたえるのが本当の目的ではないのか。見解を伺いたいが、こちらの指摘通りなら自己批判されたい」と申し入れた。

応対した知恩院側は「趣旨は分かりました。よく調べた上でご返事したい」と答え、それから二週間後に二人は京都仏教会館に呼び出された。

「ご指摘の通り、私どもとしては秀吉公の徳の高さをたたえて法要をしておりますが、そこに眠る人たちのための法要はしておりませんでした」

「であれば、ここに眠る人々の法要を是非やっていただきたい」

「お受けいたしましょう」

「市民が中心になる法要を行いたい。耳塚民衆供養でよろしいか」

「供養は限定された言い方になるので、法要であれば仏教会全体としてお受けできます」

こうしてこの年九月十八日の、よく晴れた日に耳塚の五輪の石塔前に祭壇が設けられ、全国から約千三百人が民衆法要に集まってきた。このうち約百二十人は宗教関係者で、朝鮮人犠牲者の霊が約四百年ぶりに慰められるという歴史に残る一幕となった。

僧侶三十人の読経が続く中、京都市仏教会理事長でもある知恩院執事の小林忍戒が「我々は、先人のこの非人道的行為を恥じ入るとともに、今日まで真の供養をしなかったことを遺憾に思う」と自己批判文を読み上げたのである。

この後、長野在住の在日韓国人僧張漢生《チャンハンセン》が「四百年前の戦争で犠牲となった同胞の霊を弔い、この場を東洋民族が思想・信条・体制の違いを越えて平和を守る契りの場としていこう」とあいさつした。

京都在住の作家岡部伊都子の「秀吉の耳塚が慈仁の象徴のように言われてきましたが、人を殺しておいて供養するのが慈仁でしょうか。今日の法要は鎮魂にすぎないかもしれないけれど、とてもうれしかった」と静かに語る言葉に、誰もがうなずいていた。

法要のプロローグは、明治天皇と西郷隆盛の、当地での出会いを述べた石碑を背に関西芸術座の新屋英子が一人芝居『身世打鈴《シンセタリョン》』を演じた。白いチマチョゴリ姿でひときわ感情豊かに身の上を語る新屋の姿をまじかに見た在日のオモニ（母親）が「アンタもいろいろと苦労したんだね」と勘違いして声をかけてくるほどの迫真の演技だったという。

そしてフィナーレは、在日コリアン二、三世による『カンガンスルーレ』と『ケジナチンチンナーネ』の大円舞。チャング（太鼓）やドラが響く中、「加藤清正が逃げていくよ」と朝鮮の民衆がかつて歓声を上げた歌が古都の大道に響き渡った。

このエネルギーは在日の多い大阪・猪飼野《いかいの》で開かれる第一回民族文化祭に引き継がれる一方、京都市民有志による盛大な「耳塚法要」へと発展して行くのである。

辛基秀と二人三脚で民衆耳塚法要を実現させた柏井宏之は、この時代を次のように振り返る。

「本当に法要が実現するとは思っていなかったし、これだけ立派なことをしたらお金も相当かかったでしょ、と京都市民から尋ねられたが一銭も払ってませんと答えたら驚かれた。辛さんの熱心な呼びかけで二百人近い賛同者が集まったことと、知恩院との交渉でも辛さんがソフトに話を進めていったから向こうも乗ってきた。

こちらから要求して即答できなくてもそのことを責めるのではなく、調べて回答してほしい、と話す。こちらの言ってることが正し

「身世打鈴」を熱演する新屋英子

いと思ったら是非実現してくださいね、と持っていく。辛さんからは運動を進めていく上で、教えられることが多かった」

ところで、耳塚民衆法要から二年後の一九八五（昭和六十）年六月、京都市上京区にある京都五山の一つ、相国寺の塔頭《たっちゅう》・慈照院で、蔵を解体するため、収蔵物を整理していたところ、朝鮮通信使の書画五十九点が見つかったことがある。

辛基秀と朝鮮美術史研究家の吉田宏志が調べたところ、江戸時代に外交文書作成のため対馬の「以酊庵《いていあん》」へ輪番僧として派遣された慈照院の住職が通信使の外交担当者から贈呈されたものらしく、山水や鷹などを描いた水墨画、五言絶句の漢詩、ハングルの詩文などだった。

辛は「正史ではあまり出てこない対馬を舞台にした近世の朝鮮外交を解明する貴重な発見」と新聞にコメントしたが、慈照院にはこの他にも『韓客詞章』という全四巻から成る巻き物（長さ約五十メートル）が保管されていた。

正徳度（一七一一年）の第八回通信使の正使、趙泰億《チョテオク》と同院の輪番僧、別宗が対馬と江戸を往復する道中に詩文を唱酬《しょうしゅう》した膨大な記録をまとめたもので、東海道から富士山を眺めた光景や江戸城での饗応の様子、大坂での別れの場面などが出てくるという。

慈照院の住職、久山隆昭は「この巻き物は寺の床に広げきれないくらい長いものですが、辛さんは何度もやって来ては熱心に目を通されていた。そして韓国の放送局の記者やＪＲ九州のツアー客たちを案内して来ては、過去にこういう友好の歴史があったことを丁寧に説明されていたことが印象に残っている」と話している。

先に宋斗会という在日朝鮮人が耳塚でささやかな法要を営んでいたことに触れたが、辛基秀にとって宋の印象は強烈だったという。一九一五（大正四）年、朝鮮・慶尚北道《キョンサンブット》生まれの宋斗会は京都大学の熊野寮に寝起きする不思議な老人だった。

韓国併合後の朝鮮に生まれた宋には「日本人」以外に選ぶ道はなかったのに、日本政府は一九五二（昭和二十七）年、サンフランシスコ講和条約発効を理由に、旧植民地出身者の国籍を一方的に奪い、朝鮮出身の戦没者らを戦後補償から切り捨て、逆に外国人登録法で在日を管理対象にした。

宋はこの不正義を許せないとして、一九六九年に日本国籍確認訴訟を起こし、七三年と八三年には外登証を法務省前で焼き捨て、日本社会に衝撃を与えた。

「日本政府のご都合主義でわれわれ朝鮮人は戦後、指紋採取を強要されたうえ外登証まで持たされ、銭湯の行き帰りのときなど日常生活でわずらわしい思いをさせられた。

私自身、対馬へ渡った三十年前、道で外登証の提示を求められたが見つからず、留置場へ入れられる寸前に荷物の底から出てきたことがある。何回も苦い思いをしているが、朝鮮人にとっては戦前より戦後のほうが生きにくくなったように感じる」

辛基秀の述懐だが、家族ぐるみで長年の付き合いがあった新劇女優の新屋英子らによると、辛が役所の窓口に外登証の届出に行くとき持っていく写真は、全身が小さく映ったものを差し出す。

「これは何ですか」

「まぎれもない私自身やないですか」

「あきません」

次の年にも、規定サイズから外れた写真を持って行き、窓口担当者にため息をつかせる。娘が外登証の切り替えに遅れた時には、「警察へ届けます」と応対する窓口の職員に「この娘は病気の母親を看病していて役所に来るのが遅くなったんや。君はそんな孝行娘を責めることができるのか」などとたたみかけ、職員をうつむかせる。

新屋は「辛さんはいつもそうやって抵抗してはった。穏やかに話す口調とは裏腹に、心の中は煮えくり返っていたと思いますよ」と振り返る。

戦前は天皇に忠誠を誓わされ「一視同仁」の扱いをされたのに、戦後植民地支配に対する反省がきちっとされず、在日は管理対象として残されてしまった。

辛基秀が江戸時代の朝鮮通信使に注目するのも、豊臣秀吉の朝鮮侵略に対する戦後処理が重要だったからであり、このことは戦争や紛争が地球上の各地で絶えない現代においても通じるテーマであった。

2、儒学伝えた捕虜の姜沆《カンハン》

話を文禄・慶長の役に戻す。このいくさでは薩摩焼の沈寿官《ちんじゅかん》はじめ多くの陶工が捕虜となり日本へ強制連行されたことは有名だが、姜沆（一五六七－一六一八）や李真栄《イジニョン》（一五七一－一六三三）のような日本に儒学を伝えた知識人もこの時拉致されてきたことはあまり知られていなかった。

姜沆は一五九七年に藤堂高虎水軍の捕虜となり、伊予の大洲に十ヵ月幽閉され、京都の伏見でさらに二年余り抑留された後、朝鮮への帰国が許された。

大洲市役所に勤めながら郷土史の勉強をしていた村上恒夫は、『大洲市誌』にわずか九行の記述しかない姜沆に興味を持つようになり、姜沆が帰国後書いた『看羊録』の原本コピーを手に入れ読み進めるうち、全身に冷や水を浴びるような衝撃を受けたという。

日本朱子学の始祖ともいわれる京都・相国寺の禅僧、藤原惺窩《せいか》（一五六一―一六一九）へ儒教を伝えたのは姜沆本人で、二人の間では深い交流があったことを知ったからである。

「近世日本の教育の源ともいえる儒教をわが国に最初に伝えた人物。これほどの人が、どうして日本の歴史書や教科書には載っていないのか」

村上が不思議に思ったのは、一九八〇（昭和五十五）年ごろのことだが、そのころ朝日新聞の文化欄に韓国国立光州《クァンジュ》博物館長、李乙浩《イウロ》の「日本文化に多大な貢献をしたにもかかわらず、記念碑もないのはなぜか」と訴える一文が載った。

そうした史実を十分に知らなかった辛基秀は、姜沆に関する文献資料を集めたり、記念碑作りの募金活動を全国で進めていく。

姜沆

「戦争の影に花開いた朝・日二人の儒者の温かい友情により、混乱の京都から無事故国に帰りえた姜沆の波乱に富んだ人生は、多くの人にとって初めて知る史実である。複雑によじれた朝鮮と日本の歴史を正し、過去の歴史を後世に正確に伝える上で姜沆の記念碑建立を是非とも実現させていただきたい」

辛たちが記念碑を建立するよう要請した文書が一九八四（昭和五十九）年六月に大洲市教育委員会に届き、それから六年後の一九九〇（平成二）年三月、ヒガンザクラが満開の大洲城跡に三メートル近い高さの白御影石でできた「鴻儒姜沆顕彰碑」が建ち、日韓両国の百八十人余りがその序幕を祝った。

辛基秀はその場で、「過去に目を閉じていたら両国は『近くて遠い国』のまま。きょうのこの日を明日への教訓を引き出す一日にしたい」などとあいさつした。

その時の感激を村上恒夫は次のように話す。

「キリスト教を伝えたザビエル、仏教をもたらした鑑真、それに蘭学のシーボルト……。みな学校で教えられるのに姜沆だけ取り上げないのは国家の手落ちと思っていたので本当にうれしかった。す

姜沆の顕彰碑の前で除幕のあいさつをする辛基秀

べては日本と韓国は仲良くしなければいけないという信念で行動した辛基秀さんのおかげです」

大洲市は伊予の小京都とも呼ばれ、鵜飼で知られる肱川《ひじかわ》が街中を流れる人口約三万九千人の静かな城下町である。

その中心部に建つ大洲市立図書館には、姜沆の生き様に感激した在日の篤志家からの寄付でできた姜沆文庫がある。戦前に東京大学が編集した『朝鮮史』全三十七巻など日朝関係の貴重な書籍約五百冊が所蔵されていて市民や研究者らに活用されている。

姜沆とは対照的に、文禄の役（壬辰倭乱）で捕虜になり、日本へ連行されたまま故国へは一度も戻らず、紀州・和歌山で儒学者として一生を終えたのが李真栄だ。

紀州の城下で小さな私塾を開いていた李真栄を、徳川家の初代藩主頼宣は三十石で召し抱え、藩政の顧問として厚く遇したのである。

息子の李梅渓《イメゲ》も二代目藩主光貞の学問指南役となり、父母への孝行や法律の順守をうたった藩訓『父母状』を著し、紀州人の精神的バックボーンを作り上げた。

こうした父子を顕彰する動きは、半世紀前に二人の墓がある和歌山市・海善寺の先代住職田村歓陽によって始められた。

田村は一九六〇（昭和三十五）年に七十七歳で他界したが、息子の歓弘が遺志を継いでゆく。趣旨に共鳴した辛基秀も李真栄の故郷、慶尚南道霊山《キョンサンナムドヨンサン》を二回訪れ、父子の顕彰碑建立を提言したが、「捕虜になったことは一族の不名誉である」「いくら異国の地で功労があっても、本国では功績がない」

などの理由で拒否されてきた。

しかし、その後壬辰倭乱を見直す気運が韓国内でも高まり、歓弘らが「父子の魂を故郷に帰そう」と両国関係者に呼びかけ、顕彰碑は一九九二（平成四）年十一月、郷里の公園に建立された。慰霊碑の大理石に刻む一千字の碑文は辛基秀が自ら書いた。その六年後には和歌山城の西側に李父子の顕彰碑もできた。

李真栄の子孫は、十三代目の李あやが一九八四（昭和五十九）年に亡くなるまで連綿と「李」という姓を名乗り、誇り高く生き続けた。

李父子の顕彰碑が故郷に建立されたことについて辛は「戦争の陰に咲いた花。喜ばしいことだ。異国で姓も変えず誇り高く生きた李父子。紀州に広めた儒学の基本的精神は今日も生き続けている。このことを韓国の若い世代にも知ってもらいたい」（一九九二年八月二十三日付朝日新聞朝刊）と感想を述べている。

3、沙也可《さやか》と連行者の末えい

豊臣秀吉の文禄・慶長の役は、中国の明征服を目的としながら、その通り道である朝鮮半島全土を戦場としてしまい、多数の民衆を虐殺し、貴重な仏教施設なども破壊しつくした。

その大義名分のない戦いぶりに嫌気がさして、朝鮮側へ投降する日本兵も出てきた。「降倭」とも呼ばれ、徳富蘇峰も『近世日本国民史』の中で「甚だ少なくなかったことは分明だ」と書いている。

慶長十二（一六〇七）年に日本へ派遣された第一回回答兼刷還使五百四人のうち、約一割は元日本兵であったという話もあり、降倭の数は一万人に上るともいう。

加藤清正の鉄砲隊長、沙也可もその一人であった。

釜山《プサン》に上陸した沙也可は三千の兵を率いて慶尚道節度使《チョルドサ》（知事）の軍に帰順し、朝鮮側に鉄砲と火薬の製造法を伝授し、日本軍と対戦した功績が認められ、金忠善《キムチュンソン》と名乗ることを許され、慕夏堂の号を受けた。

一六〇〇年には晋州牧使《チンジュモクサ》の娘と結婚し、友鹿洞《ウロットン》という山間の村に隠棲して儒教を学び、七十二歳で亡くなった。子どもたちには「異郷の客として、栄達を望まず、儒教の教えに従って質素に暮らせ」と教えを残したという。

以後、現在の大邱《テグ》市郊外にあたる友鹿里《ウロンニ》にはその末えい約二百人が住み、「降倭の里」と呼ばれている。

沙也可のルーツは、紀州の鉄砲打ち集団、雑賀衆《さいかしゅう》との説もあるが、文献上の裏付けはできておらず、韓国併合（一九一〇年）のころ、「皇国の臣民にそのような裏切り者があってはならない」という理由で歴史から抹殺されそうになった。

しかし、一九三〇年代に朝鮮総督府に勤める朝鮮史編修官、中村栄孝が『慕夏堂文集』だけでなく、その他の原典史料を読み解くことによってその存在を証明した。沙也可の名前は、朝鮮王朝の正史である『朝鮮王朝実録』などにも記載されている。

一九九九（平成十一）年には、高校日本史の教科書や韓国の中学校教科書にも登場したり、漫画雑誌の主人公に取り上げられたりしているが、沙也可の存在を疑問視する作家もいて、何かと話題を集めている。

辛基秀が沙也可について強く意識するようになったのは、知人の司馬遼太郎が『街道をゆく――韓のくに紀行』で取り上げたことも関係していると思われるが、辛は生前、中村栄孝への思いをこう語っていた。

ファシズムが荒れ狂ったあの時代、日本の軍部は朝鮮を統治するのに沙也可の存在が憎くて仕方なかった。そんな風潮の中、中村先生は病弱な身なのに、真冬の寒い空の下をオートバイに乗って友鹿洞の調査に走り回られた。先生には映画『江戸時代の朝鮮通信使』のシナリオ作りでもお世話になったが、歴史の事実を曲げてはならないという姿勢には深く心を動かされたものです

（『朝鮮通信使　人の往来、文化の交流』の出版記念スピーチ）

さて、文禄の役から四百年に当たる一九九二（平成四）年の十一月、辛基秀は「秀吉の朝鮮侵略検証」と題するシンポジウムを、大阪城公園内にあるピースおおさかで開いた。

この場に沙也可の十四代目にあたる金在徳《キムジェドク》と、鍋島藩によって強制連行された朝鮮陶工の末えいである中里紀元を招き、「歴史の正しい共通認識こそ善隣友好の欠かせぬ土台だ」として活発な議論を行った。

金在徳は「日本に来るまで自分の祖先は裏切り者と冷たい扱いをされるのではと思ったが、大阪へ

来て皆さんに歓迎され安心した。わが一族は愛国心を持つ韓国人だが、同時に祖先が朝鮮に尽くした日本人だということも誇りに思っている」と語り、会場の共感を呼んでいた。

そして五年後の一九九七年十一月にも慶長の役から四百年のシンポ「再び、今なぜ沙也可か」を開き、金在徳と今度は薩摩焼陶工の十四代沈寿官に出席してもらった。

この時のシンポの雰囲気を十一月二十一日付の南日本新聞朝刊は次のように伝えた。

> 薩摩藩藩主島津氏に連行された朝鮮人陶工の血を引く沈さん。そして「この戦に大義名分なし」として、朝鮮軍に加わった日本人の血が流れる金さん。金さんが「私たちはお互いに奇《く》しき一生涯を生きている」と言えば、沈さんは「異国で生きる重みを抱えてきた二人の運命の岐路を思う」と感慨深げに話した。
>
> 沙也可が、なぜ韓国側に走ったのかについて金さんは「鉄砲をかついで海を渡ったが、静かな儒教の国、朝鮮を何の理由もなくいじめることができなかった。強い者が勝つという戦国史観の時代に、人として、人の道をたがわずに生きたいという哲学を貫いた強い男だったと思う」と自説を述べた。
>
> ……（略）……
>
> 金さんの発言を継いだ沈さんは、沙也可の末えいらが住む集落、友鹿洞を訪ねたときの思い出をまず語った。「そこで話を聞いた農夫が、おれの先祖は日本人よ、と隠さずにあっけらかんと言ったのには驚いたし、複雑な思いがした。日本で暮らす韓国人は小さくなっているのに。韓国人とは何か。日本人とは何か。友鹿洞への旅は自分の足下に目を向けるいい機会になった」

「隣り合う韓国と日本は、断然共生をしていかなければならない。異国を自分の国として生きたわれわれの存在は、この共生の時代に役立つだろうと思う」と強調した。

……（略）……

シンポ実行委員会代表の辛基秀さんは「このシンポは、歴史の死角にうずもれていた沙也可という存在に光を当てた」とまとめた。

最後に、沈寿官さんと金在徳さんがしっかりと手を握り合い、約三百五十人のシンポ出席者から大きな拍手を受けた。

ピースおおさかで開いた二つの朝鮮侵略四百年シンポジウムの間を縫う形で、一九九四（平成六）年九月には、「朝鮮通信使――善隣友好の使節団」がやはり大阪城公園内にある大阪市立博物館で開かれた。

屏風や絵馬など通信使を描いた作品など百五十一点が公開されたが、実質的には辛基秀がセッティングした展覧会で、青丘文化ホール友の会のメンバーとして運営を手伝った秋田三翁は「秀吉の牙城である大阪城で朝鮮通信使展を開いたのは画期的なことだった」と振り返る。

七十年安保闘争のころ、大阪・難波で左翼関係の本を集めたウニタ書舗を開くなどさまざまな市民運動を続けてきた秋田は次のように言う。

「朝鮮通信使をはじめ、姜沆、李真栄、沙也可……と歴史上の知らないことを辛基秀さんにはずいぶんと教えられた。居酒屋をやりながら、よくこれだけ勉強し、史料も集めたもんだと感心したものです。辛さんと酒を飲むと文化的な素養が高まるなんて言っては皆でにぎやかにやった。我々は左翼の世界にいながら、日朝、日韓について真実を伝える努力をあまりしてこなかったように思う」

これらのシンポジウムの報道をはじめ、沙也可の特集番組を作ってきたNHK大阪放送局のカメラマン小山帥人は、辛基秀と大阪築城四百年祭（一九八三年）に反対するイベントの取材を通して知り合った。

以来、辛のものの考え方や行動に共鳴して一緒に北海道や韓国などへ朝鮮人強制連行の爪跡をたどる取材の旅をして、辛本人が登場するドキュメンタリー番組などを十二本も撮影している。

「沙也可は国境を越えたインターナショナリスト。大義のない戦は認められない、として、国の範囲を超えて行動し、正義の側についた人物の生き方に心引かれますね。辛さんにもそうしたヒューマニズムを感じることがあって、一緒に沙也可の存在を多くの人に知らせる仕事をしてきました」

友鹿里にも数度足を運んでいる小山は、沙也可研究会の日本側代表である辛基秀と慕夏堂記念館を建てるための募金活動に取り組んだり、一九九九年には現地で開かれた「日韓友好の村づくり」のためのシンポジウムに辛とともにパネラーとして招かれ、「友好の施設を作るときは、建物の立派さより、中身を充実させることを忘れないでほしい」などと辛口の助言をしてきた。

辛基秀が亡くなった後の二〇〇三（平成十五）年八月、友鹿里を再訪した小山は、歓迎の宴に出たり、秀吉の軍勢が築いた倭城の跡などを見学してから釜山市立博物館に立ち寄った。

朝鮮通信使のコーナーには辛基秀氏所蔵と記された絵画などが数点展示されていたが、この中に江戸城での通信使の接待場面を描いたものを見つけた時は熱い気持ちになったという。

「大名の表情がにこやかで、通信使の一行と心が通い合ってることがよく伝わってくる、友好の象徴のような作品だった。一九九九（平成十一）年の暮れに、辛さんと奈良へ撮影に行き、翌年一月五日の『ニュース7』で大きく報道したのですが、一緒に仕事をしたのはこのときが最後になってしまった。その記念すべき絵が（通信使が日本へ向けて出発する）釜山に今も大事に保管されていると知り、とてもうれしかった」

小山はこう語り、この時の友鹿洞行きは日本と朝鮮の関係の明暗を見極めながら友好の礎を築く、という辛基秀の思いを改めて実感する旅になったという。

4、故郷忘じがたく候

文禄慶長の役は、有田焼の始祖、李参平《イサムピョン》をはじめ多くの朝鮮人陶工を日本に連行したことから、「焼き物戦争」の別名もあるが、辛基秀は薩摩焼の十四代目沈寿官とは秀吉の朝鮮侵略四百年シンポジウムに出席してもらう以前から付き合いがあった。

一九七〇（昭和四十五）年ごろ、歴史家の姜在彦《カンジェオン》と一週間くらい国鉄（現・JR）の鈍行に乗りながら九州各地を旅した時、沈寿官の窯元がある鹿児島県の苗代川《なえしろがわ》（日置市東市来町美山）にも立ち寄り、昼間から歓迎の宴を張ってもらったからだ。

それまで深い交流があった訳でもないにもかかわらず、芋焼酎を酌み交わすうち、気脈が通じ長年の友のような付き合いが始まったという。

薩摩焼は、秀吉の朝鮮出兵に参陣した島津義弘が一五九八年に朝鮮人陶工八十人余りを連れ帰ったことに始まり、藩公が愛好した白薩摩と庶民が日常使用した黒薩摩に分けられる。

十四代沈寿官は一九二六（大正十五）年生まれで、鹿児島大学医学部と早稲田大学政経学部を卒業してから一時期東京で議員秘書などをしていたが、苗代川に帰り、焼き物に打ち込む生活が始まった。一九六四（昭和三十九）年に亡くなった父親の十三代沈寿官は、息子が学校で民族差別を理由にいじめられて帰ってくると、直立させて「きんたまけり」を教える気骨の人だった。

父子のことは司馬遼太郎が書いた『故郷忘じがたく候』に出てくるが、その十三代目がもっとも気にしていたのは薩摩焼四百年祭のことだった。

苗代川出身で東京で出世した者は共同墓地からハングル姓の墓を都会へ持っていく。陶工のよりどころだった地元の玉山神社からも朝鮮色が消えていくのを憂えていたという。

文禄の役から四百年に当たる一九九二（平成四）年、十四代沈寿官はこの年がマスコミによってどう報道されるかを期待をもって見守っていた。ところが、モーツアルト生誕二百年祭報道の狂騒ぶりに比べ、朝鮮侵略四百年はニュースとして無視に近い扱いを受けた。

それなら、と十四代は六年後の薩摩焼四百年祭について「従軍慰安婦問題でも日本人の九九％がすまなかったと思っているが、なかなか言い出せない。そういう人たちが素直に、ごめんなさいと言える場をつくりたい。平和を望む人が全国から集まり、日本人の良心が結集するような記念祭になればば」（『週刊アエラ』一九九三年五月二十五日号）と考え、念入りな準備を進めた。

そして、一九九八（平成十）年十月二十二日夜、苗代川に新しく作られた登り窯に韓国・南原市で採火した「窯の火」が点火された。

秀吉の出兵で連行された陶工たちが、四百年前に持ってくることができなかった故郷の火。「火は民族の魂である。それまで奪うのか」と祖国での反発もあったが、理解してもらうように努めたという。

韓国からの窯の火を、白い民族衣装を身に着けた十四代沈寿官の息子の大迫一輝（現十五代沈寿官）が韓国海洋大学校の実習船に乗り、釜山から二十時間以上かけて運んできたのである。一輝は串木野《くしきの》の浜に上陸し、数百人の関係者が見守る中、玉山神社の本殿に向かっていった。

辛基秀は「天を焦がすように燃え上がる炎を見て、多くの人たちが日韓友好の願いを新たにしていた。沈寿官さんはこのセレモニーを見ていて家督を息子に譲ることを決め、翌年正月の襲名となったのです。薩摩焼四百年祭は大成功だった」と話していた。

豊臣秀吉については、朝鮮侵略を反省して歴史を見直す目的で一九九三（平成五）年十月、玄界灘を臨む佐賀県東松浦郡鎮西町（現・唐津市）に佐賀県立名護屋城博物館が開館した。

朝鮮侵略の前線司令部が置かれた肥前名護屋城は、秀吉が全国の諸大名に命じ、わずか半年で築城させたもので、当時大坂城に次ぐ規模の大きさだった。

秀吉はここから十五万八千もの大軍を朝鮮に出動させ、戦局に一喜一憂しながら七年いて、慶長三（一五九八）年八月、病に倒れ、次のような辞世の句を残し、六十一年の生涯を終える。

つゆとをち　つゆと消へにし　我身かな　難波のことも　夢のまた夢

前後六年に及んだ無名のいくさは結局、朝鮮に深い傷跡を残しながら、日本軍も多大な犠牲を払うという形で大失敗に終わった。

秀吉の遺体は、内臓を取り出して塩漬けにして、官服を着せて生きているようにみせかけられたが、このことを知った姜沆は朝鮮人の耳鼻を切り取って塩漬けにしたことの因果応報だと、自著の『看羊録』で痛烈に風刺した。

名護屋城博物館は「日本列島と朝鮮半島との交流史」をメインテーマに打ち出し、辛基秀も「韓国と日本の歴史認識の溝を埋めるのに大きな役割を果たす」と期待して史料収集を手伝うため各地を歩き回った。

そして、文禄二（一五九三）年に四国の高松城主、生駒讃岐守が連行してきた両班《ヤンバン》出身の二人の朝鮮人女性の遺品を見つけてきた。日本名で大添《おそえ》、小添《こそえ》と呼ばれた美しい姉妹で秀吉の側妾《そばめ》に提供されたが、朝鮮を出発する時、親が持たせた日常品や白磁の壺、つばの広い帽子、仏像など四十数点を入れた朝鮮王朝時代の大きなかごが残っていたのである。

こうして博物館に所蔵する史料も充実していったが、地元では名護屋城が秀吉の朝鮮侵略の舞台になったことはあまり知られていなかったのが実情だ。

「名護屋城自体は、その歴史を考えれば負の遺産であって積極的にＰＲできるものではなかった。しかし、そうした事実があったことだけでも県民には知らせなければと思い、にわか勉強の末、連載企画を始めた」と振り返るのは佐賀新聞報道局長の寺崎宗俊だ。

一九九二（平成四）年当時、報道部の遊軍記者だった寺崎は、仙台から鹿児島まで取材の旅を続け、大阪では辛基秀が開いた文禄の役四百年シンポジウムにも参加した。そしてこの年三月から翌年にかけて週一回の連載「肥前名護屋城の人々」を五十回も書き続けた。

その連載の最中に、寺崎は辛基秀に「名護屋城に関連して通信使を書くいい材料はありませんか」と問い合わせたことがある。

辛からは、寛永二十（一六四三）年に第五回朝鮮通信使の一行が西風を待つために従来のコースを外れ、名護屋城に立ち寄ったことを記録した朝鮮の『癸未東槎日記』の写しが送られてきた。発見されて間もない史料とかで、その内容は次のようなものだった。

慶長の役から約五十年後、名護屋城は再び荒涼とした一寒村に戻っていた。本城も、各大名の陣屋群も既に取り壊されており、城下の歓楽街も跡形もなかった。岸に近づくにつれて海路は荒れ、やがて日没となった。五十戸ほどの人家があり、夕闇に数百の歓迎の灯火が揺れていた。急ごしらえの宿舎だったが、供応ぶりは対馬を超える豪華なもので、通信使の労いの言葉に、担当の役人は恐縮し、低頭したまま短い返事を繰り返したという

このころ、名護屋城の近くには朝鮮から連行された陶工たちが「高麗村」を作り、焼き物の製作に励んでおり、通信使が帰国を促しても希望する者はいなかったと伝えられる。

寺崎はこうした話をまとめて連載の最終回を締めくくったが、辛基秀から「日本人が朝鮮出兵に目

を向けてくれるのはうれしい。これからも史料でも何でも探しますよ」と声をかけられた、という。

一九九八（平成十）年一月には韓国国立晋州博物館が壬辰倭乱の終結四百年を機に総合博物館から専門館としてリニューアルオープンすることになり、寺崎はカメラマンとオープニングセレモニーを取材するため現地に向かった。

晋州博物館は秀吉の朝鮮出兵の三大戦地跡の一つである晋州城内に建つが、辛基秀は展示資料を多く提供していたためテープカットに招かれており、二人はこの場で再会を喜び合った。

その後、二〇〇三年には晋州博物館からの呼びかけで名護屋城博物館との間で学術交流協定が結ばれ、研究員の相互派遣や展示会への協力などで交流を一層深めることになっていく。

日本側の「加害の歴史」を直視した史料展示が認められたためだが、辛基秀が京都で「耳塚民衆法要」を営んでから二十年余りの長い歳月――。

日韓両国間の政治・外交レベルでは時折、政治家の靖国神社参拝などの歴史認識をめぐりギクシャクもするが、玄界灘を隔てた佐賀と晋州の間では確かな友好の流れが根付きつつある。

5、祖国への道のり

「緊張した雰囲気でソウルの空港へ降りたのですが、辛はルンルンという気分でした。ＫＣＩＡ（韓国中央情報部）の尾行もずっとづいたのだけれど、いとこに案内されて、気にもとめない感じで楽しんでいました」

一九八六（昭和六十二）年四月、友人たちと韓国へ行ったときの思い出を妻の姜鶴子《カンハッチャ》はこう振り返る。ソウル五輪（八八年九月）を目前に控え、町の至るところで道路工事などが行われ、ソウルはエネルギーで満ちあふれていた。

タクシー乗り場でスーツケースをみすぼらしい男に強引に持っていかれ、辛基秀は地下道をずっと追いかけ、高速道路の近くで取り押さえると、男はさっと手を挙げ、タクシーを捕まえ、「手数料をいただきます」と応じてくる始末。

男に抗議すると、「私も食べていかなければならないのです」と居直られ、一行はあきれかえったが、この旅は辛のいとこの延世《ヨンセ》大学教授夫妻に案内され、民俗村《ミンソクチョン》などの主だった観光コースを訪ねて回った。

辛基秀が祖国を訪れるに当たっては、並々ならぬ葛藤があったのである。

これより五年前の一九八一（昭和五十六）年春、『季刊三千里』のメンバーだった金達寿、姜在彦、李進熙《リジンヒ》らが韓国を突然訪問し、在日コリアンや政治犯救出運動をしている日本人関係者から非難を浴び、袋叩き状態にされたことがあるからだ。

『週刊朝日』の八一年十月九日号は「祖国はあまりにも近くあまりにも遠かった――朝鮮人作家・金達寿氏、三十七年ぶり訪韓後の四面楚歌」で、金たちの真意を伝えている。

それによると、当時軍事政権支配下の韓国には三十人を超える在日の政治犯がいて、そのうち五人は死刑囚だった。「思想を理由に死刑を執行するようなことがあってはならない」として大統領の全《チョン》斗煥《ドゥファン》に寛容な措置を求めると同時に、故郷の変貌を自分の眼で確かめたい、という気持ちで祖国を訪れたのである。

ところが、軍事政権に請願という形をとったことから、「南朝鮮の独裁者らと陰で汚い取り引きをした」と朝鮮総連が痛烈な非難を浴びせたのをはじめ、政治犯救援運動の日本人団体からも「軍事政権を利するのは明らか。われわれ救援運動の基本姿勢とはまったく相容れない」として抗議の声が相次いだ。

長年、『季刊三千里』の編集にかかわってきた作家の金石範《キムソッポム》は、意見を異にするとして編集委員を辞めてしまったし、詩人の金時鐘《キムシジョン》も「率直に言って、『望郷の念止みがたく訪韓した』と言って欲しかった」といい、それから四半世紀たった現在でも彼らに対して距離を置き続けている。

東京に比べ在日コリアンの多い大阪では、姜在彦たちへの誹謗中傷もすさまじく、「訪韓は民族への裏切り行為」「（朝鮮と縁がある）高麗橋のふもとで土下座しろ」などの集中砲火が相次ぎ、辛基秀も懸命に擁護したが、とても聞き入れられる雰囲気ではなかった。

当時、辛の友人たちが「辛さん、アンタだけは韓国へ行ったらいかん。行かないでおくれよ」と忠告すると、本人は「今は行かない」とだけ答えた、という。

金達寿たちが訪韓した背景の一つは、北朝鮮では金日成《キムイルソン》が総書記の後継者を金正日《キムジョンイル》に譲る路線がはっきりし、英雄崇拝主義をとる北朝鮮の未来には希望を抱けない、と判断したからだ。

朝鮮総連主導で一九五九（昭和三十四）年に始まった北朝鮮への帰国事業も、祖国へ帰り、社会主義国家を建設するという美名の下に隠された、本質が見えてきていた。

一九八四（昭和五十九）年までに九万三千人余りが海を渡ったが、当初は「地上の楽園」を目指すといいながら、帰国した在日の同胞からは生活の窮乏を訴え、救援を求める手紙が日本の家族の下へ続々と届く。

辛基秀はその他の在日の知識人たちの多くと同様、在日朝鮮文学芸術家同盟の一員として北朝鮮の未来にバラ色のイメージをばらまく役割を演じてきたのである。

北朝鮮への帰国希望者は関西の場合、新潟港へ出向く前に、国鉄大阪駅へ集合するのが通例で、毎回大変な数の関係者が見送りに来るため、駅構内のあちこちに黒山の人だかりができていた。そうした人垣の近くではカメラを持って撮影に飛び回る辛の姿がしばしば目撃されていた。

当時担当者の間では、北へ帰った人間が行方不明になったり、送った援助物資が取り上げられるなどの情報も耳に入っていたが、総連の内部では公然と口にできなかったという。

辛基秀が朝鮮通信使研究家として世間に知られるようになり、北朝鮮の内実が明らかにされるようになるにつれ、「帰国運動をPRして同胞を不幸に巻き込んでおきながら、立派なことが言えるのか」などと陰口をたたかれるようになる。

辛の当時の様子を知っている労働経済社の三浦力は「口に出しては言わなかったけれど、彼の人柄からすれば同胞に申し訳なかった、という贖罪意識にさいなまれていたと思う。総連を離れてからは政治的な組織からは距離を置くようになっていった」と話している。

ただ、日本のマスコミは概して北朝鮮には甘く、韓国に厳しい報道を行っていたので、帰国運動の実態などは読者には伝わっていなかった。平壌《ピョンヤン》に支局を開設したいという意向が強く、北朝鮮に迎合する姿勢が目立っていた。

辛基秀が北朝鮮や朝鮮総連のあり方に疑問を持ち、決別する意志を固めた理由の一つに総連活動家の金哲秀《キムチョルス》に対する仕打ちもあったとみられる。

一九六五（昭和四十）年の日韓条約反対運動が起きたころ、関西のジャーナリストが企業の壁を超えて集まり「アジア関係研究会（通称・アプロ）」を結成した。

日本と朝鮮半島の間に横たわる問題について恒常的かつ地道に勉強していこうという集まりで、メンバーは朝日、毎日、読売、日経、共同通信の記者らで構成。韓国・朝鮮語で「前進」を意味するこの会と密接にコンタクトをとっていたのが金哲秀だった。

朝鮮新報関西支社編集部長をしていた金は、浮島丸事件の真相について肉迫した記事を書いたこともある記者で、日本人の友人知人も多く、閉鎖的な朝鮮総連内では改革派と目されていた。

ところが、一九六〇年代も終わりになると総連の副議長だった金炳植《キムビョンシク》が実権を握るようになり、主体《チュチェ》思想に基づく徹底的な整風運動を起こして、離反者が相次いだ。

金哲秀は総連に残ったが、苦しい立場に追い込まれ、一九七八年に北朝鮮へ行き大阪へ戻った直後、「密入国」の疑いで大阪府警に逮捕された。

三十年以上にわたって使っていた通り名で外国人登録していたことの違法性を問われ、一審、二審と争い、大阪高裁は「他人と混同される恐れはない。通り名で再入国許可申請しても許される」と無罪判決を出したが、最高裁で逆転、破棄された。

「総連の活動家が密入国するのは珍しくないのに、なぜ金哲秀さんだけが逮捕されたのか。当時、皆がいぶかった」と、アプロの若手メンバーだったジャーナリストの一人が回想する。

金哲秀は「この事件は不当弾圧である」として警察官や検察官に対して一切の供述を拒否し続けたという。

「金さんが釈放された時、朝鮮総連は我関せずで、親しくしていた辛基秀さん夫妻が自宅に泊め、手厚く慰労していた。その後、金さんは脳梗塞になり、病院で『執行猶予でいいから裁判を早く辞めたい』ともらしていた。しかし、総連は『断固闘う』とスジ論で許さなかった。こうしたことも辛さんの総連離れにつながったのではないか」とこのジャーナリストはみている。

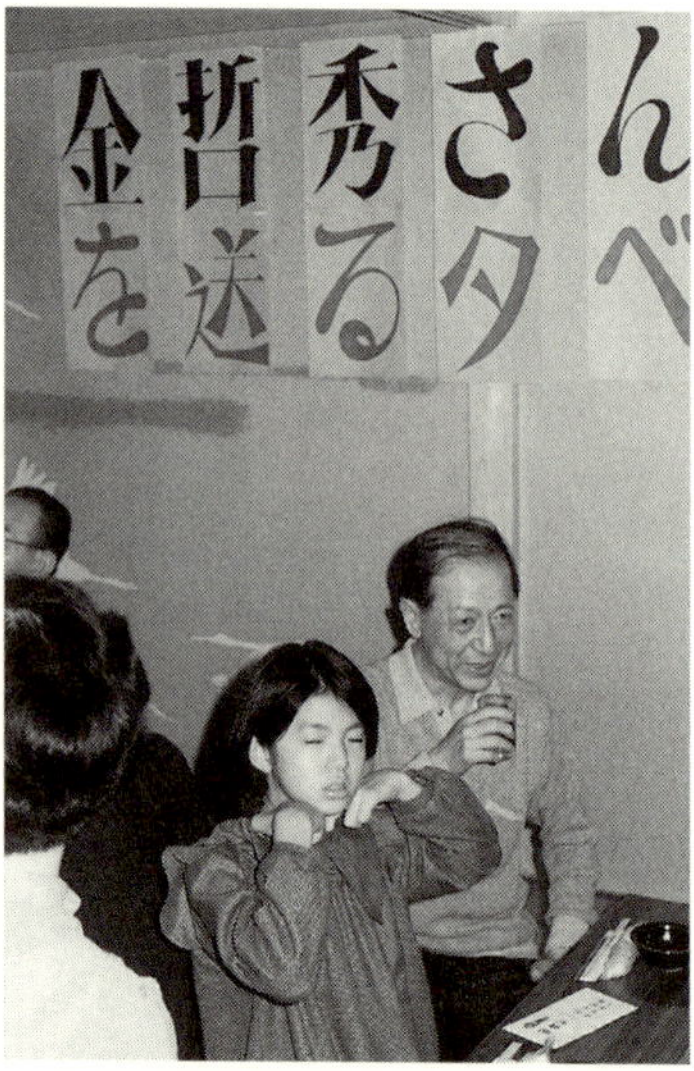

「金哲秀さんを送る夕べ」で日本の友人たちから祝杯を受ける金哲秀

辛の妻、姜鶴子は金哲秀の当時の思い出を次のように語る。

「金さんは情の厚い方で、我が家へ来ていただいた時は、お酒をゆっくり飲んで、昼寝をしたり、碁を打ったりしてくつろがれていた。『荒城の月』を朝鮮語で歌ってくれたことを覚えています。北朝鮮に帰る時は何かと不自由ではと思い、衣類を作るための生地を奥様にお届けしたらとても喜ばれました」

金哲秀は一九八四（昭和五十九）年七月、北朝鮮へ帰っていった。

大阪・鶴橋の焼肉店「アジヨシ」で開いた送別の宴には元大阪府知事の黒田了一や弁護士の亀田得

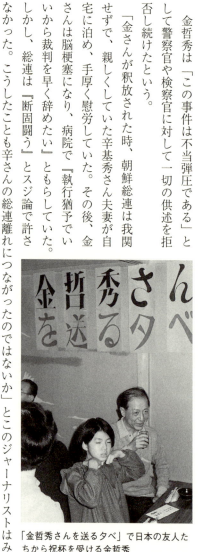

治をはじめ金の友人知人約八十人が参加し、老ジャーナリストの健康と前途を祈って乾杯した。

しかし、金は「祖国の建設に自分も貢献したい」と口にしながらも、そのまま寝たきりになり、帰国してから一年後に還暦祝いが終わると、まもなく永眠した、という。

金哲秀の三回忌が大阪・十三《じゅうそう》の焼き鳥店「一平」で開かれた時の辛基秀の様子が、アプロの中心メンバーだった共同通信ＯＢの樋口日出雄には忘れられない。

今は秋間平安というペンネームで、『漫才師殺人事件』などの推理小説を書き、作家として活躍している樋口だが、辛とは気さくな酒飲み仲間という間柄で、いつも穏やかな辛の姿しか知らなかった。

それが、この時は違った。

「朝鮮総連大阪府本部の幹部が顔を出したからで、辛さんは総連の金哲秀さんに対する仕打ちなどに対して口を極めて批判した。あんなに怒った時の彼の顔は、それまで見たことがなかった」と樋口は振り返る。

６、ＫＣＩＡの秘密工作

その北朝鮮への帰国運動が起きた一九六〇年代、辛基秀の周囲にも帰国する人が多く、辛自身も荷物をまとめようかと思ったことがあった。

「いずれ南北朝鮮は統一されると考えたし、そのころはアメリカの帝国主義と結びついた韓国より、民族の自主独立を訴える北朝鮮のほうが、はるかに将来を託せると思った。しかし、朝鮮総連の在日朝鮮文学芸術家同盟で仕事をしていた時は、金日成のPR映画ばかり作らされ、朝鮮人が日本に溶け込んだ姿は撮影してはならない、というような雰囲気にはなじめなかった。

先輩の作家や歴史家に対する出版妨害や検閲も目に余った。自分が総連を出て、映画『解放の日まで』の取材に各地を歩いた時も、行く先々に『あいつは組織を裏切った奴だ。相手にするな』と密告や連絡をまわす。こっちは総連に決して弓矢を放ったわけでもないのに、人の仕事を妨害する。どういうことなのか、人間的に丸みのない連中ばかりで、あきれ返ったものです」

生前、辛は朝鮮総連への気持ちの変化についてこう語っていたが、当時、在日コリアンの将来像については韓国支持の民団と北朝鮮支持の朝鮮総連のどちらにゆだねるかという政治的な議論ばかりが横行していた。

「海の向こうの動向ばかり気にしてむなしかったですね。日本にいるのは腰かけ気分という感じですよ。本国では在日のことなどあまり関心は持っていなかったのに。戦後もだいぶたち、二世、三世はもう日本で暮らしていかなければならなくなっているのだから、もっと地に足の着いた議論が必要だった」

辛基秀が青丘文化ホールを開いたのも、そうしたことを感じていたからだが、金達寿や姜在彦らが一九八一（昭和五十六）年に電撃訪韓して以来、自分も祖国の土を踏む日が来ることをずっと意識していた。

京都・嵯峨野の小学校時代の幼なじみで、戦時中に韓国の晋州へ帰り、二十年ぶりに大阪で再会して以来付き合いが続くソウル大学医学部名誉教授の金正根《キムジョングン》は、このころの辛の様子を次のように話す。

「僕が日本にいるいとこに日本国籍を取るよう説得している時の話だ。『在日が今から韓国へ帰って暮らしても向こうの生活になじむのは難しい。日本で帰化しても韓国にはいつでも来れる。在日は時間がたてば、いつかはいなくなる存在なのだから』と持論をぶっていると、横にいた辛君はうなずきながらも『自分には帰化はできないんだ』と答えていた」

辛基秀のこの問題に対する認識は、民主国家であれば当然保障されるはずの国籍の選択権を戦後に一方的に奪ったのは日本政府なのに、この点をあいまいにしたまま帰化すると、民族としてのアイデンティティーが失われてしまう、というものだった。

金正根は米国のミネソタ州立大学やエール大学の大学院に学び、ベトナム戦争中は三年間、サイゴンなどで軍医も務めた。

一九六九（昭和四十四）年にソウル大学医学部と東京大学医学部の交流人事で助教授として来日したが、東大で用意されていたのは助手との雑居部屋。金は諸外国と違う冷ややかさに戸惑いながらも、抗議して一室を取得し、在日同胞の保健衛生調査など

辛一家と幼なじみの金南守（右端）、金正根（右から２番目）（1969年冬、京都・嵐山の渡月橋で、提供・金正根）

に取り組んだ。

在日を対象にしたこうした調査は前例がなく、一世のお年寄り約五百人から健康状態などについて三年がかりで聞き取りをしたが、東京大学医学部の園田恭一や辛基秀も協力した。

ところで、その金正根が「ＫＣＩＡ（韓国中央情報部）から辛基秀を韓国へ連れてきてくれ、と頼まれた」と驚くようなエピソードを明らかにしたのである。

「朴正《パクチョン》熙《ヒ》大統領時代の一九七九（昭和五十四）年のことだったと思うが、ＫＣＩＡの幹部が深夜自宅へ訪ねて来て、『辛基秀は君の友人ということが分かった。経費はいくらでも用意するから韓国に一度来させて欲しい』としつこく言うんだ。大阪へ行って彼に『香港か、シンガポールへ行くふりをして、こっそりソウルへ来たらどうだい』と持ちかけたら、『いや、それは絶対できない。必ずばれるから』と言って応じようとしなかった。『行く時は正々堂々と行くよ』と言っていた」

ＫＣＩＡはかつて北朝鮮に共鳴していた辛基秀をも取り込んで軍事政権のイメージをソフトにするための広告塔に利用しようとしたのだろうか。

辛基秀が実際に韓国にいる金正根の前に姿を現したのは、それから四年たった一九八三（昭和五十八）年夏のことだった。

「辛君はある日予告もなく突然ソウルにやってきた。僕は立場上運転手つきの車を持っていたので、二時間かけて彼を매운탕《メウンタン》（海産物の入った唐辛子鍋）を食わせる店へ連れていった。どういうルートで韓国へ来たのかについては聞かなかったが、一緒にうまい酒をのんだことを覚えている」

当時ソウル大学で保健大学院長をしていた金正根が二十年前を思い出すように言う。

7、コリア系日本人として生きる

「南が北より経済的に成功したから寝返ったのか」などの非難を浴びる中、朝鮮籍から韓国籍に切り替えた辛基秀は、堰を切ったように訪韓を繰り返す一方、朝鮮通信使の史料を求めて米国、ヨーロッパへと行動のスケールを広げていく。

一九八七（昭和六十二）年の解放記念日（八月十五日）に韓国・天安《チョンアン》市に独立記念館がオープンすると、辛は映画『解放の日まで』などを作るのに使った映像資料約二百点を寄贈した。

植民地支配の時代に映像は絶えず支配する側のものだと以前にも触れたが、独立記念館にも、戦時中の朝鮮人強制労働などの映像資料はあまり集まっていなかったので、とても歓迎されたという。

翌八八年十二月、辛基秀はソウルに開設された尹奉吉《ユンボンギル》記念館のオープニングセレモニーに招かれたが、尹奉吉は一九三二（昭和七）年に中国・上海で開かれた昭和天皇誕生記念式典に爆弾を投げ、二十三歳で処刑された人物で、重傷を負った上海派遣司令官の白川義則は一ヵ月後に死亡した。

それより二十三年前にハルビン駅で伊藤博文を射殺した安重根《アンジュングン》（一八七九－一九一〇）と同様、韓国では日本の植民地支配に抵抗した義士として扱われ、教科書でも大きく紹介されている。

尹奉吉は一九三二（昭和七）年に金沢市で銃殺され、遺体はゴミ捨

尹奉吉

て場に埋められた。

戦後、韓国の若者たちが掘り起こし、専用列車で東京へ送られ、占領軍の特別船で釜山経由でソウルへ帰り、十数万人が出席する国民葬が行われた。

一九八七（昭和六十二）年に辛基秀が出版した『映像が語る「日韓併合」史』を見たという読者から「尹奉吉の遺体発掘の写真がある」と連絡があり、辛は金沢に駆けつけ関係者から聞いた話を『青丘文化』に紹介し、八八年三月、オランダのライデンで開かれたヨーロッパ韓国学会に出席した。

この場で尹奉吉記念館の理事と知り合い、『青丘文化』を渡したところ、尹奉吉の実弟である尹南儀《ユンナミ》がそれを読むことになり、大阪へ飛んできた。

ショックのあまり一週間入院したという尹南儀を連れて、辛基秀は金沢の埋葬地を案内した。桜が咲く、よく晴れた四月の温かい日だった。

「日本は武士道の国と教えられてきた。敵兵であっても手厚く葬ってくれたと思っていたのに、こんなところに兄が埋葬されていたとは……」と号泣するばかりだった、という。

尹奉吉記念館はソウルの漢江《ハンガン》横の公園に政府から二千坪の土地の提供を受け、八百坪の広大な記念館が完成した。建設費用は募金活動で集められ、尹南儀が日本から持ち帰った写真や資料も展示した。

辛基秀は「ソウル五輪の競技場に向かう日本人観光客の目に、記念館の大きな建物は映ったはず。不幸な歴史を繰り返さないためにも、こうした事実に日本人はもっと目を向けてほしい」と記念館の完成当時、こんな感想を話していた。

映画『江戸時代の朝鮮通信使』を作ったり、通信使の絵画などを集める辛基秀の知名度が上がっていくにつれて、『日本と朝鮮のいい時代ばかりを取り上げて、しんどい時代に目を向けようとしない』とか「コレクターまがいのことをやっている」などのやっかみ混じりの批判も出てくるようになった。

こうした声に対して、妻の姜鶴子は辛の亡き後に「朝鮮通信使の世界は文献だけでは分からない部分が多く、主人は通信使の全体像をつかむために絵図などの現物史料も手に入れようとしてきたのです。コレクターのように言われるのはあまりに心外で、彼が生きていたらどんな研究論文を書き上げたか見ていてほしかった」と悲しむ。

辛自身も映画『解放の日まで』を製作することで、こうした批判には応えてきたつもりだったが、一九九〇（平成二）年に入ると、韓国へ戦争被害者の聞き取り取材に出向くようになる。

その中でも象徴的な仕事は、従軍慰安婦であることを自ら告白した金学順《キムハクスン》を訪ねる旅だった。

一九九一（平成三）年八月末から九月にかけての一週間、辛基秀は毎日放送（大阪・ＭＢＳ）の西村秀樹が組んだ取材チームの一員として韓国へ足を運んだ。

西村は朝鮮半島問題をライフワークにしており、放送記者の傍ら『北朝鮮・闇からの生還――富士山丸スパイ事件の真相』や『大阪で闘った朝鮮戦争』（いずれも岩波書店）などの力作を執筆してきた。

取材の同行者は妻の姜鶴子と朝鮮人強制連行問題に詳しい編集者の川瀬俊治、カメラマン、撮影助手で、釜山へ渡ると、辛の友人である南原市在住の映像作家池尚浩《チサンホ》がワンボックスカーで迎えに来てくれた。

一行はこの車で、豊臣秀吉による朝鮮侵略の激戦地となった史跡を巡りながらソウル入りし、梨花《イファ》女子大学の元教授、尹貞玉《ユンジョンオク》の紹介で金学順から話を聞けることになった。この時の訪韓は、辛基秀にとって大阪で開くシンポジウムに出席してくれるよう金学順に依頼する目的もあった。

金学順は、旧満州（現中国東北部）に生まれ、平壌《ピョンヤン》で育ったが、十七歳の時に強制的に中国大陸の前線に連れていかれ、慰安婦にさせられた、と証言。

日本政府の「慰安所は民間業者がやっていたこと」という国会答弁に怒り、「隠すべき人はみな死んでしまい、天涯孤独の身。私に失うものは何もない」と名乗り出た。

九二年には日本政府へ国家補償などを要求する裁判を東京地裁に起こし、九七年に七十四歳で亡くなるまで周囲の偏見と闘いながら、日本軍の戦争犯罪を告発し続けた。

辛基秀たちが金学順を訪ねていくと、彼女の家はソウル市鍾路《チョンノ》区のスラムが密集した坂の上に近い住宅街にあった。小さな家に三家族が入り、真ん中の二畳の部屋に暮らしながら、公園の草取りと生活保護で生計を立てていた。

「身を切られる気持ちで話を聞いた」という辛の回想。

「儒教社会で慰安婦をしていた過去を明らかにするのはとても勇気のいることです。告白するまで九ヵ月間思い悩んだそうだが、外を歩く度に人々の視線が背中にヤリのように刺さると聞き、たまらぬ思いだった。隣の部屋に住む底抜けに明るい女性がよく世話をしてくれているのがせめてもの救いでした」

金学順の証言や暮らしぶりに国内の慰安婦のインタビューなどを加えて、西村秀樹は『軛《くびき》の女――朝鮮人従軍慰安婦』という一時間のドキュメンタリー番組にまとめ、放映した。軛とは馬や牛の後ろ首にかける横木を意味する。

「自分にとっては二作目に当たるドキュメンタリーで、自信作だった。しかし、(社会派の映画監督)岡本愛彦さんには『テーマの重さから考えると、君の画面は色調が明るすぎる』と叱られた」と振り返るが、辛と一緒に仕事をしての感想を次のように言う。

「辛さんは、金学順さんのような底辺にいる人が歴史を作ってきた、と言っていたのが印象的だった。そうした人に対し畏敬の念を持っていたことは彼の背中からこちらへも伝わってくる。辛さんは文字で書かれた史料より、映像を重視する人だった。そうした映像作家としてのベースがあったからこそ朝鮮通信使の絵巻物や絵画などに残された世界がどんなに魅力的かを生き生きと伝えることができたのだと思う」

戦争被害の実相を伝えるという意味では、辛基秀は一九九一(平成三)年に大阪・森ノ宮にオープンしたピースおおさかの運営にも協力してきたが、その関係で事務局長をしていた有元幹明と韓国へ数回史料収集の旅に出かけている。

ピースおおさかは、大阪府と大阪市が、戦争の悲惨さを後世に伝え、平和の尊さを訴えることを目的に共同で開設した展示館だが、「日本にも軍港の呉などアジア侵略の拠点があったのに、こうしたことは伝えず、自分たちの被害ばかり強調するのはなぜか」というオープニングシンポジウムでの指摘に有元はショックを受け、その後の展示方針を決めていく。

その際の相談相手になったのが辛基秀で、二人は文禄・慶長の役での加藤清正や小西行長のそれぞれの進軍ルートをたどる旅も続け、韓国では日本の朝鮮侵略がどう受け止められているかという視点から多くの史料を集めた。

有元は「日本が意図的に隠してきた歴史を日の下にさらしてきたのが辛さんの実績だ。日本の戦争について加害、被害の両面からあれだけ迫力ある展示ができたのも辛さんのおかげだったと思う」と話している。


辛基秀は、こうして韓国内の各地を歩き、いろいろな人間と交わるようになると、祖国の空気になじみながらも、少しずつ違和感も覚えるようになってゆく。

「あんたは日本人だろう。韓国語もうまくないし、雰囲気も日本人そのものじゃないか」

「おれたちは姓も名前も変えられ、言葉も奪われた。日本人を見るだけで腹が立ってくる」

時折、浴びせられる刺さるような言葉に、「在日僑胞《チェイルキョッポ》」と呼ばれる自分の居心地の悪さを感じるようになる。

日本に暮らしながらも、一族の命日やお盆、正月などの際には、皮をきれいにむいた栗やナツメ、餅を皿にうず高く積み上げ、これを拝む法事の儀式はきちんとやった。民族性を培おうとして、大阪・猪飼野のホルモン屋へ通い、氷と一緒に豚の子袋を飲み干したこともある。

韓国政府の在日韓国人に対する方針は、一九七〇年代まで事実上の棄民政策を取っていて、一般の国民も在日に関する情報は少なかった。

それだけに「自分たちには徴兵の義務があるのに、在日はそれもしない」とか「パチンコ店などで稼いでばかりいて成金になった」などの一方的なイメージで受け取られる。

辛基秀にとってショックだったのは、自身が掘り起こしてきた戦前の在日が民族解放のため闘ってきた歴史が本国の同胞にほとんど伝わっていなかったことだという。

その一方で、「朝鮮通信使をはじめ日本に文化をもたらしたのは韓国だ」などと尊大な態度まで見せられると、辛は「過去に朝鮮と日本の間でいろいろあったにせよ、自分が育ったのはこの日本列島だし、日本人の友人も多い」として、コリア系日本人としてささやかに生きてゆきたい、という気持ちが強くなっていったようである。

第6章　見果てぬロマン

もういちど飲みたかった
―辛基秀さんよ―

大木　透

あなたが　前かがみで
横に揺れながら
小股でゆっくり近づいてくるのを見て
僕は　すっかり老けてしまった
あなたも老けていたと思う
それでも
ゆっくり手で触れることのできる時を
悠久よりも大切にする声も瞳も
変わらず若かった

あなたは笑って言った
「屏風をどこで買ったか忘れてしまってねえ」
ぼくは黙っていた
あなたが送ってくれた入場券で
そんな屏風を見に行けなかったのを
悔いてはいない
あなたのフィルムで
僕は志賀さんの出獄シーンを見た
そこには朝鮮人のリーダーもいた
そんなあなたを入国させなかった
国もあった

あなたが語り合っていた詩人は
品川駅で咎められていたが
あなたは詩人の歌った人々のなかの
そんな辛であったこともある
六甲山の麓で
あなたはこの国のことを
理想からほど遠いと叫んでいた
あなたのことを知らせてくれた
あなたの学友のこの国の人々は
あなたほど夢を好いていなかった

あなたはコップに注いだ酒に
唐辛子をふって飲んだ
僕もそれをもらって飲んだ
昨日のことのようだが
僕が酒を止めて一〇年も経つから
もっと前のことだ

あなたの友が行った道を
あなたが説明していたのは
去年のことだが
今度はあなたが
説明されなくてはならない道を
進んでいく
辛さんよ
僕はもういちど
あなたと飲みたかったのです

（2002・10・6）

（『ASSERT』299号、「辛基秀さんを偲ぶ会」パンフレットより掲載）

1、出発点は白丁《ペクチョン》問題

ＪＲ環状線と近鉄電車が交差する大阪・鶴橋。そのガード下に広がる迷路のような、ジメジメした空間を国際マーケットと呼ぶ。

今も闇市のようなエネルギーを発散させる、間口一間ほどの小さな店が立ち並び、タラやアンコウ、エイなどの鮮魚類、굴비《クルビ》（イシモチ）やアマダイの干物、真っ赤なキムチ、지짐이《チヂミ》（韓国風お好み焼き）、塩辛などの惣菜を売っている。ニンニクや唐辛子、エゴマの葉など、香辛料独特の臭いも漂う。

中でも圧巻なのは、豚の頭や足、尻尾、それに牛の大腸や小腸、ハチノス（胃）などの内臓類がそのまま売られている点で、日本の普通の市場との違いに驚かされる。

韓国の市場では豚の頭などが食材として売られている（釜山・チャガルチ市場）

辛基秀《シンギス》は、青丘文化ホールを訪ねてきた知人を、この市場や近くにある赤提灯、焼肉店に連れていき、ホルモン焼きを肴に焼酎や막걸리《マッコリ》（どぶろく）を酌み交わしたものだが、かつて猪飼野《いかいの》と呼ばれたこの辺り一帯の雰囲気は韓国の下町そのものである。

猪飼野の名前で今も知られる大阪市生野区は人口約十四万人のうち四分の一に相当する約三万五千人が韓国・朝鮮籍という、日本で在日コリアンが一番多く暮らす地域である。特に済州島《チェジュド》出身者が多いのも特徴だ。

猪飼野は古代、百済からの渡来人が多数居住した因縁の土地だったが、一九七三（昭和四十八）年の新住所表示で、鶴橋、桃谷、中川の三地区に地名が変わっている。

これらの地域で暮らす人々を例に取るまでもなく、朝鮮人も日本人も見た目には同じモンゴロイドだが、肉食の歴史には相当の違いがある。朝鮮では肉食の習慣はモンゴルによる支配の影響を強く受けた十四世紀以降盛んになるのに対し、日本では古来、キジなどは食べていたものの仏教の影響で四足の獣肉になじむことは少なく、牛肉のすき焼きを食べるようになったのは明治に入ってからであり、肉食が庶民に広く浸透するのは、昭和の戦後になってからのことだ。

そうした中で、江戸時代の朝鮮通信使が日本に肉食文化を伝えたとみられる一枚の象徴的な絵が残されている。

大阪での通信使一行の宿舎となった西本願寺津村別院の厨房での調理光景を描いたもので、『朝鮮来朝物語』（延享五年新版）に収録されているが、厨房の中央にある大きな焼き台の上に梯子《はしご》状の鉄棒が乗せてあり、その上でヤギが一頭こんがりと丸焼きにされている図は豪快だ。二人の朝鮮人が大きなウチワで火をおこし、その脇に

通信使宿舎での調理の光景（『朝鮮来朝物語』より）

は肉に塗るタレの入った壺が置いてある。焼き台の手前のむしろの上では朝鮮人が鶏の羽根をむしったり、ヤギの皮をはぐ作業をしているところを、日本人の料理人がじっと観察している。

通信使の一行は日本各地で美食三昧の接待攻めにあったが、食文化の違いがあるので、肉食で健康管理をするため、半年を超える長旅には「白丁《ペクチョン》」と呼ばれる熟練の肉料理人を同行させていたのである。

朝鮮通信使が立ち寄った近江・彦根の宗安寺には、表門の赤門とは別に黒門という勝手口があったが、白丁はここから通信使の食事に供する獣肉類を運び込んでいた、という。

やはり通信使の寄港地、長州・上関で岩国藩が一行を接待するために作ったマニュアル『信使通筋覚書朝鮮人好物附の写』には牛のアバラ肉であるカルビの調理方法が出てくるが、これも白丁から教わった肉料理の粋を記録したものである。

辛基秀が生前残した業績のひとつに、韓国ではほとんど忘れられていた白丁の存在を掘り起こし、日本の部落解放運動との連帯を深めたことがあった。白丁は肉食処理を生業とした被差別民をさし、朝鮮王朝の時代から五百年にわたり最下層の身分とされ、さまざまな迫害を受けてきた。

一九八七（昭和六十二）年八月、韓国の天安《チョンアン》市の独立記念館の開館記念式典に招かれた辛基秀は、ソウルに滞在中、社団法人・畜産企業組合中央会の李栄振《イヨンジン》と知り合った。

西ドイツに七年間留学し、畜産組合の幹部として活躍する李の名前は、白丁について取り上げた韓国最大の新聞、『朝鮮日報』のコラムを痛烈に批判した人物として辛の記憶にも刻まれていた。

辛基秀著『アリラン峠をこえて』（解放出版社）によると、この年四月二十五日の朝鮮日報は朝刊コラム「萬物相」に、韓国の国語研究所が発表した「ハングル綴字法改訂試案」を取り上げ、「貴重なわが国語をまるで白丁が牛を殺すように包丁でめった切りするようなものだ」と風刺した。

これに対し、李栄振は声なき一万人の屠場労働者と三万五千人の精肉業者を代弁するとして、「ハングル新消息」（八七年六月五日号）の中で次のように反論した。

屠畜商人を無差別にめった切りする筆鋒だ。白丁は食用を目的とする家畜を屠畜し、肉を加工・販売する職業人であり、専門的に従事する人間として遇しなければならない。しかるに「萬物相」の筆者は、白丁を、食肉を生産するために家畜を屠畜する人間としてでなく、無慈悲に家畜の生命をたち切る人間として描き、「白丁」階級を賤民視する封建的イメージを増幅させ、職業蔑視をあおるものではないか。包丁は、肉を処理する人間にとって、言論人のペンと同じく、貴重な職業の道具であり、牛を殺すとき、熟練の腕で正確な位置に刃をあて作業をしなければ、貴重な肉を台なしにしてしまう。これをどうしてめった切りにすると表現するのか。この無神経な表現が大事なわが国語の標準語改訂に関する文章の中に使用されていることが逆に問題である

日本から来た同胞が白丁に深い関心を持っていることに驚いた李栄振は一ヵ月後に、辛基秀を連れ自ら車を運転して清州《チョンジュ》に住む金永大《キムヨンデ》のところへ案内した。金も『江戸時代の朝鮮通信使』が韓国のテレビでも放映されたので、辛のことを何となくは知っていた。

金永大は白丁出身で食肉業界のリーダーとして活躍したが、その十年前に『実録衡平――食肉業

の由来』を出版し、白丁差別の不当性を告発していた。

ところが、韓国内では「今さら寝た子を起こすな」とばかり、金永大の本の出版は黙殺に近い扱いを受けた。

金が著書で紹介した衡平社は全国水平社が京都に創立された翌年の一九二三（大正十三）年、白丁差別の撤廃を求めて韓国南部の晋州《チンジュ》に誕生した。

衡平の由来は「はかりにかけたように正確な平等」という意味で、部落差別に反対する日本の水平社運動と一時期、交流した時期もあったが、衡平社は朝鮮総督府の過酷な弾圧により消滅したという。

それから三十年近くたち、韓国内では朝鮮戦争で多くの町や村々が灰じんに帰し、白丁の集落や戸籍書類も焼け、白丁差別はなくなった、と説明されることが通例になった。

「しかし、数百年も続いた差別が、これを克服する闘いがなくても自然消滅したというのは本当だろうか。であれば日本ではなぜ部落差別や民族差別がなくならないのか」

辛基秀はこう考え、白丁の問題を掘り起こしていくが、彼がそこまでこだわるようになった背景には何があったのだろうか――。

二〇〇一（平成十三）年春、辛の故郷、京都・嵯峨野のかつて朝鮮人の集落があった竹林を歩いていた時、問わず語りに次のような言葉をもらしたことがある。

「自分が子どものころ、行儀の悪いことをすると、親から『白丁のような真似をするな』と厳しく叱られました。朝鮮人が四十人ぐらい暮らしながら、一本の水道に便所も一つという貧しい集落で皆助け合いながら生活をしていても、その中で身内からさらに差別を受ける人たちがいて、これはおかしい、と幼心に感じたものです」

「お互いが人の上に立とうと思う意識がある限り、社会での摩擦はなくならない。民族と民族の場合でも同じで、自分が、戦前の朝鮮人と日本人労働者の連帯とか、朝鮮通信使という善隣友好の世界へと関心を持っていった原点には、白丁の存在が確かにあったように思う。通信使は隣国・朝鮮から来た友好の使節だが、日本の民衆は温かい眼差しで見つめていた。それは民族と民族が互いを尊重して、対等に付き合う姿勢に通じていくものだと考えました」

辛基秀は神戸大学の学生時代に自治会委員長を務めていたが、当時、全学連（全日本学生自治会総連合）中央の中心メンバーに沖浦和光という東京大学文学部の学生がいた。大阪出身で辛より五歳年上の大変な論客で、辛にとってはまぶしい存在だった。

沖浦は比較文化論、社会思想史が専攻で、インドネシアでのフィールド調査歴も長く、『幻の漂白民・サンカ』（文藝春秋社）など民衆の底辺に視点を置いた民俗学の力作を発表、沖浦ワールドには根強いファンがいる。

辛基秀が、その沖浦と再会したのは一九七三（昭和四十八）年ごろ、桃山学院大学の学長になった沖浦を大阪府和泉市の同大学に訪ねた時だ。

すぐ近くの堺市北野田に引っ越してきたため、「なつかしい。大変ごぶさたしています」とあいさつに出向いたわけだが、それから時折、沖浦の研究室へ顔を出し、自分が追跡している朝鮮通信使などのテーマについても説明していく。

沖浦も辛基秀が経営する堺市のいけす料理屋「魚一」へ、後に『民岩太閤記』を書くようになる作家の小田実を案内したりして交遊を深める。

「辛さんは戦後、韓国を訪れた時の印象を、『何か、とてもなつかしいものを探り当てたような気がする』と話していたのを思い出す。もっと政治的なレンズで祖国を見る人間かと思っていたので、意外な印象を受けた。朝鮮通信使をやるのは結構だが、これはあくまでも外交政治の話だ。そこだけ見ていたらいかんよ、もっと底辺に目を向けないと、とアドバイスしたもんです」

こう話す沖浦は、彼が野間宏と一九八二（昭和五十七）年に『朝日ジャーナル』に連載した「インドの旅から中国・日本へ」から辛基秀が刺激を受けたようだと説明する。

この連載は翌年『アジアの聖と賤——被差別民の歴史と文化』（人文書院）という単行本にまとまったが、その中に「朝鮮の被差別部落民・白丁」について書いた章があって、辛は「この文章を読んで、目からウロコが落ちる思いをしました」と沖浦に感想を語ったという。

辛基秀は少年時代の体験やこうした背景もあって、白丁の問題に積極的に取り組んでいったとみられるが、辛が最初に白丁についてまとめた仕事は先に触れた金永大の『実録衡平——食肉業の由来』を部落解放研究所の創立二十周年記念事業として翻訳出版することであった。

一九八八（昭和六十三）年七月に『朝鮮の被差別民衆「白丁」と衡平運動』のタイトルで出版し、これを記念して金永大に来日してもらい、辛基秀の通訳で記念講演も行った。

金永大の祖父は衡平運動に参加していて一般農民のリンチに遭い、片足が不自由な体になった。その話を聞いて衡平運動の歴史を明らかにしたい、と独力で資料を集めて『実録衡平』を執筆したが、韓国内では出版妨害があり、誰もこの本の完成を喜んでくれなかった。水平運動発祥の地で自分の本が出版されるのはうれしく、韓国でも衡平運動の研究所を作っていきたい、と抱負を語っていたという。

金のこうした願いの一端は、一九九三（平成五）年五月、晋州で開かれた衡平社創立七十周年記念の国際学術会議に結びつき、辛基秀は日本から参加した部落解放研究所訪韓団の顧問として参加した。欧米の研究者も参加した会議で辛は「衡平社と水平社の被差別民衆はともに社会の最底辺に置かれ、あらゆる迫害を受けながら差別撤廃を鋭くつきつけ、人間の尊厳に光を当てようとした。あのきびしい時代に連帯を試みたことは一条の光芒を放ったといっていい」と報告したという。

この会議がきっかけで晋州の市民や知識人の間でカンパが始まり、三年後に衡平運動の記念塔が、韓国一の名城といわれる晋州城前に建立されていく。

そして、晋州での国際会議の二ヵ月後、日本でも大阪人権歴史資料館（現・大阪人権博物館リバティーおおさか）で「衡平社と水平社――朝鮮と日本の反差別運動」という展覧会が開かれた。

「資料館の学芸員になってすぐの仕事で、白丁の存在もよく知らないまま辛基秀先生にいろいろ教わり、何とか乗り切ることができた。金永大さんの話を繰り返し聞かされたことを覚えている。在日の年輩者は若手の後輩を上からたたきつけるようにして育てる人が多いのに、辛さんはヒヨッコの私にも敬意を払って接してくださった。珍しい人やなあと思ったものです」

こう振り返るのは、在日三世の文公輝《ムンゴンフィ》で、この展覧会には日本植民地下の白丁の戸籍簿や衡平社の主旨を印刷した文書、朝鮮総督府の関連史料などが展示された。

辛基秀が白丁と日本の部落差別について取り上げるようになると、辛本人のところへもいろいろとリアクションが出てくる。次に紹介するのは在日同胞の女性から匿名で寄せられた辛を非難する手紙の一節だ。

おねがいです。部落民といっしょに活動しないで下さい。あなたは私達在日朝鮮人を部落差別という袋小路、いや底なし沼にひきずり込むつもりですか。在日朝鮮人があなた一人だけなら好きな様になさって下さい。あなたが部落民といっしょに活動したとなると、他の在日朝鮮人全員が日本人から部落民と同列にみられるのです。沖縄の人々や中国人は絶対に部落民といっしょに活動しませんよ。沖縄の人々が、部落民とタイアップして運動を展開してもよさそうなものです。けれど、うちの近所の沖縄出身の人は部落民とはぜったいに一緒にみられたくないといってますよ。中国人もそうです。彼らは頭がいいから差別という言葉から見事に脱却しています。朝鮮人はアホです。その一人があなただ

（『アリラン峠をこえて』より引用）

こうした手紙に辛は暗然とした気持ちになりながらも、戦前の朝鮮人と日本の部落民の人間的な連帯がいかにして成り立ちえたかを、自著や講演などの中で紹介してゆく。

筑豊炭鉱で強制労働させられていた朝鮮人が大争議を起こしたとき、コメのカンパを提供したのは貧しい水平社の農民たちだったし、何より自分が育った京都・洛西では部落の中に朝鮮人も一緒に生活していた事実などを伝えるのであった。

辛基秀と長年仕事を一緒にしてきた解放出版社の編集者、川瀬俊治は次のように回想する。

「日本では白丁差別について論及した在日の人はほとんどいない。年配者ほど嫌がるテーマに辛さんは何の臆面もなく入っていく。階級史観とか凝り固まった考えを持たず、誤解を恐れずに言えば、人間がそのときにどうあるべきかをいつも考え、行動してきたからだろう。一つひとつのテーマは深まらないかもしれないが、パイオニア的発想での行動はとうてい学者や研究者が及ぶものではないと思った」

辛基秀は、韓国の作家で二百人以上の白丁を訪ね歩いて大河小説『白丁』全十巻を書き上げた鄭《チョン》棟柱《ドンジュ》とも交友があった。

「白丁差別は、韓国人の心の中に残存している幽霊みたいなもの」と語る鄭は、辛とは「差別は放っておけば風化するというのは間違いで、克服するための闘いをしなければならない」という問題意識で一致していた。

一九九七（平成九）年には、鄭が執筆した白丁差別を題材にした小説『神の杖』を部落解放・人権研究所から邦訳出版した際にも、辛は尽力した。「神の杖」は包丁のことをいい、牛をさばいて天国へ送る道具という意味で、この小説は三千部が出たという。

二〇〇二（平成十四）年九月、辛基秀が亡くなる三週間前のこと。鄭棟柱は入院先の大阪市立医療センターに部落解放・人権研究所の友永健三、国立民族学博物館の高正子《コチョンジャ》と見舞いに訪れたが、この時の辛は肺炎のための気管切開で、声が出せない状態だった。

鄭の「辛基秀先生。先生はとても大きな仕事をなさったのですから、どうか肩の荷を下ろしてゆっくりしてください」という見舞いの言葉に、辛は目で応えるのがやっとだった、という。

この光景を昨日のように覚えているという友永は『ヒューマンライツ』二〇〇二年十一月号で、辛基秀に対する追悼の気持ちを次のような文章につづった。

翌年の衡平社創立八十周年にも辛先生に再度団長をお願いして晋州を訪問したかったが、それもかなわぬ願いとなってしまった。

しかしながら、先生に切り開いていただいた、水平社以来の伝統を受け継ぐ部落解放運動と衡平運動が目指した目標を韓国の地で受け継いでいこうとする人びととの連帯は、一歩一歩深まってきている。これをさらに発展させていくことが、辛先生の遺志を受け継ぐ取り組みであると、心に誓っているところである。合掌

2、眠り猫と審美眼

かつて朝鮮通信使の一行を乗せた豪華船が行き交った淀川——。

大阪市都島区の高層住宅二十六階から見下ろす浪速の町は、ビルの合間を縫って川や運河があちこち流れ、水の都だという雰囲気がよく伝わってくる。

辛基秀は、一九九五（平成十）年十月に堺市からここへ引っ越してきたが、すぐ近くには市立医療センターもあって、晩年体調が優れなかっただけに、この新居をとても気に入っていた。

特に夏の天神祭りが行われるころの夜景はすばらしく、辛の友人たちが妻の姜鶴子《カンハッチャ》の振舞う特製カ

ツオのたたきなどの手料理を肴に、楽しい酒宴を張ったものである。

その天神祭りをしのぐ人出でにぎわったのが江戸時代の朝鮮通信使船の大パレードだった。朝鮮の音楽とこれに唱和する日本のこぎ手の棹歌《さおうた》が流れる中、絢爛豪華な川御座船を一目見たいと約三十万人が押しかけ、淀川の両岸は一寸のすき間もないほどだったという。

「今の天神祭りの夜、淀川に川御座船を復活させて多くの見物客に見てもらえたら楽しいだろうな、と辛は話していました。それにしても、通信使が上っていった川の近くに住むようになるなんて因縁を感じました。夫は窓辺の書斎で夕陽に当たり真っ赤に染まりながら仕事をしていたものです」

姜鶴子の述懐だが、辛基秀は『大系　朝鮮通信使』の編纂のように大きなスペースを必要とする仕事は青丘文化ホールで行ったが、原稿を書いたり、史料を読んだりする作業は自宅で行うようになった。

大体夜の九時ごろに酒を飲んで布団に入り、未明の二時ごろ起きて原稿を書き、朝六時になると、自宅から一キロ離れた薬師湯へ出かける。湯上りにビールを一杯ひっかけて帰宅し、一眠りしてから青丘文化ホールへ顔を出すというのが日課のようになっていた。

辛は、この銭湯で過ごす時間を気に入っていたようで、日曜の朝などは風呂上がりに印刷屋と魚屋のいつも顔を合わすメンバーと世間話するのを楽しみにしており、ビールから日本酒、焼酎へと移行して、昼近くまで歓談を続けたそうだ。

辛基秀がどんな人物か、辛が亡くなり、新聞で報じられるまで、このメンバーは知らなかったという、「名前も仕事も聞いてなかったので、そんなに偉い先生だったとは。そう言えば、歴史にすごく詳しい人だった」と驚いていたという。

全国各地を歩いて朝鮮通信使にまつわる絵画や絵巻物、屏風などを世に紹介してきた辛基秀だが、それらの細部に注目し、その作品にこめられたメッセージを読み解くところに、辛特有の審美眼と言っていいものがあった。

例えば、神戸市立博物館に飾られている羽川藤永作、肉筆浮世絵の『朝鮮人来朝図』である。富士山を遠景に江戸城で国書の伝達を終えた通信使の一行が宿泊地である浅草の東本願寺へ向かうところを見物人が鈴なりになって見送るという図柄で、上野の寛永寺の宝物だったが、昭和の初めに神戸の貿易商が手に入れた時は南蛮人が江戸入りした光景と説明されていた。同じ絵図は栃木県立博物館にも収蔵されている。

辛基秀は一九七〇（昭和四十五）年ごろ、神戸大学の後輩にこの絵の存在を教えられ、通信使の一行を描いた作品ではないかと驚き、自分の映画『江戸時代の朝鮮通信使』のラストシーンに使ったのだが、行列の不自然さなどに気づくようになっていく。

旗竿は日本の物だし、正使のかごには稚児が乗っていたためで、それから二十年近くたってもう一枚の羽川藤永の『朝鮮人来朝図』（口絵参照）が出現してきたのである。

大阪・北浜で「集雅堂」を営む美術商の岡田一郎が東京で見つけてきた絵で、同じ図柄でも、旗竿は朝鮮のもので、かごには正使が乗っている上、屋敷のひさしの上にうずくまって眠る一匹の猫が描かれていた。

「眠り猫は平和のシンボルで、この猫が入った絵が本当の通信使を描いた作品に違いないのです。通信使について詳しいロナルド・トビさんの研究で神戸の博物館にある絵は、同じころに行われた神田の山王祭りの通信使行列を描いたものではないかということになりました。当時、江戸の祭りでは通信使行列をまねたものが多く、吉原の遊女たちが通信使を演じた様子を歌麿は『韓人仁和歌』という作品に描いています」

辛は生前、こう語っていたが、岡田は「(眠り猫の入った)『朝鮮人来朝図』は高級自動車が一台買えるくらいの値段で手に入れたが、美術館になら売ってもいいけれども、個人に売るつもりはない。個人の所蔵家は美術館が展覧会を開くときでも貸し出しに応じてくれないからだ」と話している。

岡田は朝鮮通信使の作品が出てきたときには必ず辛基秀に鑑定してもらったといい、「辛さんはそこに描かれている図柄に矛盾がないかを実に丹念に見ていく。一緒によく酒を飲んだが、あれだけ酒飲んでよく勉強ができるもんだと思った。正体のつかみにくい不思議な人だったが、どこかほのぼのと

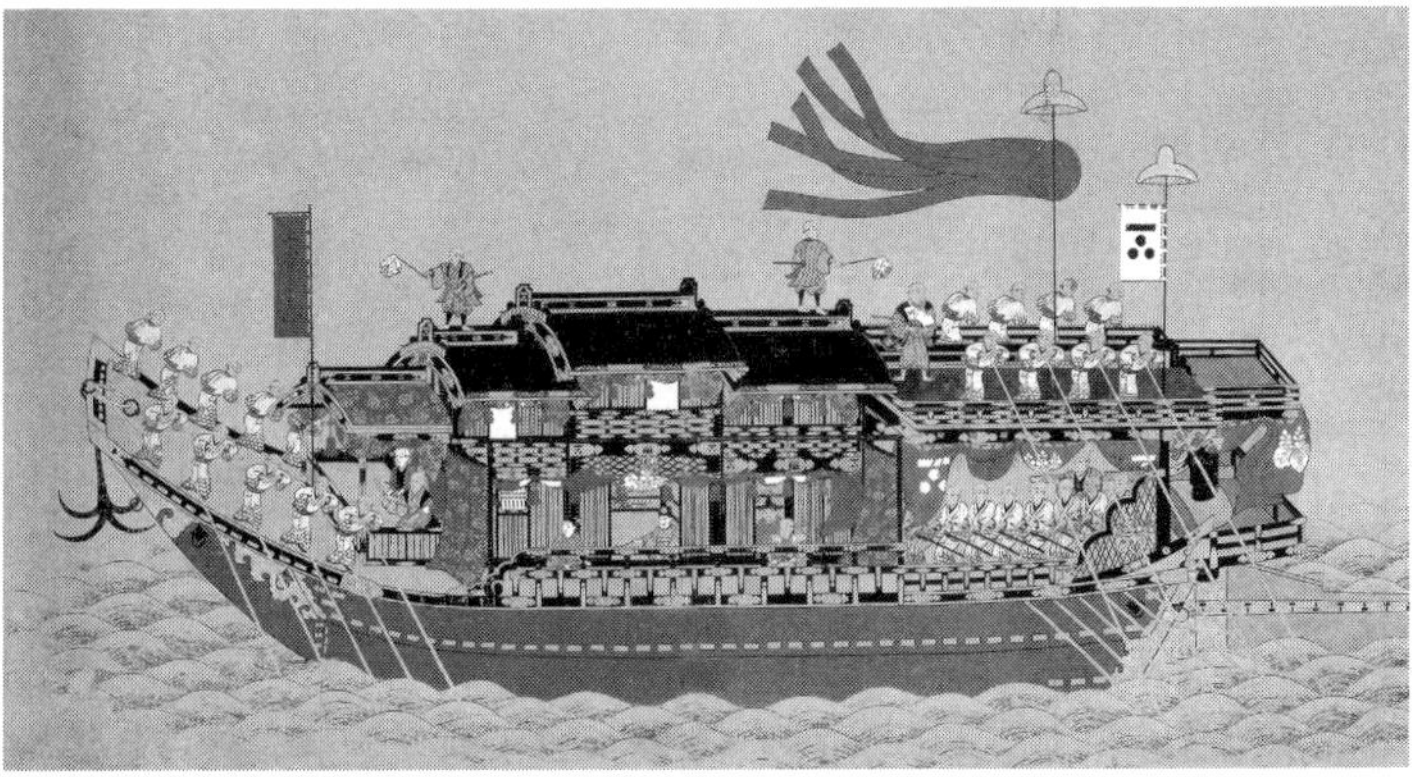

正徳度の通信使一行を迎えた豪華船が淀川を下る絵（大阪歴史博物館保管）

させる雰囲気を持っていた」と酒仙の人柄をしのんでいた。

朝鮮通信使研究家としての辛基秀の名前が新聞で繰り返し伝えられると、各地からこんな絵が出てきたので見てほしい、と連絡が入るようになる。

一九八七（昭和六十二）年の正月、群馬県吾妻郡の旧家で辛が鑑定した淀川を下る船団の絵図は、地元では「船遊びする太閤さんの絵」と語り伝えられてきたが、紛れもなく通信使の一行が黄金船と呼んだ豪華な金箔の御座船だった。

天地七十九センチ、長さ二百六十一センチの極彩色の船団図は上野国沼田城主、土岐家に秘蔵されていたものだが、征韓論が沸き起こる明治時代になると、「値打ちのあまりないもの」として民間に払い下げられ、土蔵に眠る運命をたどっていく。

「江戸時代、秀吉は大義名分のない侵略戦争を起こしたとして批判されてきたが、庶民的な人物ということで、近代日本の国民的人気者になると、黄金船に乗っていた通信使の高官は、いつの間にか秀吉にすり替えられた。

絵の中に異文化的なものを見つけると、何でも南蛮人と処理するのが一般的となったが、そうした傾向に拍車をかけたのが、脱亜入欧をイデオロギーにした美術界の第一人者、岡倉天心でした」

辛基秀がこう定義付ける岡倉天心（一八六二―一九一三）は、『日本の目覚め』の中で自身の朝鮮観を次のように披露している。

（秀吉の朝鮮侵略について触れた上で）この例外的な遠征がもたらした唯一の成果は、以後徳川時代を通じて将軍の就任ごとに、朝鮮から朝貢使節が派遣されてくることであった。朝貢は同様に中国の皇帝にも行われていたことは言うまでもない

（『近代日本思想大系　7』筑摩書房）

このようにして善隣友好、互恵の立場で派遣されたはずの朝鮮通信使は、日本に従属する立場の朝貢使へとすり替えられるようになり、美術界で発言力の大きい岡倉天心を通して民族差別、排外主義の思想が広まっていくのである。

淀川と朝鮮通信使といえば、辛基秀が気に入っていた作品の一つに、大阪府南部に位置する富田林市の美具久留御魂神社に元禄八（一六九五）年に奉納された通信使船の絵馬がある。

この神社は百済から来て河内の丘陵地を開発した豪族の氏神を祭ったものと伝えられるが、本殿へ上がる途中の拝殿に架けられていた五十枚の絵馬のうちの一枚がそれで、縦九十八センチ、横百八十九センチの大きさの中に三隻ずつ並んだ御座船が上下二段に描かれている。

奉納者に地元の農民平蔵ほか治郎兵衛、忠兵衛ら十一人の名前が描いてあった。このうち三人は現在も子孫が地元に住んでいるという。

辛基秀は一九八四（昭和五十九）年に堺市博物館の関係者から船の珍しい絵馬があると聞き、現物を見に来たのだが、辛の見立てというのはこうだ。

平蔵たちは第七回（一六八二年）通信使の来阪情報を耳にして、仲間と淀川へ水上パレードの見物

に出かけ、感激の余り高麗橋の絵師に船の絵馬を描いてもらい、地元の神社に寄進した、というもので、

「絵馬は当時の人々の心の深層部を知る手がかりとなるが、朝鮮からの客人を大阪の庶民がどう見ていたかが素直に伝わってくる。通信使との出会いを一生の快挙と感激した農民たちが割り勘でお金を払って、絵を描いてもらう。その絵馬を村の氏神に寄進して、願掛けするなんてほほえましいじゃないですか」と笑っていた。

当時、大坂でも朝鮮通信使は大きな話題になっていて木版の刷り物も多く出回り、民衆の関心を呼び起こしたのである。

朝鮮通信使の絵馬は、絵馬信仰の盛んな群馬や栃木で見つかった例はあるが、西日本での発見例はなく、美具久留御魂神社の宮司青谷正佳は「この辺りは昔から水争いもない平和なところで、大阪の住之江に新田を開発したり、何かと進取の気性のある豊かな土地柄なので、そうした農民の気質を表した絵馬が出てきたのかもしれません」と話していた。

絵巻物に比べれば絵馬と同様、地味な存在の土人形を辛基秀はよく集めていた。

ロシアとともに世界に名だたる人形王国と言われるほど日本では多くの人形が作られているが、江戸時代から農民は稲刈りが終わると土人形を作り、もみ殻で焼いて色をつけ、身近に飾って楽しんでいたという。

土人形以外にも衣装人形、木彫り人形、張子人形など、どの人形の中にも通信使の面影が見られる

ものがある。

例えば、東北の米沢で作られていた相良人形は大きなラッパを持っていたのが特徴で、福島・三春の張子人形には通信使の高官をかたどったものもあった。

「実際に通信使が足を運んでいないにもかかわらず、こうした東北の遠隔地の人形に通信使のデザインが使われるようになったのは、そのノウハウが京都で伏見人形を作っていた人形師から北廻船を経由して伝播していったからでしょう。

それに通信使の接待のためには東北から南九州に至る全国各地から大名が人を出していたので、そうした人々が故郷へ帰るとき持ち帰った通信使文化の影響もあるかもしれない」

こう説明する辛基秀は通信使と土人形の関係について早い時期から目を向けていたが、本格的に調べるようになったきっかけは、現在は大阪国際理解教育研究センターの理事を務める井上正一が一九九〇年ごろに、奈良県桜井市の長谷街道沿いにある出雲で売っている出雲人形に目を留めてからだ、という。

「唐人さん」と呼ばれているその人形を見た瞬間、井上は知り合いの辛が関心を持っている朝鮮通信使の人形に違いないと思い、その人形を青丘文化ホールへ持って行った。

「人形を見た辛さんはとても喜んでくださり、たまたま来日していた韓国・文教部（現・教育人的資源部、日本の文部科学省に当たる）の人が人形が着ているのは두루《トゥル》마기《マギ》（コート）に違いない、と教えてくれ、帽子、楽器、コートと朝鮮文化の特徴を表すものがそろい、通信使に間違いないだろう、ということになった。

だが、なぜ通信使の通らない長谷街道にこの人形があるのか。江戸時代には通信使を描いた絵巻や印籠などを持っていることがステータスの象徴となったが、庶民は手が出せないということで、土人形などを買い求めたのだろうという話に落ち着いたことを覚えている。辛さんのすごいところはそれから全国の土人形を調査され、通信使関係の人形を集めていったのである」

その成果は百五十種類に及ぶ人形コレクションとなって広島県下蒲刈島の朝鮮通信使資料館に展示されている。

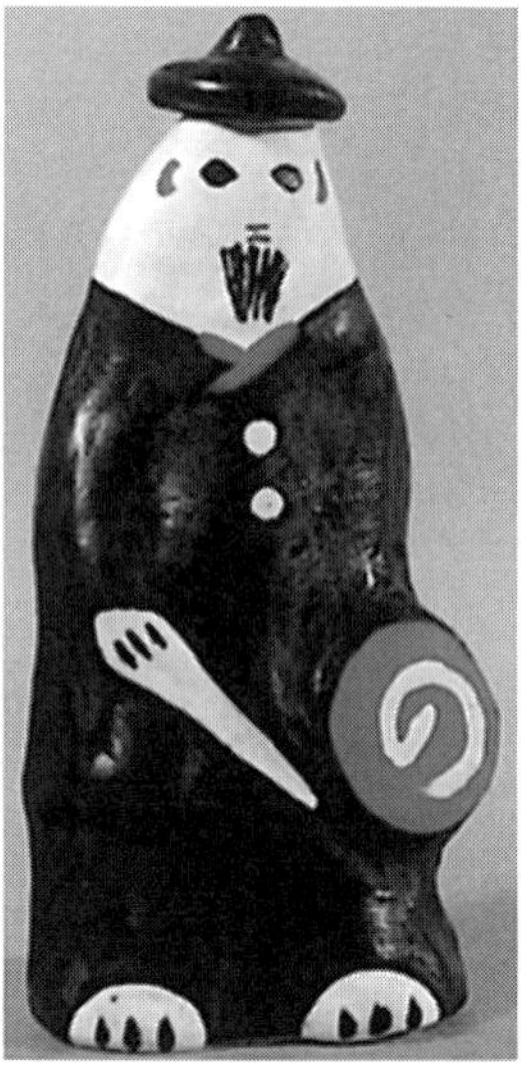

出雲人形（『新版　朝鮮通信使往来』102頁より）

3、広がる通信使研究

ところで、辛基秀の朝鮮通信使研究はヨーロッパや米国など海外にも及んでいく。明治政府により植えつけられた朝鮮蔑視観が広まる中、江戸の通信使を描いた作品は値打ちのないものとして扱われたことから海外へ流れていった作品も少なくないためである。

一九八七（昭和六十二）年にオランダのライデン大学で開かれたヨーロッパ韓国学会に出席した辛は会場で『江戸時代の朝鮮通信使』を上映し、持参した史料を展示していたところ、ロンドン大学の文学部長から「自分のところにも絵巻物があるから帰りに寄って見ないか」と声をかけられた。ロンドン大学のアジア・アフリカ研究所に秘蔵されていた絵巻は長さが約十三メートルもあり、その上端と下端の部分に金粉がほどこされていて、神田の古美術商から購入したらしく、「昭和二十三年、七千八百円」の値札が付いていた。

この作品は、一六五五年の第六次朝鮮通信使行列を描いたものであって日本人が通信使の上官の乗ったかごを高々と持ち上げ、沿道の民衆の歓声に応えている様子や、観客から差し入れられた椿の花の香りを馬上の朝鮮人がかいでいる様子などがのびやかに、自由なタッチで描かれていたという。

そのなごやかな雰囲気に魅せられた辛基秀は、この絵巻を何枚も写真に撮って日本へ戻ったが、その後、大英博物館で煙草の煙で漢詩を書く煙芸師の様子を描いた浮世絵なども見ている。

こうしたヨーロッパでの仕事にはロンドン在住の二女理華が付き添うことが多く、辛基秀がボストンやニューヨークなど米国の美術館を訪ねる際には長女美沙が同行して新たな通信使史料との出会いを重ねていく。

米国を代表する大美術館であるボストン美術館には、辛は一九九三（平成五）年五月に足を運び、数万点もあるという日本コレクションの中から、京都の二条城を左に北へ進む通信使一行を描いた『洛中洛外図屏風』を鑑賞させてもらった。

ボストン美術館に日本の明治初期の作品が多く集められているのは、一八七八（明治十一）年に東京帝国大学の政治学講師として来日したアーネスト・A・フェノロサ（一八五三―一九〇八）が、没落武士が売り出した家宝の美術品や不当に低く評価された浮世絵などを買い集め、米国へ持ち帰っていたからだ。

「紹介状もなく、電話でお願いしただけで、見に来てくださいと言われ、日本の美術館に比べ、開放的な対応に驚いたものです」

辛基秀はこう話していたが、同じ時期にニューヨーク市立図書館も訪ね、スペンサーコレクションの中にある狩野永敬の『朝鮮使節来朝図巻』も初めて手に取ることができた。

天和二（一六八二）年に将軍となった徳川綱吉を祝うため江戸へ向かう通信使一行を描いたもので、絵巻のはじめに「朝鮮人図」の題字と落款があったという。

この図書館には、文人画の大家である池大雅《いけのたいが》（一七二三―一七七六）が一行を墨一色でダイナミックに描いた絵図も所蔵されていた。池大雅は一生のうち二十六歳と四十二歳の時の二度、通信使に出会う幸運に恵まれており、通信使の同行画員である金有声《キムユソン》に富士山のひだの描き方についてアドバイスを求める手紙を出した記録も残っている。

金有声は東海道・清水の清見寺に立ち寄った際、住職に朝鮮の金剛山《クムガンサン》と洛山寺《ナクサンサ》を描いてほしいと求められたため、江戸滞在中に『山水花鳥図屏風』を描き、帰途に手渡したという。

辛が米国へ渡ったのはこの時が初めてだったが、美沙にニューヨークの印象について「いろいろな国の人が自立して暮らしていて、大変なエネルギーを感じる。料理も世界中のものを楽しむことができて気に入った」と話していた、という。

こうした辛基秀の内外での朝鮮通信使にまつわる絵画史料の集積が豪華本『善隣と友好の記録　大系　朝鮮通信使』（明石書店）全八巻の刊行へとつながっていくのである。

ところで、朝鮮通信使の史料発掘に先鞭をつけた辛基秀だったが、二〇〇二（平成十四）年十月にこの世を去ってから、通信使研究の現状はどうなっているのだろうか。

「辛さんは断片的な情報があればどんなところへでも飛んでゆく。本当にいろいろなことを教わりました。史料探しの旅に酒は付きものですが、一緒に行かれた奥さんがたづなを引き締めていなかったらどうなることやら、という感じでした」

こう語る大阪歴史博物館の学芸員大澤研一にとって辛基秀との付き合いは一九九四（平成六）年秋に大阪城公園内で開いた朝鮮通信使展準備のため、一緒に史料収集をして以来のことである。

特に印象に残っているのは、この年四月に兵庫県龍野市の旧家へハングルで墨書きされた古今集の和歌を鑑定に行った時の思い出だ。

難波津に　咲くやこの花　冬篭り　今は春べと　咲くやこの花

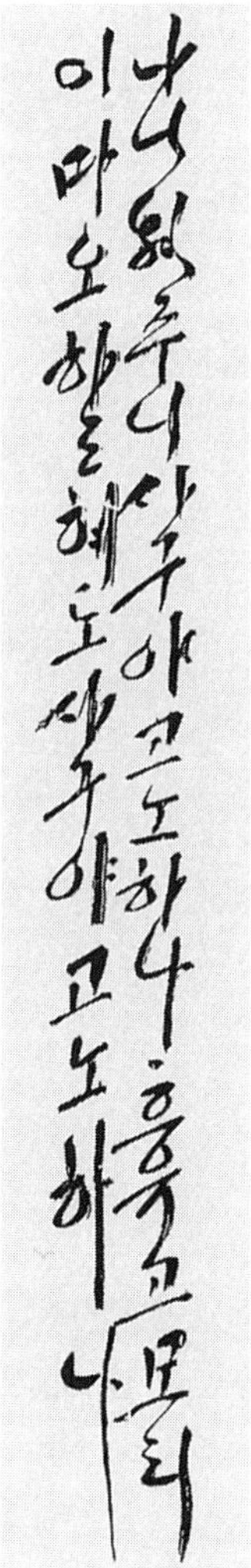

ハングルで書かれた古今集の和歌（個人蔵）

長さ百三十八センチ、幅十五・三センチの和紙には、大阪に春を告げる祝い歌が、日本のかなの音をハングルに置き換えた文字で鮮やかな筆致で書かれていた。対馬の通訳の落款があるので、春の訪れと使節の訪日を祝って通信使の一行に贈ったものらしい。

当時は日本も朝鮮も互いの言葉を自由に使える優秀な通訳がいるほど文化交流の質が高かったとして、辛基秀は深く感銘を受けていたという。

辛は韓国の国史編纂委員会の在外関係資料収集の仕事も任されていたため、韓国から大阪へ訪ねてくる研究者も多く、そうした人たちの手助けを大澤がすることもあった。

「辛先生が通信使の新しい史料を次々と発掘したり、解説などでユニークな意見を出されるのは面白かったのですが、通信使の風俗の説明などについて事実と憶測が渾然一体となっているように感じることもあった。そのあたりの仕事は後に続く我々がもっと史料を読み込んでやっていくべきでしょう」

大阪は瀬戸内を進んできた朝鮮通信使の一行が、日本本土に初めて本格的に上陸する地点で、徳川幕府中枢の人間に初めて出会うところでもある。

大澤研一は地元に残された通信使関係の史料を渉猟《しょうりょう》したが、大坂は幕府の直轄地だったため、他県のような沿道沿いの史料は少なく、接待に当たった岸和田藩の史料にしてもめぼしいものは見つからなかった、という。

通信使一行が長旅の疲れをいやした西本願寺（現在の津村別院）には通信使の記録が残されていたが、戦災に遭って多くを焼失していた。

そうした中で、大澤が通信使研究で選んだテーマは、水主《かこ》と呼ばれた通信使船の留守番役の船員たちのことだった。

釜山《プサン》から大坂まで来た通信使船に乗ってきた五百人弱のうち約百人は船将をはじめとする水主で、彼らは正使たちの一行が大坂と江戸を往復する一ヵ月から一ヵ月半の間に船の修理を済ませ、船のコンディションをベストに整えることが大事な仕事だった。

大澤は韓国国史編纂委員会に残されている『信使之節大坂残朝鮮人御横目方記録日帳』を読み込んで、水主は船から上陸は許されず、日本人との接触も禁じられていたが、病気になったときは手厚く看護されていたことが分かってきたという。

下船が許されない水主たちのストレス解消のため、幕府は上陸させて相撲を取らせるよう指示を出した。場所は現在の大阪ドームの近くにある竹林寺で、最初は朝鮮人同士で、後に日本人との取り組みもさせたが、日本の相撲は荒っぽいということで、敬遠されたという。

竹林寺には、第十一回通信使のメンバーとして来日しながら大坂で二十二歳の若さで病気にかかり無念の死をとげた金漢重《キムハンジュン》と、帰路の大坂で対馬藩士の鈴木伝蔵に切り殺された崔天宗《チェチョンジョン》の墓がある。

辛基秀は韓国から大阪に知り合いが訪ねて来ると、ここに案内し、「金漢重が病に倒れた時、彼の子どもと同じ年ごろの子どもに看病させるなど、大阪には心温まるエピソードがたくさん残っているのです」と紹介していた。

崔天宗が殺害された事件は、国際的事件として『漢人韓文手管始』などいくつもの芝居に取り上げられている。

竹林寺住職の保阪正昭は「辛さんとは二十年近いお付き合いですが、こちらへ来られると、いつもいずまいを正されておられた。やわらかいが芯のある人と思った」と話していた。

大阪には朝鮮通信使をめぐる話がもっとあるとみられるが、学芸員としていくつもの仕事を抱える傍ら、通信使研究についても取り組んでいる大澤研一の感想。

「地元に残された史料が少ないので、対馬の宗家文書の膨大な記述の中から大坂関連の部分を探し出すにしても一人や二人で読み込める作業ではない。それより通信使本隊への沿道での対応や外交交渉は研究がかなり進んでいるので、裏方の人間がどう行動したのかを見るのも必要ではないか。朝鮮人と日本人はどのように接触したのか、またその判断はどのようになされたか。通信使の生々しい実態を知る上でこうした面からの研究も面白いと思う」


半世紀以上も前、神戸大学自治会の委員長をしていた辛基秀が大阪・中之島公会堂で演説をしていた時の様子を見て、「在日なのに本名を名乗っている、なかなかいい男やな」と思ったというのが、東大阪市在住の朝鮮通信使研究家、伊ヶ崎淑彦だ。

当時、奈良学芸大学（現奈良教育大学）の活動家だった伊ヶ崎は、大学卒業後、在日韓国・朝鮮人の多い大阪市生野区の小学校に勤めた。その後、勤評闘争に加わり、教職員組合の専従を長年続け、東大阪市教育委員会に戻って、人権担当となった。

このころから辛基秀との交流が始まり、一緒に対馬から下関、牛窓、近江へと朝鮮通信使の日本での足跡をたどる旅に参加したり、映画『江戸時代の朝鮮通信使』の上映運動を手伝ってゆく。

「辛さんが通信使の古文書より絵画に関心を持つようになったのは、近世の崩し字を読むことがあまり得意でなかったことも関係していると思う。崩し字は習得するのに二、三年はかかるので、そのことを酒を飲んでいる時に水を向けたら『おれたち、学生運動で忙しくてまともに勉強してこなかったもんな』と言って、笑っていた。

その分、絵の分野なら一生懸命やれば前を走れると考えたんじゃないかな。本は一人でしか読むことができないが、絵なら少なくとも十人以上に見てもらえる。辛さんは通信使の世界をどうやって広げていくかをいつも考えていた。それに秀吉の朝鮮侵略を描くにしても、沙也可《さやか》を取り上げたりして、民衆の立場から幅広く、光を当てるのが彼のやり方だった」

東大阪市教委でイベントも受け持つことになった伊ヶ崎淑彦は辛基秀の全面協力を得て、一九八七（昭和六十二）年六月に近鉄百貨店の東大阪店で朝鮮通信使展を開いた。

江戸時代の「閉ざされたつまらない時代、鎖国」のイメージを訂正し、江戸から国際性を学び、外国人に対する正しい理解と人権意識を高めてもらうことに狙いを当てた展覧会には『朝鮮通信使船行絵図』や『朝鮮国書捧呈行列図』（全三巻）などのほか、通信使の木版画やパネル、通信使行列の衣装や面など数十点を展示した。

大阪では初めての朝鮮通信使展ということに加え、東大阪市は自治体としては大阪市生野区に続いて在日韓国・朝鮮人が多く住むところであるだけに、地元での関心も高く、会場は連日大賑わいだった、という。

「辛さんは通信使をはじめ近世から現代は丁寧にフォローしたが、古代の渡来史については発言がなかった。この部分を私がやっていけたらいいな、と思っている」と言う伊ヶ崎は、辛基秀の通信使研究についても、同い年の間柄だけに感想を率直に語る。
「朝鮮通信使の明るい時代に光を当てた辛さんの業績は大きい。しかし、大名が一行をもてなすためには、一般の人たちにも多くの税金が課せられたわけで、重税にあえいだ彼らが心の底から通信使の来日を喜んだのかといったようなことは十分究明されていない。今までは通信使についてマイナスの材料を出したらいかんみたいな雰囲気があったが、これからはこうした点にも触れてプラスとマイナスについて語れる通信使研究を進めていかなければ。そうすることによって、善隣友好のテーマも、もっとリアルなものになっていくと思う」

江戸時代の朝鮮通信使研究といえば、大正末期に『日鮮史話』を著した松田甲に始まり、戦後『日鮮関係史の研究』を執筆した中村栄孝や申維翰《シンユハン》の『海游録』を翻訳した姜在彦《カンジェオン》らの業績によるところが大きい。しかし、通信使を誰にでも分かるような形で紹介したのは『季刊三千里』で通信使紀行の連載をした李進熙《リジンヒ》であり、長年このテーマをあたためてきて映画『江戸時代の朝鮮通信使』に結晶させた辛基秀であった。

「時に意見が異なるこの二人とは均等な付き合いをしてきましたが、日本では江戸時代の歴史研究に朝鮮通信使が抜け落ちていたため、朝鮮やアジアに対するいびつな見方が育ってしまった。そこに警鐘を鳴らしたのが李進熙さんと辛基秀さんだったのです。特に辛さんの仕事は隠された史実を発掘し、その成果を広く普及させていった功績は大きいと考えます」

こう語るのは、一九九二（平成四）年秋に辛基秀とシンポジウム「秀吉の朝鮮侵略検証」を開いて以来の付き合いという名古屋外国語大学講師の貫井正之である。『豊臣政権の海外侵略と朝鮮義兵研究』（青木書店）などの著書がある貫井は、降倭の末えいである沙也可を平和の義士として顕彰するための活動を辛と続ける一方、一九九九年には東海地方朝鮮通信使研究会を発足させた。

この集まりは毎月一回、四、五十人が出席して例会を開き、東海地方で出てきた通信使関係の話題を報告し合うと同時に、名古屋で手に入る尾張徳川家の文書などを読み込み、ディスカッションしながら通信使研究を深めていく。

こうした地道な学習会を続けてきただけに、貫井の発言には説得力があり、愛知県が編纂中の『愛知県史』の近世史編に朝鮮通信使の項目がないことが分かった時には、編纂委員に「県史に通信使を入れなければ、全国の心ある人々の批判に耐えられなくなる。新県史発刊までの百年間悔いを残しますよ」と申し入れたところ、「急遽入れます」と回答があったという。

全国各地にさまざまな形で眠っている朝鮮通信使に関する史料をどうやって掘り起こし、その意義付けをするかが大きな課題となってきたため、二〇〇四（平成十六）年七月、かつて通信使の一行が寄港した山口県上関町で朝鮮通信使縁地連絡協議会（縁地連）の研究部会を旗揚げするための準備会が開かれた。上関は通信使関連の古文書が多く残されている町で、これらの解読に熱心に取り組むグループがあることは前にも触れた通りだ。

この場に講師として招かれた貫井正之は、朝鮮通信使研究の現状について「各地に史料はたくさん埋もれているが、それらを発掘し解読する地道な作業を積み重ねていかないことには通信使は歴史学会では認知されない。まだ基礎的研究の段階」と語り、次のような事例を挙げた。

伊ヶ崎淑彦も触れていた庶民への加重負担の問題だが、明和元（一七六四）年の第十一回通信使が来日した時、関東を中心に年貢が高すぎるとして約二十万人が参加する天明の百姓一揆が起きているが、この時の要求項目の一つが国役免除だった。

国役は幕府の財政が窮迫してきたため、通信使招聘のための費用を新たに全国民から臨時税で取り立てようとするもので、次で最後になる第十二回の通信使が日本本土まで渡らず、対馬止まりになった背景にも民衆への加重負担の問題もあったと思われるが、従来の天明一揆研究では通信使には全く触れていないという。

「このような研究の在り方は日本人にとって大変不幸です。日本人の精神構造に隣国との友好史観、他国に思いを致すという史観が欠落してしまい、それが現代にまで尾を引いてしまった。それをこの研究会は是正するという歴史的責務を担っているのではないでしょうか」

貫井は研究部会の準備会でこうスピーチしたが、この年十一月、長崎県・対馬の厳原《いづはら》町で開かれた縁地連の第十回全国集会で研究部会は正式に発足した。

事務局は準備会を開いた山口県上関町に置き、研究部会長は辛基秀と共同研究をして『大系　朝鮮通信使』などを著してきた京都造形芸術大学客員教授の仲尾宏が引き受けることになった。

4、韓国から留学急増

日本では一九八〇年後半から九〇年代に入ると、辛基秀らによる史料発掘が呼び水になって、各地の博物館や高校、大学に勤める学芸員や教員を中心に朝鮮通信使研究が進んだが、韓国側での反応は鈍いものだった。

「朝鮮通信使と言っても、こちらから日本へ出かけていったわけだから、朝貢使というイメージが強かった。そんな屈辱的なテーマに取り組もうという同僚はそのころのソウル大学にはいなかった」と振り返るのは辛と京都・嵯峨野の小学校で竹馬の友だったソウル大名誉教授の金正根《キムジョングン》である。

ソウル大学の奎章閣《キュジャンガク》文庫のほか、韓国の国史編纂委員会や国立中央図書館、高麗《コリョ》大学図書館など通信使の史料が眠っているところは多くあるが、積極的に活用されていなかった。『朝鮮王朝実録』のような基本的なものも通信使との関係では十二分には読み込まれていなかった、という。

自国を植民地にした日本の研究をすることなど、被支配者の立場に置かれた韓国民のプライドが許さないという感じだったのだ。

それが、二十一世紀へ入ると、雰囲気がだいぶ変わってきた。

辛基秀と瀬戸内海の史料調査をしていた鞆の浦歴史民俗資料館の元館長、池田一彦は辛亡き後の韓国の通信使研究の現状について次のように語る。

「食わず嫌いだった朝鮮通信使の問題を掘り下げてみたら、日本との外交史であるという自明のことに韓国側もようやく気づいたようだ。日本との本当の付き合い方を探るためにも、大学の助手や助教授クラスの若手が日本へどんどん留学してくるようになり、仲尾先生も驚かれていた。

彼らが強いのは漢文のハングルを読むことができる点で、日本の研究者は古文書解読も苦手だけれど、漢詩文からも逃げる傾向にある。そんな訳で、今では日本より韓国のほうが通信使の研究は活発になっているのです」

朝鮮通信使研究の権威である仲尾宏が、通信使の全国横断団体である縁地連の研究部会長を引き受けたのもこうした背景があるからだ。

韓国では近年まで朝鮮半島と日本の関係史について、研究者は日本の植民地支配と文禄・慶長の役以外の部分は関心を持たなかったが、一九九二（平成四）年に設立された「韓日関係史学会」が大きく発展し、その間にある空白の時代、つまり通信使が日本に向かった江戸時代にも目を向けるようになってきたという。

韓日関係史学会の生みの親である江原《カンウォン》大学教授、孫承喆《ソンスンチョル》は通信使研究の基本資料と呼ばれた三宅英利著『近世日朝関係史の研究』（文献出版）を一九九〇年に韓国語へ翻訳した。

「通信使については文化交流とか、一部のことだけが研究されていたが、中国と朝鮮と日本という東アジア全体の視角で見なければならない。通信使は徳川時代ばかり強調されるが、室町時代から始まっていた。朝鮮王朝時代、中国には燕行使が行き、日本には朝鮮通信使が派遣された。私の研究は、北京から江戸までつなぐことを目指したい」と意欲を燃やす。

「善隣友好の視点だけから光を当てる時代はすぎた」と語る仲尾は、通信使研究の今後について次のように話す。

「韓国の研究者は日本の大学へ留学することによって、日本語を磨き、漢文史料や古文書の解読、日本国内にある史料の探索能力を身に付けて帰っていく。そして彼らは、母国が通信使を日本に派遣した理由について背後に大国の中国を控え、徳川政権とも付き合わざるをえなかった朝鮮王朝側の利害などについても分析しようとしている。

日本も大学や研究機関でもっと人を育てる努力をしないとだめだと思いますね。大体、徳川家康がどうして朝鮮との関係を修復しようとしたのか、その意味も史料的には十分掘り下げられていない。通信使の訪日は日朝両国の冷徹な外交の論理と内政の反映によって実現し得たということを頭に置いておく必要があります」

日本国内で保管されている通信使の史料は、幕政史料、藩政史料、地方史料などいろいろだが、研究レベルはまだ上面をなぞったにすぎないというのが仲尾の感じ方だという。

そんな中で仲尾が辛基秀と一緒に手がけた最後の仕事が、後輩研究者の道しるべともなる『朝鮮通信使関係資料目録』づくりだった。

通信使関係の史料は三宅英利著『近世日朝関係史の研究』に一九八六（昭和六十一）年までに見つかったものの大枠は紹介されていたが、その後通信使研究は飛躍的に発展を遂げただけに、新しいデータベース的なものが必要となっていた。

そこで仲尾が関係する世界人権問題研究センターで韓国文化振興財団から助成金を受けて二〇〇二年十一月に完成したのがこの目録だが、この中には絵画、墨蹟などの有形文化財八百九十八点、文書目録九百三十九点のデータが収録されている。

「辛先生と『大系　朝鮮通信使』全八巻をまとめた時、特に絵画などの現物史料については先生の人間コンピューターに頼らざるをえなかった。『これだったらあそこにあんなものがある』とか『あそこにあの人があんなものを持っている』とか何でもご存知な訳です。そうして全国から集めたデータがこの目録には収まっているので後に続く若い人たちは積極的に使ってほしい」

目録が完成する一ヵ月前に亡くなった辛基秀の気持ちを、仲尾宏はこのように代弁するが、その後も仲尾のところへは新しい通信使の史料に関する情報が寄せられているので、CD－ROMの目録も作り、いずれ増補版を出したい、としている。

5、蹉跌《さてつ》とケンチャナヨ精神

二〇〇四（平成十六）年十一月二十八日、長崎県対馬の厳原町で開かれた朝鮮通信使縁地連絡協議会の十周年記念大会。

夜の懇親の場で、通信使の史料発掘と研究に多大の貢献をしたということで故辛基秀に感謝する表彰状が辛の家族に手渡されたが、妻の姜鶴子は感無量の気持ちだった、という。

映画『江戸時代の朝鮮通信使』の製作や『大系　朝鮮通信使』の刊行などの通信使研究をはじめ、辛基秀がその他の分野でも残してきた業績の大きさはこれまでに触れてきた通りだが、辛の楽天的と言ってもいい、ものにこだわらない性格ゆえに、周囲との摩擦も時々起きていたのである。

映画『江戸時代の朝鮮通信使』が東京で初めて上映された一九七九（昭和五十四）年三月のこと、当時『季刊三千里』で編集の仕事をしていた新幹社社長の高二三《コイサム》は試写会を終えて事務所へ帰った時の気まずい雰囲気をよく覚えている、という。

「映画の中の製作協力者名に李進熙先生の名前が出てこなかった。あれはいくら何でも問題がある、と話題になったのです。辛さんは資料の引用などについて、自分が見てきた原稿などに限ってもズボラなところがあった」

この映画は対馬から江戸に至る通信使一行の軌跡をたどったもので、『季刊三千里』の編集長、李進熙が以前に自ら執筆連載した『歴史紀行・通信使の道を歩く』も参考にしているように、一部の関係者の目には映っていたのである。

歴史学者の李進熙は辛基秀より二歳年上で、辛から編集部に送られてくる写真や記事の原稿について「君もモノ書きなら、もっと史料の検証をしなければ駄目だ」などと言って書き直しをさせることもよくあったという。

そういう関係にあったので、李進熙は「礼を失した行為」として辛に叱責する手紙を書いて送った。李が、とりわけ通信使の問題についてデリケートに反応したのは、朝鮮総連傘下の朝鮮大学校で教師をしていた時代に苦い思い出があったからだ。

考古学が専門の李進熙が通信使の研究を始めたきっかけは、同胞の子どもたちに通信使に目を向けてもらい、誇りと自信を持ってほしいと考えたからで、一九六六（昭和四十一）年に、通信使に関する本を出版しようとしたところ、幹部の検閲で差し止められた上、それから六年後に同僚の教師が李の原稿をそのまま自分の名前で出版してしまったのである。

その本は、結局出版社が回収し、謝罪もしたが、李進熙の心にわだかまりを残すことになった。

一方の辛基秀にしてみれば、神戸大学の大学院時代から自分なりに朝鮮通信使のテーマを温めてきたとの気持ちもあったのだろう。朝鮮古代史研究家の朴鐘鳴(パクチョンミョン)は大阪市立西今里中学で教頭を務めていた半世紀前の辛との思い出を次のように語る。

「一九五七、五八年ごろのことだが、辛さんは映画を作るため朝鮮人学級の撮影に来ていたが、通信使の話題がよく出た。三重県津市の唐人踊りが通信使に由来することも教えてくれ、彼はそれを裏付ける行列の絵図が必ず出てくる、と話していたが、果たしてその通りになったものです」

辛基秀はその後李進熙との関係を修復しようとしたが、結局かなわず、二人は次第に疎遠な間柄になっていく。

「李進熙さんは試写会で作品を初めて見た時、事実関係におかしな点があると言っていた。辛さんも李さんに今度映画を作るのでアドバイスしてくれませんか、と最初からお願いすればよかったのに、それをしなかったのではないか」と振り返るのは当時『季刊三千里』の編集部にいて現在ＲＡＩＫ（在日韓国人問題研究所）の『ＲＡＩＫ通信』編集長を務める佐藤信行だ。

辛基秀をよく知る共同通信奈良支局長の中川健一は「儒教文化の伝統で、在日の世界には厳しい師弟関係のようなものがあり、仮に辛さんが李進熙さんに相談して自由な作品を作ることができただろうか、という気もする。そもそも、研究者の李さんと、文化運動家の辛さんの目線の違いもある。それに、辛さんには、いつも叱られている李さんをいつか見返したいという気持ちもあったのではないか。大体、東京にはない青丘文化ホールのような在日の文化の拠点を大阪に作ったのも、辛さんの負けじ魂の現れだったと思う」と話す。

『江戸時代の朝鮮通信使』については、製作に当たったスタッフとの間でも実はさざ波が立っていたのである。

スチール写真を撮影するため、対馬へも二回渡ったカメラマン曺智鉉《チョチヒョン》の証言。

「映画は皆で力を合わせて作るのだから一緒に働いたスタッフにも十分気を配らなければいけない。ところが、この映画のポスターには製作・辛基秀、監督・滝沢林三と出てくるだけで、撮影を担当した高岩仁の名前はなかった。高岩さんが自分のかつての職場である東映の特撮スタジオを全面提供して仕事をしたことも考えればとんでもない話で、彼は辛さんにこのことについて厳重に抗議していた」

高岩仁は辛基秀と一緒に組んで長時間ドキュメンタリー『解放の日まで』を作ったことは前にも触れたが、その前の一九八三（昭和五十八）年に『イルム（名前）』という在日の本名宣言をテーマにした作品を『江戸時代の朝鮮通信使』と同様、滝沢林三が監督して、高岩がカメラワークを受け持つ形で製作している。

同化を強要する日本社会で、民族の主体性を取り戻すことを目的に本名宣言した大阪府高槻市在住の朴秋子《パクチュジャ》が、通り名ではなく本名を名乗ったため、社会福祉施設の寮母の採用を拒否される。日本人の夫と、日本と朝鮮の架け橋になってほしいと願う二人の子どもと暮らす彼女の人生を通して、名前の持つ意味について考えてもらいたい、という趣旨だ。

辛基秀が『イルム』を製作したのは、神戸大学で自治会委員長をしていた時、炭鉱資本に出自を暴露され退陣を余儀なくされた全炭労委員長、田中章の無念の気持ちが長年脳裏にあったからだ。

「朝鮮人の本名はその人の尊厳を表すという考え方がまだ日本社会にない時代、この作品はとても新鮮だった。朝鮮人が本名を名乗り、日本人もそれをきちっと受け止めていかないといけないということを考えさせられた。この後、在日の啓発映画がいくつも作られていくきっかけになったのです」

こう語るのは、当時、三重県内の三十ヵ所近くで『イルム』の上映運動をした「在日朝鮮人の教職員採用を進める三重の会」代表島津威雄である。

そんなインパクトのある作品だったが、その『イルム』の上映をめぐって在日韓国・朝鮮人が最も多く住む大阪市生野区の通称、猪飼野でトラブルが起きたのである。

辛基秀がこのフィルムをプリント権を持つ地元の実行委員会に声をかけないで上映を希望するある教職員組合へ渡したことが「安く売った」などと問題にされ、怒った在日の若者たち約三十人が糾弾集会を開き、辛をつるし上げたのである。

そのころ、辛の秘書的な仕事をしていた趙博《チョパク》は「フィルムを代金をもらう前に渡したことは確かだが、そんな意図はなかった。我々はその場の勢いで一方的に悪者にされてしまった。辛さんは言葉を失い、ただぼう然としていたことを覚えている」と話す。

猪飼野という、辛基秀の民族性を豊かにはぐくんでくれるはずの町で、しかも年長者を尊ぶ朝鮮人社会の中で起きた出来事に、本人が傷つかなかったはずはない。

辛の妻、姜鶴子は「辛は世間が思うほど猪飼野には足を運んでいないのです。私は一度もあの町へ連れていってもらったことはなかった」と話す。

一九八〇年の夏、大阪で開かれた「近代朝鮮映画史」と銘打った市民講座で講師をしていた辛基秀に出会って感激し、「朝鮮通信使の道をたどる旅の会」に参加したり、青丘文化ホールの事務局運営を一時期手伝った上西法子は辛の比類のない業績を認めた上で、次のように証言する。

「私が見てきた範囲では、辛さんは契約観念とかのあまりない人でしたね。文献の無断引用とかもあまり気にしなかったし、逆に自分の作品から他人に断りなしに引用されても平気でした。『良い目的のためには、手段は別に……』と考えるところのある人で、職業人ならしたくてもできないようなこと、例えば屏風絵だったか、撮影を断られたお寺では、お坊さんが目を離したスキにフラッシュをバンバンとたいていた。フットワークの軽快な人で、生涯アマチュアだったが、そのことがかえって、あれだけ大きな仕事を残すことにつながったと思うのです」

辛の二女理華はこのフラッシュ撮影の経還について次のように補足する。

「朝鮮とのかかわりについて後に万一否定されることがあった時のために警戒心からお寺のスキをついて写真を撮ったのでしょう。北海道の炭鉱を取材した時、事前に朝鮮人労働者の名籍を見せてもらう約束をしながら撮影のため再訪したらすべて断られた苦い経験もありました」

辛基秀と写真集『映像が語る「日韓併合」史』を作った労働経済社の三浦力にとって強烈な思い出は、この写真集の初版に誤植がたくさん見つかった時の辛とのやり取りだ。

民族解放記念日の八月十五日に出版を間に合わせなければならない、として作業を急いだため、写真説明に重大な誤りや情緒的すぎる表現が多数見つかり、改訂・増補版は大幅に手直しせざるを得なくなった。

たまりかねた三浦が「辛さん、しっかりしてくれ。アンタ何者や、経済学者か歴史学者だったのではないのか」と尋ねると、辛は「そうや、私は民族独立運動家であって、学者なんかではないのや」

と笑って煙に巻いたという。

三浦は「辛さんが研究者であれば致命的になったミスも、そうでなかったからこそ、それが強みになり、天性の人柄も手伝って、さらに広がりのある仕事ができたのだろう」と振り返る。

辛基秀はまさに、괜찮아요《ケンチャナヨ》（「なんとかなる」「気にしないで」などの前向きな意味）精神を具現した、陽性の人であった。

一九九五（平成七）年夏にソウルのロッテワールド民俗博物館で開かれた「韓日交流三千年展」に、辛は朝鮮通信使行列の貴重な絵巻物を貸し出したが、間に入った企画会社の社長が姿をくらましたため、「貸主であることが立証されなければ返還できない」として作品が手元に戻らなくなってしまったことがある。

この時も辛は「ホンマに、エライことになりましたわ」と言うだけで、あわてるそぶりもあまり見せなかった、という。

しかし、二女の理華は「実は相当なショックを受けていたけれど、大変な時ほど深刻ぶらずにユーモアを持って対処するのが父のスタイルでした」と話す。

自身の食道がんの宣告を受けた二〇〇一年秋、尊敬する金達寿《キムダルス》の追悼集『金達寿ルネサンス』を編集責任者としてまとめる仕事の締め切りに迫られていたが、「いやあ、エライめに遭いました。（自宅の）隣が病院なので、便利で助かってます」と言って周囲を笑わせていた。

それより二年前に脳梗塞で倒れ、同じ大阪市立医療センターに一時期入院した時には、「お医者さんには『あまり酒は飲まないように』とは言われたが、禁酒を命じられた訳ではない。あれはええ医者や」と言って、退院後も酒を断たず、周囲を冷や冷やさせたという。

こうした辛基秀を「究極のケンチャナリズムの人」と呼んで尊敬しているのは、青丘人権文化の会のメンバーで、大阪・生野の小学校教諭、宮木謙吉だ。

大分大学を卒業後、同和地区や在日韓国・朝鮮人が多く住む地域で長年教師をしてきた宮木は、辛基秀と知り合ってから、秀吉の朝鮮侵略に抵抗した武将、沙也可に魅かれ、一緒に韓国へも足を運ぶようになった。

その宮木が、ある時、辛にこうこぼしたことがある。

「いつも子どもと学校で走り回ってきたので、日本と朝鮮のことをちゃんと勉強したこともなかった。モノを知らなくて恥ずかしいです」

すると、辛基秀は「私もそうや。皆、勉強なんかそんなにしてないんや。社会運動をしてたら、時間がなくてアタリマエや。勉強は、人間誰でも時期が来ればするもんです」と答えてくれ、宮木はすがすがしい気持ちになった、という。

「南北朝鮮のイデオロギー対立という不毛な時代を生き抜いてきた辛さんの哲学の養分を吸収したように思い、元気になったものです」

十年前のやり取りを宮木はこう回想する。

6、遺志継いだ作品がヒット

辛基秀が、対馬を〝第二の故郷〟と呼ぶほど気に入っていたことは先にも書いた通りだが、特に印象に残った対馬の思い出は一九六六（昭和四十一）年五月、東京に住む金性鶴《キムソンハク》と朝鮮人海女の世界を撮影に出かけた取材旅行だった。

金性鶴は現在、東京・新宿で飲食店を営むが、朝鮮総連傘下の在日朝鮮文学芸術家同盟（文芸同）の映画部員だったこともあり、同じ文芸同の大阪事務局にいた辛基秀とはウマが合い、辛が東京へ出張する度に杯を交わし合い、「大阪の兄」「東京の弟」などと、呼び合う間柄になっていた。

金は大阪に生まれたが、十歳の時、母親の故郷である済州島で流血の「四・三事件」に遭遇したこともある。その後、東京で育ち、日本大学芸術学部に在籍する傍ら、文芸同で北朝鮮のPR映画を撮っていたが、時間を見つけては新宿でパチンコの景品買いの仕事をしながら、七人の子どもを育ててきた母親金本春子の生活を映像に収め続けた。

「守るべきは法律より家族」と言ってはばからない春子はヤミ商売で三十七回の逮捕歴がある。そんな母親が警視庁から釈放されるシーンまで撮影しており、これらのフィルムを基に野澤和之が監督をして二〇〇四（平成十六）年春に完成させた『ＨＡＲＵＫＯ（ハルコ）』という一時間二十分の三五ミリ映画は、新聞各紙の文化欄を大きくにぎわせた。

辛基秀は、一九六〇年ごろから毎年春になると、大阪の国鉄梅田駅に生活用具を抱えた女性の集団が夜行列車を待っていることに気づき、声をかけたことがある。済州島出身の朝鮮人海女たちで対馬へアワビやサザエを取る出稼ぎに行くのだという。

そこで辛基秀も金性鶴と連絡を取り、対馬の阿連《あれ》という厳原から北西へ入った半農半漁の海辺の集落へ出かけることになった。まだ水道や電気も引けてなくて、天水とランプにたよって生活している地区だった。

対馬へ飛行機などがまだ就航していない時代のことで、博多から厳原へ船で渡るしか手段はなく、「船酔いにかかるよりは酒に酔った方がまし」などと言って、酒瓶を抱えての船旅を続けた。

阿連では梁義憲《リャンイーホン》という金の母親の幼友達が海女をしており、彼女に密着取材することになり、金は三週間ほど農家に滞在して水中カメラも使って撮影を続けた。辛は、対馬地鶏の首をひねって旨い鍋を作って皆に振舞ったこともあったという。

梁義憲たちは当時、地元の漁協に雇われ、午前十時から午後三時までエアホースをくわえて水深十メートルから三十メートルの海底に潜る。危険で過酷な重労働だったため、当時三ヵ月で百万円くらいの収入になったが、牛乳一杯飲むこともしないで、家族に送金し

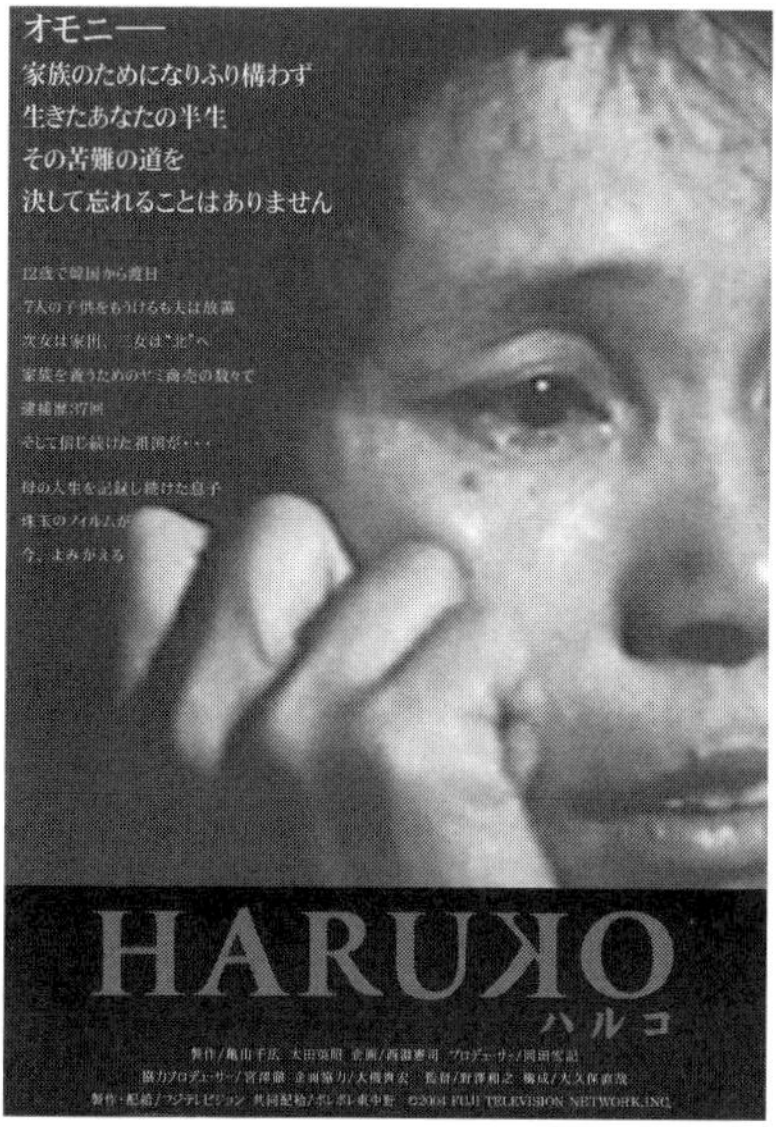

映画『ＨＡＲＵＫＯ』のチラシ

たという。

この時のフィルムは未完成だったので、いつか辛基秀が作品として完成させたいということで、金性鶴から譲り受けて、時折、青丘文化ホールで『大阪の海女――身世打鈴《シンセタリョン》』として上映するほか、公開されることはなかった。

それが、二〇〇〇（平成十二）年の暮れになり、桜映画社で記録映画を作っている原村政樹と出会い、彼にこの作品を見せたところ、海女の仕事が克明に記録されている上、家族の絆や母親の子どもたちへの愛情を感じさせるすばらしい作品だと感激され、

「このフィルムを基に取材を積み重ねて、ハルモニ（おばあさん）を主人公にした映画を作りたい。監督は自分がやりますので、辛さん総監督を引き受けてください」と頼まれた。

しかし、辛基秀は「フィルムは自由に使ってもらって構わないから、監督はあなたがやればいい」と言って断り、この作品をかつて金性鶴と撮影した時の意図を次のように語ったという。

「狙いは三点あったが、まず何よりも、在日一世の女性の労働と生活があまりにも知られていない。中でも一番厳しく、差別されていた海女を追ったのです。次いで、帰国運動。私もあのころ、北朝鮮へ渡ろうと思ったことがある。そうした家族への想いを伝えたかった。そして最後に八・一五です。私たちは解放された民族のはずなのに、戦後も差別を受けてきたのは何故か。その辺を問いたかった。

この作品は、関西のテレビ局でも放送する予定があったが、意見が合わず、発表できなかった。日本のマスコミや朝鮮総連のフィルムでは紹介されていない、家族への想いがこの映像には残っているんです」

そして、辛基秀は猪飼野に健在の梁義憲をはじめ、多くの関係者を原村政樹に紹介した。梁は当時八十七歳。七人の子どもは分断された祖国と日本に分かれて住む。夫は朝鮮総連の活動家で無収入だったから七十歳まで海女をして生計を支え、特に北朝鮮に住む三人の息子へは送金を欠かさなかった。

「あれだけ苦労しても、明るい、突き抜けている人」。梁ハルモニにそんな印象を持った原村は一緒に韓国の済州島を訪れ、二女と再会したり、北朝鮮に住む息子たちのところまで訪ねて行き、二〇〇四（平成十六）年春、『海女のリャンさん』という題名のドキュメンタリー映画を完成させた。

一時間半の作品のうち前半は記録映像が中心で、対馬での素潜り現場や新潟港で北朝鮮の船に乗り込む息子を見送る場面などが収録されていて、後半で新たに原村が撮影した子どもたちとの再会シーンが続く。

辛基秀はこの映画が完成する一年半前に亡くなったが、原村は辛の三回忌の集まりで「この作品は、庶民の視点から家族の絆などについて光を当てたもので、辛先生がかつて目指した映画作りを、日本人の私が引き受けた、必ず成し遂げなければならない仕事でした」と話した。

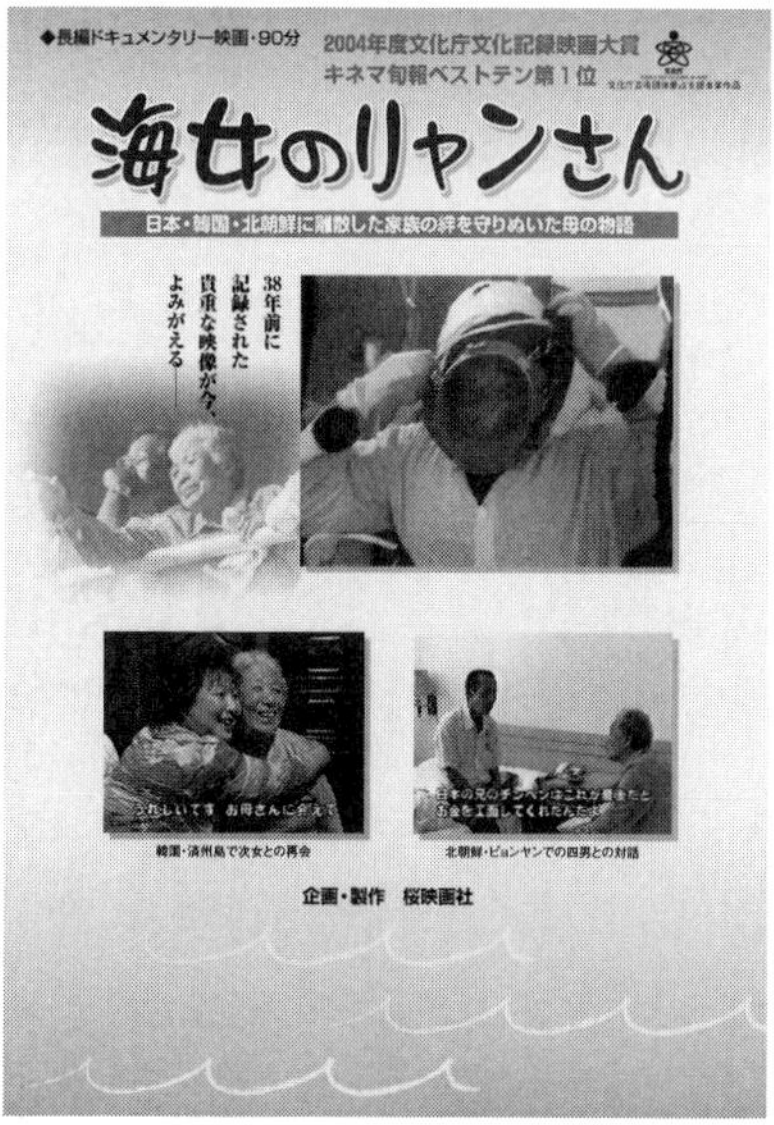

映画『海女のリャンさん』のチラシ

『海女のリャンさん』はその後、第二回文化庁映画賞の文化記録映画大賞を受賞し、キネマ旬報文化映画のベスト・テン第一位にも輝いた。

かつて辛基秀が作った『江戸時代の朝鮮通信使』がそうであったように、この映画も、日本各地で市民の手によって自主上映運動が続けられている。

7、幻の名画『アリラン』

ところで、映像を通して朝鮮の文化を伝えることに執念をかけてきた辛基秀にとって、最後まで追い求めていた大きなテーマがあったのである。

日本の植民地支配下に製作され、朝鮮映画の最高傑作とまで呼ばれる無声映画『アリラン』のフィルムを、自分の目で見ることだった。

この作品は一九二六（大正十五）年に、当時二十四歳の羅雲奎《ナウンギュ》（一九〇二―一九三五）が自ら主役を演じながら監督して作った。日本の植民地支配に抵抗する「三・一独立運動」で拷問に遭い、心を病んで故郷に帰った大学生が、日本人と通じた地主の手代が妹を襲ったのを見て、手代をカマで切り殺すという筋書き。最後に連行されるシーンで観衆が主題歌の『アリラン』を涙ながらに歌ったと伝えられている。

辛基秀は映画『解放の日まで』を製作するため、一九八三（昭和五十八）年に北海道立図書館を訪れた際、炭鉱関係のファイルから「半島映画二大名篇上映」と書いたビラを見つけたが、二大名篇とは朝鮮の古典を映像化したトーキーの名作『沈清伝《シムチョンジョン》』と、この『アリラン』だったのである。

北海道内各地の炭鉱で、過酷な労働をさせていた朝鮮人に大日本産業報国会の地方部会がアメとムチのうちアメとして使おうとして一九四二（昭和十七）年に企画したのが、朝鮮映画の巡回上映会だった。

しかし、これらの作品を見ることによって、味噌汁とタクワンによる食事などで日本人に同化させられようとしていた朝鮮人は一夜にして民族性を取り戻してしまい、ストライキやサボタージュは日本の敗戦まで頻発していくのである。

「韓国で映画史がスタートして七年、日本映画のコピーばかりが作られた中で初めて民族の立場から製作した作品。検閲の目をくぐるため、日本初封切りの時の監督名は日本人名を使うなど、羅雲奎の苦労も並大抵ではなかった。エイゼンシュタインのモンタージュ理論による幻想シーンを取り入れるなど、『戦艦ポチョムキン』に匹敵する世界映画史上に残る傑作だと思う」

辛基秀が高く評価する『アリラン』だが、そのフィルムは朝鮮戦争の混乱で韓国、北朝鮮のどちらにも保存されていないため、両国の関係者が世界中のライブラリーを訪れ、フィルムを捜し求めている。

「『アリラン』は民族の文化遺産。将来、南北統一の際には、『アリラン』が国歌になる」という声が出るほど、この映画と主

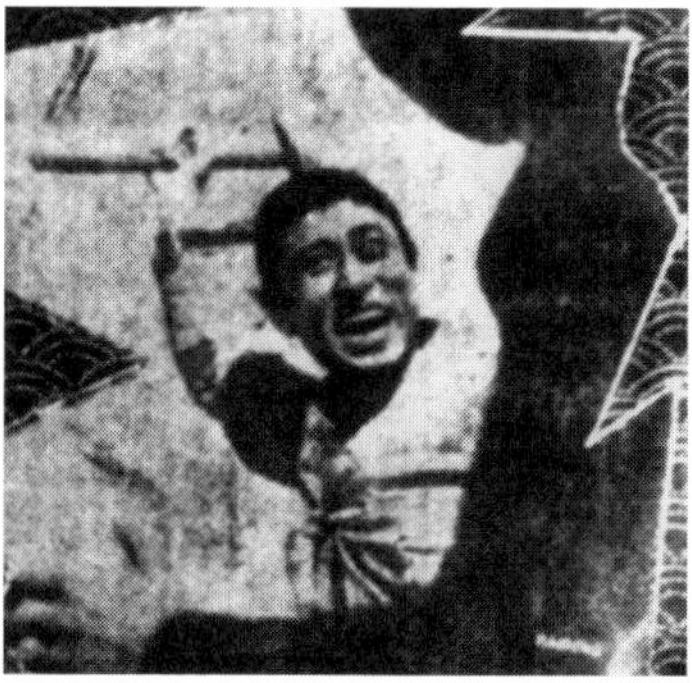

映画『アリラン』での羅雲奎

題歌への朝鮮民族の思いは深い。

日本では大阪府東大阪市の生駒山のふもとに住む映像資料収集家安部善重宅の膨大なコレクションの中に埋もれているとの話もあり、韓国から羅雲奎の二男で映画監督の羅奉漢《ナボンハン》がフィルムを譲ってくれるよう交渉に訪れたこともあった。

北朝鮮の映画好きな総書記、金正日《キムジョンイル》の指示があったのかもしれないが、朝鮮総連側の動きも活発で、南北双方が合同で発掘することで協定を結んだりもした。

安部の父親は戦前、朝鮮半島で警察医をしており、その際に集めた約百六十本の朝鮮映画のリストには『アリラン』の名前もあるのだが、転居を繰り返すうち、見当たらなくなったという。

辛基秀も安部宅を幾度となく訪れ、一九二九（昭和四）年製作の『隣人愛』のような埋もれた名作を掘り起こすこともあったが、『アリラン』とは出会うこともないまま、二〇〇二（平成十四）年の秋、黄泉路へ旅立っていく。

その後、李斗鏞《イドゥヨン》が監督するリメイク版『アリラン』が二〇〇三年五月に韓国と北朝鮮で同時公開され話題になったが、安部善重も二〇〇五（平成十七）年二月、入院先の病院で八十一歳で亡くなった。

安部には相続人がいないため、文化庁が遺品のフィルムの調査に乗り出すことになっている。

神戸大学の学生時代から祖国・朝鮮の映画に熱い気持ちを抱き、いつの日かこの不朽の名画を見た

北海道立図書館に保管されていた『アリラン』上映会のビラ

いと念じながら映画評論を書き続けてきた。朝鮮通信使の史料発掘の過程でも文字情報より、絵画などビジュアルな世界を追い求めてきた。

そんな辛基秀に対し、四十年近い付き合いがあった関西大学文学部講師の梁永厚《ヤンヨンフ》は「いくつもの仕事を結実される中で、おそらく辛さんが残念がっておられたことは、『アリラン』のフィルム入手が不調に終わったことくらいではないかと思います。若い在日の映画人が生まれていますので、きっと遺志をついでくれるはずです」（『GLOBE』二〇〇三年冬号）と追悼の言葉を送った。

それにしても、絶えず、朝鮮半島と日本の民衆の連帯を模索してきた辛基秀にとって、横田めぐみさんら多くの日本人を拉致する事件を引き起こした北朝鮮の問題をどう考えようとしたのか――。日本から平壌《ピョンヤン》入りした小泉純一郎首相に金正日総書記から北朝鮮が拉致した日本人八人が死亡という衝撃の知らせが伝わったのは二〇〇二（平成十四）年九月十七日のことだった。

辛基秀はその約二十日後、大阪市立医療センターで肺炎を悪化させて息を引き取るが、このニュースはテレビで見て知っていた、という。

辛のベッドの周りには新聞各紙や書籍類がまるで書斎のようにたくさん持ち込まれ、気管を切開して声を出せない状態が続いていたとはいえ、亡くなる前日まで世の中の動きには人一倍敏感だったのである。

若いころは北朝鮮の社会主義国家建設へも夢をはせ、朝鮮総連の活動家として、在日の生活条件向上を目指し、帰国運動にもかかわりを持った。

しかし、「楽園」への夢は破れ、総連とは決別したが、失敗に終わった帰国運動への苦渋の思いや、今後の日本と朝鮮半島との関係や南北朝鮮の統一問題についてもいろいろと考えることもあったであろう。

一九九五（平成七）年の十月、大阪府堺市の堺朝鮮初級学校で「戦後五十年を考える堺市民の集い」が開かれた。新聞記事にも取り上げられないくらいのささやかな集まりだったが、辛基秀はこの場にゲストスピーカーとして招かれ、「解放後の自由を原点に、在日の我々は祖国の情勢に一喜一憂せず、日本の中で本当の統一活動をやるべきではないか」と語り、父兄たちから盛んに拍手を浴びていた。

「朝鮮総連の牙城と言ってもいい朝鮮学校に辛さんが本当に来るとは思わなかった。辛さんの話を聞きたいという校長さんの決断と、それを支持する父兄がいたから実現したわけで、組織の論理を超えた熱い雰囲気に感動しました」

当時、この集いの調整役を務めた教科書資料館代表吉岡数子はこう振り返る。

辛基秀が大阪歴史博物館に寄託したコレクションの中には、朝鮮通信使が日本へ持ってきた『平壌都市図屏風』という八曲一隻の屏風がある。

一八〇〇年代の平壌の山並みや城、大同江《テドンガン》などを描いた版画で、辛はいつかこの作品が日本と北朝鮮の橋渡し役に使える日が来ると信じていたのではないだろうか。

やり残したことや言い残したことはたくさんあるに違いなく、そんな辛基秀の心のうちの一部を垣間見るようなエピソードを紹介しよう。

拉致事件発覚より二ヵ月前に、サッカーワールドカップ（W杯）での韓国と諸外国の戦いぶりについて病院で声の出せない辛基秀と筆談で次のようなやりとりを交わしたことがある。

――病床でテレビを見ていての印象は。

「怒濤のような民衆の力を感じます。『赤い』とか『アカ』はかつては人の政治生命を奪う言葉だった。ところが、韓国の応援スタンドは唐辛子色のシャ

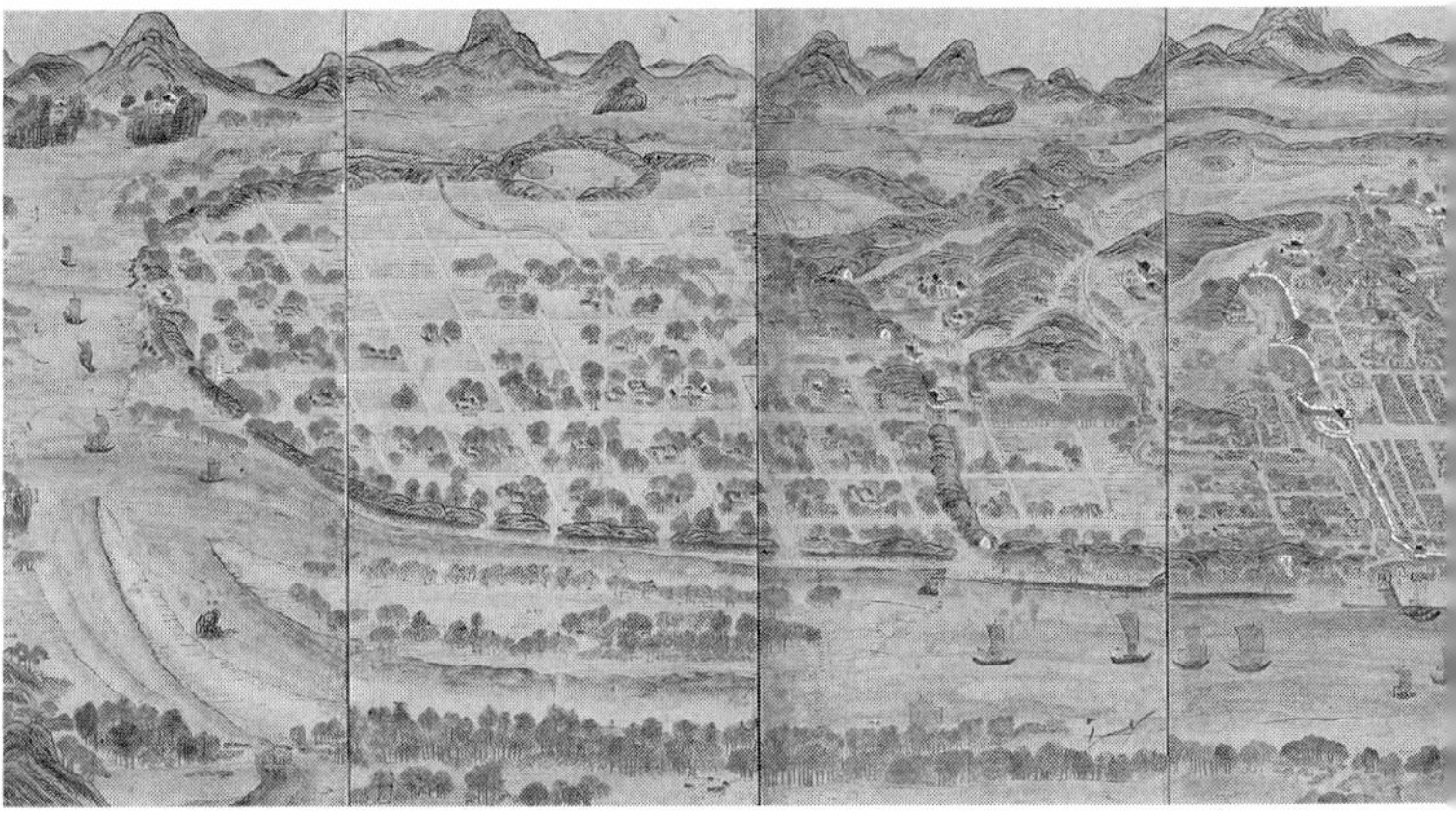

『平壌都市図屏風』（大阪歴史博物館保管）

ツを着た若者たちの赤い色ばかり。時代は変わるもので、何よりもその迫力に驚かされました」

――「リトルソウル」とまで呼ばれる東京の新大久保では、日韓の若者たちがW杯を見て大いに盛り上がりました。

「日本の若い人も韓国の青年もベールを取り払って交流を始めた気がする。まるで現代の通信使が行き来しているようでうれしいです」

――街で韓国のチームを応援しているコリアンの中には、朝鮮籍を持っていたり、北朝鮮支持の若者もたくさんいます。

「国家の形は変わるが、民族は一緒やと、改めてそう思いました。国家はたかだか百年の歴史しかないもの、それを実感しました。大事なことは民衆同士のつながりで、そこに目線を当てていればいいのです」

サッカーW杯の応援で盛り上がる在日コリアンと日本人の若者たち
（2002年６月、東京・新大久保で、撮影・橋田欣典）

それから二年後の日本は、テレビドラマ『冬のソナタ』の放映や韓国映画が相次いでヒットし、若者はもちろん、中高年の女性に至るまでハングルを勉強し、「韓流」ブームの真っ只中にある。

竹島の帰属や歴史教科書問題など、国家と国家の交わりという意味では、日本と韓国の間には依然厳しい局面もあるが、韓国には日本文化が輸入解禁になる以前から日本のアニメや音楽などが広く浸透しており、民衆同士の文化交流は太くなる一方だ。

辛基秀の遺した朝鮮通信使研究の業績は、日本と朝鮮半島の距離を縮め、二十一世紀の韓流ブーム到来の下地を作ってきたとも言えよう。

それにしても、七十一歳という高齢化時代の日本では早すぎる冥土への旅立ち。辛はこれまで収集した通信使関係の膨大な史料とコレクションを基に、さらに研究を深めようとしていた矢先の無念の死である。

辛基秀は一九八七（昭和六十二）年に五十六歳で初めてヨーロッパへ行った時、オランダの若者が集まるパンク専門のバーに、そうとは知らず入り込み、周りの若者と仲良く乾杯を繰り返した。家族と訪れたイタリアも好きで、病床でも「（中世の面影が残る）シエナにまた行きたいな」などと話していた、という。

いつも好奇心が旺盛で、楽天的な人なのである。

パリのビストロで乾杯する辛基秀

一九八〇年代に初めて韓国へ渡った辛は、行く先々の田舎の食堂で地元の古老たちと막걸리《マッコリ》（どぶろく）を酌み交わしたと聞くが、今の時代なら、大きく様変わりしたソウル・明洞《ミョンドン》辺りのカフェでエスプレッソでも飲みながら、「冬ソナ」などをテーマにした韓国の最新映像評論や朝鮮通信使関係の論文を書いていたかもしれない。

朝鮮民族の意識を強烈に持ったコスモポリタンで、良い意味での괜찮아요《ケンチャナヨ》精神に満ちあふれた人。辛基秀のそんな姿を見ることができなくなってしまい、本当に残念でならない。

第7章　父の夢を実現

韓国・大邱市郊外の友鹿洞を訪ねた辛理華　2015年10月、撮影・堀誠

1、韓国で上映

辛基秀が二〇〇二年十月に七十一歳で亡くなった後、日本と韓国の間では朝鮮通信使をめぐって新しい動きがいろいろと起きてきた。

日韓共催のサッカーワールドカップ（W杯）に続く韓流ドラマの放映で隣国を訪れる日本人女性が増え続ける中で、日本と韓国の中高年男女がソウルから東京までゆかりの地を訪ね歩き、人々と交流する「二十一世紀の朝鮮通信使　友情ウォーク」もその一例だ。

この試みは、江戸時代に第一回朝鮮通信使が来日してから四百年を記念して、二〇〇七年に始まり二年に一度行われており、二〇一七年が七回目。四月一日に景福宮を出発し、約二千キロの道のりのうちフェリーやバスを除き、千二百キロを五十日余りかけて日比谷公園まで歩き通す。本書『辛基秀と朝鮮通信使の時代』の熱心な読者が企画し

ソウルの景福宮から出発した朝鮮通信使友情ウォークの参加者　2015年４月
写真提供：共同通信社

た試みといえば、泉下の辛も微笑むことだろう。

一行はかつて通信使がたどった忠州、安東、慶州…と釜山へ至る古道や田園の道を歩いて地元と草の根交流を続けるが、日本側隊長の遠藤靖夫は「韓国内の各地で熱烈な歓迎を受けた。そして自治体の首長さんから国と国の関係が難しいときにこそ、我々のこうした交流が大事と励まされた」と感想を話す。

その反面、二〇一一年には日本の戦争犯罪を告発する従軍慰安婦像が日本大使館の前に設置されたり、韓国の李明博大統領が二〇一二年に帰属をめぐって日韓で争いのある竹島に上陸したりするなど、政治外交面での両国関係は波立ったままだ。

こうした中で、二〇〇五年には『マンガ嫌韓流』が発売され日本国内でベストセラーに。二〇一三年には汚い言葉で韓国人をののしるヘイトスピーチのデモが国内で広がるようになり、二〇一六年にヘイトスピーチ対策法が施行された。

日韓の溝が広がる中で際立ったのが、辛基秀の次女理華による映画『解放の日まで　在日朝鮮人の足跡』と『江戸時代の朝鮮通信使』の韓国内での上映運動である。

理華は祖国の文化を深く知りたい、として二〇一〇年十月に延世大学の語学堂へ留学した。この年二月のバンクーバー五輪にＮＨＫの取材リサーチャーとして参加し、フィギュアスケートで日本の浅田真央のライバルと注目された金妍児の担当となった。

その後も、二〇一一年の広州アジア大会、二〇一二年のロンドン五輪と、韓国がらみの取材の機会が増えてくるため、韓国語にさらに磨きをかけたいと考えたのだという。

理華はソウルの学生下宿で若者と暮らしながら、様々な人と交流するうち、「自分にしかできない父からの宿題」として、父親のつくった二つの記録映画の上映を父の祖国で実現したい、と考えるようになっていく。

特に、朝鮮通信使の作品については上映が始まった中学生時代、教頭から呼び出され、「大変なことになった。君のお父さんが歴史を換えた。教科書も変わる」と伝えられたことがあったからだ。と言っても、韓国の放送局に知人がいるわけでもなく、資金も十分にない。どうすればいいのかと思い悩んでいた時、フランス大使館のダニエル・カペリアンと知り合う。

パリの大学で教鞭をとっていた映画プロデューサーで、釜山国際映画祭でユニークな企画を実現したりする韓国映画界にとって欠かせない人物だった。

その重鎮が父親の記録映画に関心を持って支援してくれるようになった。『月はどっちに出ている』を製作した在日の映画監督・崔洋一ともその流れで出会い、「映画は上映場所さえ用意してもらえば、自らやるべき仕事をしてくれる」と励まされたという。

崔はかつて故大島渚の助監督を務めたこともあり、理華には父の作品を国立近代美術館のフィルムセンターで保管してもらい、後世へ残すことを勧めてくれた。

大島渚は以前にも触れたように、辛基秀と親しく、『忘れられた皇軍』を見た辛が「日本人の大島君がこんな映画を撮るのだから、自分も在日一世の記録を残さなければ」と頑張って六年間かけて完成させたのが『解放の日まで』だったのである。

この映画は二〇一三年八月十五日、ソウルで公開にこぎつけ、国立劇場には市民の長い行列ができた。

「日本にいた朝鮮人労働者が青春の血をたぎらせて、植民地からの解放を目指して闘っていたことを知ってほしい」というのが辛基秀のメッセージで、朝鮮日報でも「まさに解放記念日の八月十五日に見るべき映画」として大きく紹介された。

理華は朝鮮日報の取材に次のように答えた。

「在日韓国人の一世は言葉、生活苦のために自分たちの話を残せなかった。二世は両親が失敗者だと思って話を聞こうとしなかった。この映画を観た在日韓国人は自分たちが日本で堂々と生きてきたことに気付きます。

父はこの世を去るまで後悔していました。もし自分が何者で、どこに立っているのかをもっと早く知ったら、生存者の証言をもっと多く記録に残せただろうに」

上映会の後、八十代の男性が理華に「なぜ余命いくばくもない自分が今頃になってこんな映画を観なければいけないのか」と憤りをぶつけてきた。

理華はかつてインパール作戦の戦争被害者の取材をした体験があるだけに、その老人の気持ちを痛いほど理解できた。日本で働かされた人々が生きているうちに、もっと早く韓国でも上映するべきだったと悔やみ、自分に今後できることは何かと自問自答したという。

その時に「暗くて重い過去を検証することは大切だが、それだけでは不幸はなくならない。明るい歴史を紹介することも必要だ」という父の言葉を思い出し、『江戸時代の朝鮮通信使』に韓国語の字幕を付ける準備を始めた。

そして、日韓国交正常化五十年の二〇一五年五月、国際映画祭で使用される釜山の「映画の殿堂」で、『江戸時代の朝鮮通信使』の上映会開催を実現したのである。

釜山は毎年、通信使パレードを行うところで、市民の関心も高い。映画を観ての感想について韓国人と結婚した日本人女性の一人は「子どもが学校の歴史の授業で肩身の狭い思いをしてきたが、日韓の友好の歴史を知って自信が付いたようだ」と語ったという。

続けてソウル市立大学や国会憲政記念会館でも上映会を開き、研究者や学生、国会議員らがスクリーンに広がる時代絵巻きに目を奪われた。その後もこの映画は韓国国内や日本の各地で上映が続けられている。

理華は『江戸時代の朝鮮通信使』を上映することの意味について、講演などの場で次のように話す。

「日韓関係が困難になればなるほど、友好の記憶をもう一度思い出すために、この映画を多くの人にみてほしいと思う。日本と朝鮮半島の関係は千年の歴史があるだけに、過去の不幸な五十年だけでなく、百年後の未来を見据えて行動しなさい、と父に教わりました」

映画の釜山上映に協力し、長年、朝鮮通信使の紹介を続けてきた元釜慶大学校総長の姜南周は「韓日市民の多くは、慰安婦や独島（竹島）問題はもちろん、嫌韓雰囲気をめぐる議論を早く清算してほしいと願っている」として次のように続ける。

「（文禄・慶長の侵略）戦争によって敵対関係になった朝鮮と日本が、過去を清算して善隣友好の道を切り開くことができたのも朝鮮通信使によってである。この記念碑的先例に映像で光を当てた辛基秀さんの業績を韓国に紹介した理華さんの努力は歴史的にも映画史的にも意味がある。英語や欧州言語の字幕も入れて、両国が成し遂げた平和の歴史を世界中に伝えてほしい」

理華はこうした声を受け、『江戸時代の朝鮮通信使』の英語版を二〇一八年一月に完成させた。オランダや英国での上映計画も進んでいる。

「韓日外交の怪物」の異名があるほど、両国関係に詳しい国際韓国研究院院長の崔書勉は「朝鮮通信使の長い絵巻物には韓国人がたくさん描かれ、重要な役割を持った人物が多数訪日していたことが読み取れる。パクス・トクガワーナと呼んでもいい、徳川二百六十年の平和が続いた理由の一つはここにもある」と指摘した上で、

「通信使の史料を長年発掘されてきた辛基秀さんの業績はとても大きい。そうした父の思いを伝えてきた理華さんはうらやましいほど親孝行な娘さんだ。韓日両国の平和的未来を考えるため、われわれは通信使から学ぶことが多いのではないか」と話している。

韓国では、前大統領の朴槿恵が収賄など多くの罪で起訴されたことに伴う大統領選が二〇一七年五月に行われ、「共に民主党」前代表の文在寅が選出された。盧武鉉以来九年ぶりの革新政権誕生で、「正義感あふれる国、原則と常識が通じる国らしい国をつくっていきたい」という呼びかけに国民の支持が集まった。慰安婦問題について「反人道的な犯罪。加害者の日本政府が自ら終わったと口にしてはならない」と述べ、日韓合意で問題は解決済みだとする日本をけん制した。

北朝鮮では最高指導者、金正恩の異母兄、正男の暗殺事件が明るみに出る一方で、日本海へミサイルを撃ち込む実験を繰り返し、米本土まで射程に入る大陸間弾道ミサイル（ICBM）の開発にまで成

功したと発表して米トランプ政権を一時緊張させた。

二〇一八年四月の南北朝鮮首脳会議は「核のない朝鮮半島を実現するという共同目標を盛り込んだ板門店宣言をして注目された。続く六月の史上初の米朝首脳会談ではトランプと金正恩が直接握手し、朝鮮半島は緊張緩和の入り口に達したとの雰囲気も演出したが、日本人拉致問題については依然出口が見えていないのが現状だ。


辛理華が辛基秀の実績を韓国で伝えるため映画二作の上映運動に取り組む一方で、力を入れてきたのが父親の遺作となった『朝鮮通信使の旅日記』（ＰＨＰ新書）の韓国訳出版だ。

辛基秀はこの本が完成する二カ月前に亡くなったため、最後の作品を直接自分の手に取ることができなかった。その本が父の祖国で『朝鮮通信使の旅情』のタイトルで刊行されることになり、理華はその喜びを次のように語った。

「朝鮮と名のつく取材はすべてお断りという寺もありました。それでも京都・相国寺の蔵の中から通信使の書を見つけ喜びのあまり飛び出してきた父の頭はクモの巣だらけ。対馬にある雨森芳洲のお墓探しは草むらの中の宝物探しだった。そうしたゆかりの地に写真を付けて紹介したので、この本を読んだ韓国の一人ひとりが通信使となり、それぞれの旅日記を描くきっかけとなれば父も喜ぶと思うのです」

2、世界記憶遺産へ登録

日本と朝鮮半島をめぐる関係は、政治・外交のレベルではかつてないほど冷え込んでいて、そうした中で唯一希望を見いだせるのが二〇一七年十月、国連教育科学文化機関（ユネスコ）が朝鮮通信使を世界記憶遺産（世界の記憶）へ登録した点だ。

「国の力を借りずに民間の主導で登録が実現し、感無量。二百六十年に及ぶ隣国間の平和を実現した通信使は世界史的にも特筆されるべきで、日韓両国はじめ世界の多くの人々にその存在を知ってもらいたい」と喜ぶのはＮＰＯ法人朝鮮通信使縁地連絡協議会（縁地連）の理事長松原一征だ。

対馬で海運業を営む松原は一九九〇年に来日した韓国大統領の盧泰愚がスピーチで対馬藩の儒者・雨森芳洲に触れたことに感銘を受け、五年後に通信使ゆかりの地へ呼びかけて縁地連を結成した。各地でリレー式に大会を開き、交流運動を続けてきた。松原は釜慶大総長も務め釜山文化財団元理事長の姜南

毎日新聞
10月31日(火)
朝鮮通信使「世界の記憶」に
日韓で推進　ユネスコ委、勧告案
西日本新聞
2017年
10月28日(土曜日)
大分県のしいたけ料理の本
朝鮮通信使 記憶遺産に
ユネスコ　日韓申請、初登録へ
中日新聞
2017年(平成29年)10月31日(火)
朝鮮通信使「世界の記憶」
ユネスコ　上野三碑も登録
杉原リストは不登録

朝鮮通信史の世界記憶遺産登録を１面トップで大きく伝える新聞各紙
2017年10月31日『毎日新聞』朝刊（共同通信配信）、2017年10月28日付『西日本新聞』朝刊、2017年10月31日『中日新聞』朝刊

周とも親しく、二〇一二年に釜山で朝鮮通信使祭りが開かれた時、韓国側からの声掛けでユネスコへの登録申請を日韓共同で行うことを決めたという。

世界記憶遺産は歴史的な文書や絵画などを後世に伝えるためユネスコが一九九二年から始めたもので、「アンネの日記」や「マグナカルタ」など三百五十件近くが登録されている。審査は二年に一度行われ、日本からはこれまでに「山本作兵衛炭坑記録画・記録文書」など五件が登録されている。

遺産登録申請の日本学術委員長となったのは辛基秀の友人で長年通信使の研究をしてきた京都造形芸術大客員教授仲尾宏、韓国側は釜山文化財団元理事長の姜南周だった。日韓共同の学術会議を十一回開いたが、国情の違いや歴史認識の微妙なずれから対立することもあった。しかし、その都度白熱した議論をしながら認識を共有していき、四年がかりで共同申請にこぎつけた。

最終的に登録された通信使関連の資料は三百三十三点に及ぶが、正式な決定を二〇一七年十月三十一日未明にユネスコのＨＰで知ったという下関市立歴史博物館館長の町田一仁は仲尾との共著『ユネスコ世界記憶遺産と朝鮮通信使』（明石書店）の中で、自身の感想を次のように記している。

「欣喜雀躍し友人知人にメールした。…本棚を見ると辛基秀さんの著書が並んでいた。そうだ、この報告はまず辛さんにすべきであったと恥じた。外に出て満天の星が輝く空を見上げて手を合わせ、天上にいる辛さんにユネスコ世界遺産登録を報告した。朝鮮通信使を広く世に知らしめたのは辛さんの力によるところが大きい。亡くなって十五年、歴史的意義がようやく世界で認められた」

町田は三十代の駆け出し学芸員のころ、辛基秀と一緒に京都の古い寺へ通って通信使の史料を探し求めた日々を思い出していたに違いない。

「首を長くして登録の日を待っていました。一番喜ばれたのは辛基秀先生だったのにこの世におられずまことに残念」と語るのは対馬出身の元長崎県職員仁位孝雄だ。映画『江戸時代の朝鮮通信使』をみて感動した仁位は一九八九年からカメラを持って通信史の足跡をたどり、二〇〇二年に写真集『朝鮮通信使の道』を出版した。病床の辛基秀のところへ届けると「よう頑張った。いい写真が撮れてる。アンタの最終目標は平和ですよ、と言って励ましてくださったことが忘れられない」と辛との交流を振り返る。

朝鮮通信使の世界記憶遺産決定を受けて、いろいろな動きが出てきている。日本各地では登録された資料をどう保存して、公開していくか関係者の間では議論が進むが、京都造形大の仲尾は「関係資料の保存はその地の資料館や博物館にお願いし、お寺ではレプリカで公開する。登録後も行政は予算をしっかり付けて図録の作成などに当たってほしい」と提言している。

韓国側では国立海洋文化財研究所（木浦市）が二〇一五年から国費二億円余りをかけて通信使一行が乗った木造船（全長三四・五メートル、全幅九・三メートル）を再現させる事業に取り組んでいる。日本側に残る資料を参考に設計図を引き、樹齢七十―百五十年の松約五百本を使用するという本格的プロジェクトで、釜山から対馬までを三時間で航行する計算だ。

釜山市の外郭団体である釜山文化財団は、通信使が出発した釜山港エリアに約百億円かけて世界遺産に登録された記録物を集約する記念館を建設するための準備を進めている。同財団の柳鐘穆代表理事は西日本新聞の取材に対し次のように話している。

「登録を機に関係自治体によるネットワークをつくり、さまざまな行事を仕掛けたい。われわれは日本の団体と何度も意見を交わし、理解を深めた。小さくてもこうした交流を地道に続け、広げていけば、両国の政治関係にも良い影響を与えるはずだ」（二〇一七年十二月二十五日付朝刊）

日韓両国の通信使をめぐるこうした動きを見ながら「ハード面の充実も結構だが、ソフト面にも目を向けるべきだ」と語るのは日韓交流史研究家の嶋村初吉で、「通信使の精神を次世代に伝える人材育成が急務。政治家に通信使について語れる人物がいないことも問題で、日韓のトップが首脳会談で通信使を話題にできれば両国関係も変わるだろう」と語る。

日本と朝鮮が対等な立場で外交を続けた朝鮮通信使。辛基秀が映画『江戸時代の朝鮮通信使』を製作し、その埋もれた歴史に光を当ててから二〇一八年は四十年目に当たる。

辛の次女理華は通信使が世界記憶遺産に登録されたことについて「父がまいた種が実ったようで本当にうれしい。今や、善隣友好の精神、平和を愛する心は、日韓の財産だけではなく世界的なものとなった」と喜ぶ。

今回ユネスコに登録された通信使史料の多くを自宅で見てきた理華は一家の思い出を次のように振り返る。

「自分は幸せな子ども時代をすごしたと思う。我が家の居間には『一衣帯水』と書いた扁額がかけてあって、その下で通信使の絵巻物などが部屋いっぱいにひろげてあった。それを見ながら母の作った手料理で父は友人たちと宴会をやるのですが、ほろ酔い加減で満足そうな表情をしていた父のことがいつまでも忘れられません」

旧版 あとがき――先輩ジャーナリスト、故風間喜樹さんのこと

一人の先輩ジャーナリストのことを、この場で書き残しておきたい。

日本と朝鮮半島の間に友好の橋を架けるために精力的に記事を書き続けた風間喜樹《かざまのぶき》さん。共同通信大阪社会部の記者で、一九八三（昭和五十八）年十月二十二日、東京・築地の国立がんセンターで、胃がんのため死去、四十三歳だった。

在日コリアンと裸の付き合いをし、朝鮮問題を本音で理解できる彼の死を、当時関西に住む在日の人たちや記者仲間の多くは嘆き、悲しんだものである。

この本の主人公、辛基秀《シンギス》さんの盟友で、江戸時代の朝鮮通信使についてもかなり早い時期から取り上げる一方、在日コリアンが民族差別の壁を乗り越えながら活躍する姿を紙面で紹介し続けた。韓国の田舎を放浪する一方、当時は未開放地区だった北朝鮮との国境に当たる中国・丹東の現地ルポを書いたこともある。

いつか猪飼野《いかいの》へ移り住んでおでん屋をやりながら、在日の人々の記事を書くことが夢だった。

「アイヤー、しばらく」――。いつもマドロスパイプをくわえ、風のように現れては皆に笑いと煙を残して、どこかへ消えて行く不思議な人物。女性に声をかけることと、アルコールが好きで、ハングルの新聞も手放さなかった。

どんなに大きな事件事故が起きてもあわてることなく、悠然としており、フーマ大王と呼ばれ、皆

から慕われていた。

風間さんは、私が堺支局にいた当時の支局長で、辛さんと二人で深夜、支局の片隅で碁を打っていた姿をよく覚えている。江戸時代の忘れられた儒者・雨森芳洲《あめのもりほうしゅう》の生誕二百二十五年祭には辛さんと一緒に長崎県・対馬へ渡り、芳洲先生の子孫たちとも交流し、旨い酒を存分に飲んでいたはずだ。

二人に共通しているのは、人間が限りなく好きだったという点で、私はいろいろなことを教わったように思う。

風間さんが亡くなってからは、辛さんとの付き合いが深まり、朝鮮通信使の世界の広がりと奥深さに心を動かされ、朝鮮半島問題は自分の取材テーマの大きな柱になっていく。

戦後五十年に当たる一九九五（平成七）年の夏、戦後処理問題をテーマに大型連載企画に取り組むことになり、東京社会部で遊軍記者をしていた私は、社内の会議で朝鮮通信使を取り上げてはどうかとアピールした。

豊臣秀吉による朝鮮侵略である文禄・慶長の役（韓国では壬辰《イムジン》・丁酉倭乱《チョンユウェラン》）の誠実な戦後処理が

大阪社会部の遊軍席でタバコをくゆらせながらくつろぐ故風間喜樹さん
（『癌を見据えて　風間日記　追憶の夢』より）

あって、日本と朝鮮の友好関係は復活した訳で、その現代史的意味を探るのは面白いと思ったからなのだが、定番はヒロシマ・ナガサキの被爆者問題で、通信使は時代が古すぎるという理由で却下されてしまった。

その時から「辛基秀と朝鮮通信使の世界」を新聞記事だけではなく、いつか長編ドラマのような作品に仕立て上げたいと願うようになり、三年間の仙台勤務時代を除き、夏や冬にまとまった休暇を取っては関西へ足を運び、取材を続けてきた。

ところが、辛さんは二〇〇二（平成十四）年秋に七十一歳で亡くなり、取材は意を尽くせないものとなっていく。

北朝鮮による横田めぐみさんら日本人拉致問題が明るみに出て、日本と北朝鮮の関係は極度に冷え込んでしまった。『冬のソナタ』や韓国映画の爆発的ヒットなどにより、韓国との関係は一時期民衆レベルで「朝鮮通信使以来の友好の高まり」（朝鮮日報）というほどの盛り上がりを見せながらも、竹島（韓国名・独島《ドクト》）の帰属をめぐって島根県が三月に「竹島の日」条例を制定したことや、歴史教科書の記述をめぐり反日感情が再燃してきている。

こうした現実を前に、日本では空前の韓流ブームが広がっているが、識者の間では、韓国映画の恋愛ドラマなどにばかり関心を奪われ、過去の歴史問題にまで目が向いていないことを問題視する声もある。

しかし、隣国の、かつて植民地支配した国の人々へ日本人女性が限りなく親近感を持つことの意味は大きいと思う。それもカルチャーセンターへ通って韓国語まで覚えようという姿勢には、かつて朝鮮半島出身者から言葉や名前を一方的に奪った日本の負の歴史を考えれば、辛基秀さんも過去の傷跡をいやす行為として泉下で微笑んでいるのではないだろうか。

辛さんが日本と朝鮮半島の間に横たわった溝を埋めるために『江戸時代の朝鮮通信使』という映画を作ったのも、朝鮮からの客人一行を見つめる日本の民衆の眼差しにあこがれに近い感情を読み取ったからだった。

その意味で言えば、今の韓流の原点は江戸時代の朝鮮通信使にまでさかのぼって考えることもできるのである。

それにしても今の時代は、日本と朝鮮半島の歴史を見るなら、かつてないほどねじれた、いびつな関係で、こうした時代にどうやって局面を切り開いたらいいのか、辛さんに意見を十分聞けなかったのは残念だった。

この作品は表面しかなぞっていないという批判も出てくるかもしれない。しかし、日本と朝鮮半島の平和と友好を願ってこれだけダイナミックに行動してきた人物はいなかったのではないか。その足跡を記録することには十二分に意味がある、と考え筆をとってきた。

原稿に詰まると、辛基秀さんが堺で経営していた「魚一」といういけす料理屋で、風間喜樹さんと酒を飲んでいたころを思い出すことがある。

対馬から送られてくる真鯛は、刺身にすると甘味とプリリとした歯ごたえがあっておいしかった。知り合いをよく連れて行ったが、辛さんは気前が良すぎて、店は数年で傾いてしまったように聞く。

あれから四半世紀——。なにぶん書斎など持てない東京の狭いマンション暮らしのため、図書館や喫茶店、居酒屋のカウンター、公園のベンチ、果てはJR山手線の車内……と季節の移ろいを見つめながら、携帯パソコンを持って移動執筆を続ける日々だった。

そして、戦後六十年の大きな節目の年の夏に、ようやくゴールへたどり着くことができた。これも、心の師でもある風間さんの導きがあったからではないか、と思って感謝している。

この本を書き上げるに当たっては、姜鶴子《カンハッチャ》夫人らご遺族をはじめ、仲尾宏先生、ジャーナリストの中川健一、川瀬俊治、西村秀樹の各氏、それに数々の資料を収集されていた上西法子さんには特にお世話になった。また、かつて大阪・堂島で、書肆「青泉社」を営んでいた木村英造氏からは始終叱咤激励を受けた。

さらに、何よりも幸運に恵まれたのは、『大系　朝鮮通信使』全八巻を出版した明石書店の石井昭男社長と編集部の黒田貴史、朽見太朗の両氏にこの本を世に出していただけたことである。

そのほか、多くの方々の協力を得たが、十年間の取材でお世話になった人の数はあまりにも多く、一人ひとりのお名前を挙げることはできないが、この場を借りてお礼を申し上げたい。

皆さん、本当にありがとうございました。

二〇〇五（平成十七）年八月十五日

韓流のルーツを探る旅を終え、東京・新大久保で　　上野敏彦

解説

「通信使の精神」伝える、熱き研究者魂

嶋村　初吉

二〇一七年十月三十一日未明、朝鮮通信使のユネスコ世界の記憶（記憶遺産）登録決定というニュースが飛び込んできた。その日、東京・浅草で知った。川越、浅草、日光を訪ねる通信使の旅を行っている最中。心の中で万歳と叫んだ後、「辛基秀《シンギス》先生がご健在だったら…」という思いがこみ上げた。戦後、埋もれていた通信使の歴史を掘り起こし、蘇らせた恩人である。研究者の枠を超えて、地域起こしのアドバイザーとしても尽力された。

辛基秀先生を思い出すとき、滋賀県高月町（現、長浜市）で徐賢燮《ソヒョンソプ》氏と固く握手する光景が目に浮かぶ。高月町は江戸時代、対馬藩の外交官として活躍した雨森芳洲の生誕地。一九九八年、朝鮮通信使縁地連絡協議会（縁地連）の全国交流大会に、当時、駐福岡大韓民国総領事だった徐氏が招かれた。徐氏は、一九九〇年に来日した韓国の盧泰愚《ノテウ》大統領が、宮中晩餐会の答礼で行った雨森芳洲を称える演説の草稿を書いた人だった。演説を通して芳洲、通信使が脚光を浴びるようになり、縁地連は活気づく。通信使を広めた二人の握手は、海峡を越えた日韓の友情に思えた。

日韓関係は、靖国参拝をはじめ政治家の言動によって、これまで度々揺れ、険悪になった。その影響は官民の交流事業にも及び、延期・中止に追い込まれるのが常だった。この悪弊を断ち切るには、

政治に影響されない市民意識の成熟さが求められる。これを醸成するのが日韓友好の歴史、それも朝鮮通信使である。

朝鮮通信使が往来する江戸二百年間、誠信の交わりを通じて、東アジアに安定した平和秩序がもたらされた。この歴史を日韓両国社会に広く伝え、友好的な関係を維持したい。これは通信使に関わる人ならば誰しも、考えることである。

二〇〇一年、京都と福岡両市で開催された、朝鮮通信使の史料を網羅するような展覧会。「二十一世紀は通信使のメッセージが生きる時だ。その思いが強い」という辛基秀先生の話を、福岡の記念シンポジウムで司会を担当した私は聞いた。

二〇〇二年十月、死去された辛先生の遺志を継ぎ、朝鮮通信使顕彰に打ち込んでいるのが、娘の辛理華さんである。毎年一回開かれる縁地連の全国交流大会に親子で、父親亡き後は、母親の姜鶴子さんと共にいる姿を度々見た。まさか語学研修のためのソウル留学から、父親が製作した映画の上映運動まで踏み込んでいるとは…。通信使仲間から噂は聞いていたが、予想を遥かに超える活躍である。その精進・奮闘ぶりを新しく書き加えたところに、今回出した新版の特徴がある。これが新版の核心部分である。

いうまでもなく辛理華さんの活動は、朝鮮通信使を若い世代に伝えるための布石となっている。日韓の友情を育てるには、何か良い教材はないか。両国の教師は頭を悩まし、模索してきた。それで辿り着いたのが、二〇〇〇年の友好の歴史を刻む通信使だった。例えば日本の広島と韓国・全羅北道の大邱両市の教職員組合。数年間にわたって合同会議を重ねて、二〇〇五年に通信使をテーマにした日韓共通の教材を作り上げている。

未来の友好的な日韓関係を築く上で、若い世代に朝鮮通信使の歴史を、その精神を伝える意義は大きい。


国境の島・対馬で一九九五年に開かれた朝鮮通信使縁地連絡協議会の結成大会。大阪から福岡の新聞社に転じた私は、関西時代に面識のあった辛基秀先生と再会した。通信使ゆかりのまちは東西に広がり、その数も多い。下関、上関、下蒲刈島、鞆の浦、牛窓、高月町、岐阜、分部町、静岡など、遠来から地域の代表が駆けつけた。辛基秀先生は出会う人ごとに声を掛けられ、握手を求められる。聞こえてくるのは、「先生のお陰で、唐人踊りが復活できた」「絵巻物の価値を教えてくれた」など感謝の言葉。これから、辛基秀先生が研究者と地域アドバイザーという二つの顔をもたれていたことが納得できた。

朝鮮通信使に関する、新聞記事も忘れられない。辛基秀先生が登場する記事が多いからだ。それだけ、史料発掘に関わっている証しである。なかには、欧米まで出掛け、史料と対面している。たとえば、一九九三年、英国・ロンドン大学で通信使の絵巻物を確認している。

この現場主義・現物主義に、重なる人がいる。歩く民俗学者・宮本常一（一九〇七―一九八一年、山口県周防大島出身）である。渋沢栄一の孫・敬三にスカウトされ、東京のアチック・ミューゼアムを拠点に三十年余り、農山村・漁村・離島などを調査して回った。著作も多く、地域住民にアドバイスして、芸能振興や特産品づくりにも貢献している。

『忘れられた日本人』『家郷の訓』などの著作で知られる宮本の仕事は、対馬で評価が高いし、今でも語り継がれる恩人である。辛基秀先生も、それに十分値する。

日韓関係は、時代によって揺れ動いた。江戸時代、平和の使節として民衆に歓迎された朝鮮通信使は、明治新政府が誕生すると「朝貢使節」と位置付けられた。征韓論に象徴されるように、朝鮮を従属しようという意見が政府内で根強かったからだ。さらに大戦中、通信使が往来した日朝友好の歴史が意図的にかき消されていった。歪んだ征服史観がそうさせた。

戦後、埋もれていた朝鮮通信使の歴史を掘り起こしたのは、辛基秀先生をはじめ在日の研究者である。映像記録作家として、強制連行をはじめ「影」の歴史を長年追っていた辛基秀先生が、日韓の「光」の歴史、通信使に転じたきっかけは、どこにあったのか。

娘さんが小学校時代に受けたいじめにあった。その姿を見て「日本人のゆがんだ朝鮮観はどこから生まれるのか」と深く思いを巡らした。このような時期、たまたま古書市で見かけた絵巻物と出合う。朝鮮通信使を描いたものだった。一美術商が語る、民衆が愛した絵画を大事にしなさいという言葉にも影響された。

まさに朝鮮通信使は、民衆が歓迎した隣国の使節だった。通信使高官の描いた書画をもらった民衆は、それを家宝のように大事にした。高官が宿泊する客館には、儒学者、文人、画家、医者などが訪ねて筆談で問答を行い、書画を交換した。この歓迎ぶりは、「元祖韓流」ともいうべきブームである。両国の思惑も、通信使を熱烈歓迎する日本の民衆によって抑えられ、払われていく。

思惑とは何か。「文の国」朝鮮王朝は儒学思想で、野蛮な「武の国」日本を教え導きたい思惑を抱く。徳川幕府は天下統一後、支配体制強化に利用したいという思惑があった。これが、朝鮮通信使の来日が重なるごとに薄れていく。民衆が通信使を歓迎する姿は、一時的なものではなかった。来日の度に、ブームが巻き起こった。

一美術商が論した話は、ここに落ち着くのではないか。

近年、日韓及び東アジアの秩序は不安定である。思惑がぶつかり合い、絶えず揺れている。善隣友好、平和主義へと好転させる要因に何があるか。朝鮮通信使から抽出すれば、以下のようになろう。①「つなぐ」の精神で、偏見・誤解を解く②互いに「欺かず争わず」の誠信の交わり

これは、「朝鮮通信使の精神」の骨格をなすものといえる。①は民衆同士の交流、いうならば民際交流である。政治に左右されない交流を通して、成熟した市民意識をつくりだす上で欠かせない②は国際交流の基本姿勢であり、とりわけ国政を担う政治家に学んでほしい精神である。

朝鮮通信使研究を通して、歴史から教訓を学び、現在、未来につなげていく大切さを痛感している。ドイツ敗戦四十年にあたる一九八五年、ヴァイツゼッカー大統領は五月連邦議会で「過去に目を閉ざす者は現在にも盲目となる」と演説したが、まさにこの言葉に通じるものである。

最後に、著者の上野敏彦氏と私の関係について少し触れたい。お互いの原点は関西にあるのではないか。上野氏は辛基秀先生と邂逅し、私は在日を通して朝鮮文化と出合った。二十年来の付き合いであるが、「こだわり」という点ではお互い譲らない。上野氏が、辛基秀先生の評伝を書けるのは、そこにある。近年、同じ宮本常一ファンであることにも、響き合うような縁を感じている。

宮本の言葉に、「文化はつながっていてこそ意味がある。私たちの歩いた道をさらに発展させねばなければならない」(『デクノボウ』発刊の辞)。このような祈りが、本書の底流にも流れている。『辛基秀と朝鮮通信使の時代』が昨年ソウルで翻訳出版されたというのもうれしい話だ。日韓友好の懸け橋になる本書を、とりわけ若者に読んでほしい。

(日韓交流史研究家、元西日本新聞編集委員)

増補改訂版 あとがき——韓国での出版に感謝

辛基秀さんが七十一年の生涯をかけて取り組んできた江戸時代の朝鮮通信使が昨年十月末、国連教育科学文化機関（ユネスコ）の世界記憶遺産（世界記憶）に登録された。

マグナ・カルタやフランス人権宣言と並ぶ快挙である。辛さんはよく二十世紀は戦争の世紀だったから二十一世紀は平和の世紀にしなければ、と語っていた。天国の辛さんと祝杯を挙げられないのが残念でならない。

私と辛基秀さんとの付き合いは二十年余りだったが、その多くは赤提灯の居酒屋での雑談を通しての勉強が多かった。「酒仙」と呼びたいほど酒を愛された辛さんは、驚くほど心が寛容な人で、愉快な人でもあった。

そんな辛さんから聞いた話を基に、日本全国へ関係者を訪ねる取材の旅を続けた。十年間かけて二〇〇五年に完成した『辛基秀と朝鮮通信使の時代　韓流の原点を求めて』の増補改訂版が本書である。

辛さんの次女理華さんがソウルに留学し、父親の『江戸時代の朝鮮通信使』を上映していく様子や通信使が世界記憶遺産に登録されるまでの関係者の奮闘ぶりなどを追加した。

このため、序にかえて、第1章から第6章までは旧版に必要な手直しを加え、追加の第7章は全文を新たに書きおろした。

初版が出てから十三年がたち、この間取材でお世話になった、姜在彦さんや上田正昭さんたち多くの碩学の長老が鬼籍に入られた。本書で一人ひとりのその後に触れることができないのは残念だが、皆さまのご冥福をお祈りしたい。

ところで、辛基秀という在日韓国人歴史家の生きざまに注目してくださったソウルの出版社「論衡」の蘇在斗社長から韓国語訳出版の申し出があって、昨年秋に実現したことは忘れられない思い出である。

在日韓国人は本国では僑胞とも呼ばれ、軽く扱われる傾向があるだけに、日韓両国の橋渡し役をし、世界の平和を考えて行動してきた辛基秀さんのような人物がいたことを韓国の人々にも広く知っていただけることは大きな喜びだからである。

本書にはその韓国語版の総監修をしてくださった元東亜日報論説委員長沈揆先さんの推薦文と波佐場清元朝日新聞ソウル支局長の韓国語版解説も収録してあります。

東亜日報の名前を聞くと、朴正熙政権時代に白紙広告の紙面を作って言論弾圧に抵抗していた時代を思い出す。大学のキャンパスでわずかなカンパをしながら、韓国の民主化を願ったのも私の青春の思い出の一つである。

波佐場さんは日韓問題のエキスパートで、かつて大阪社会部で記者生活をスタートした私にとって、同じ堺市政記者クラブにいた大先輩にあたる。記事の書き方はじめ多くのことを教えていただいた。本書・増補改訂版の解説をお願いした嶋村初吉さんは元西日本新聞編集委員で辛基秀さんとも交流があった。釜山にも二年留学し、日韓交流史研究家として忙しい日々を送っている。

こうした先輩諸氏の温かいご指導によって『辛基秀　朝鮮通信使に掛ける夢　世界記憶遺産への

旅』は世に出ることになった。辛理華さんをはじめ、明石書店の大江道雅社長と編集部の李晋煥さんにはお世話になった。その他多くの皆さまに深く感謝する次第であります。

二〇一八年七月　　二度目の勤務地・宮崎にて　上野敏彦

韓国語訳 推薦の辞——韓流の原点

沈揆先

一九八四年九月三日付読売新聞に掲載された漫評の一コマが目を引く。題名は「日韓親善問題緊急勉強会」。中曽根康弘首相、安倍晋太郎外務大臣、竹下登大蔵大臣、森喜朗文部大臣など、当代の実力者五名が真ん中に「何か」を開いて熱心に勉強をしている。中曽根首相は手に虫眼鏡まで持っている。当時全斗換大統領が、韓国の国家トップとしては初めて日本を公式訪問する三日前であり、このような漫評が載ったのだろう。全大統領の訪日を「答礼訪問」と言った。中曽根首相がその年の一月に韓国を先に訪問したからだ。中曽根首相は、就任後真っ先に米国を訪問する慣例を破り、韓国を先に訪問するほど韓国を重視した。そのため、この漫評は一層説得力があると言える。

ところで、彼らが広げているその「何か」は何なのか。一七一一年に日本を訪問した第八次朝鮮通信使の行列を描いた絵巻だ。この絵巻を世に広く紹介した人物がこの本の主人公、辛基秀氏である。いや、この程度の紹介では失礼というものだ。

日韓親善問題緊急勉強会　　牧野　圭一

絵だけではない。辛基秀氏は、日本列島は勿論のこと、外国にまで出向き、屛風、人形、史料、記録、証言など、朝鮮通信使と関連したものならば何でも確認し、記録し、収集した。それを初めて集大成としてまとめたドキュメンタリーが、一九七九年三月に発表された『江戸時代の朝鮮通信使』である。上映時間は五十分と短かったが、その波紋は長く続いた。彼の表現どおり、「燎原の火」のごとく日本全域で上映会が開かれ、教科書を変え、関連資料が続出し、幾つかの祭りのルーツを明らかにし、関連地域の協議会が作られた。その後も彼は朝鮮通信使の研究に没頭した。三十年という歳月であった。従って、彼には、「歴史の闇の倉庫の中に隠れていた朝鮮通信使にスポットライトを当てることで、日韓の間にも明らかに友好的な時代があったことを証明した先駆者」という献辞こそふさわしいであろう。

その意味は過去にとどまらない。文禄・慶長の役という不倶戴天の戦争が終わり、わずか九年後には日韓が外交関係を正常化し、二〇四年間で十二回も通信使を互いに送り受け入れたことは、世界的にも類を見ない。よって朝鮮通信使は、鎖国日本、反日韓国という枠を破る存在として、グローバル時代を生きる今の私たちにも示唆するところが大きい。辛基秀氏が他界される直前まで研究の幅を広げ、より深く掘り下げながら、日本や韓国など、様々な展覧会やシンポジウム、討論会等で強調したことも、まさに「憎しみだけでは何も変えられない」ということであった。

だからと言って、彼が日韓関係の「光」の部分だけを見ていたのではない。文章よりも映像の力を信じていた彼は、一九八六年に三時間二十分ものドキュメンタリー『解放の日まで』を完成させる。解放前、日本で働いた韓国人労働者の苦しい闘争を縦軸に、日本人労働者との連帯を横軸にして作り上げた作品だ。彼の日韓関係への観点は均衡を保っていた。

私は生前の辛基秀氏に会ったことはない。二〇〇七年に朝日新聞のソウル特派員であった波左場清先輩のコラム集から、後になって彼の存在を知ることになり、四年前に彼の次女である理華氏に会い、『辛基秀と朝鮮通信使の時代』と出会った。私はこの本を読みながら、辛基秀氏の業績もさることながら、彼が置かれた立場にも注目した。彼は一時朝鮮総連に身を置いた。総連を脱退すると、裏切り者という言葉まで浴びせられた。かといって、彼が民団や韓国から熱烈に歓迎された訳でもない。彼だけではない。「在日」という特別な名前で生きて行く「在日同胞」全てが、「境界人」や「周辺人」としてアイデンティティの混乱を経験することが多い。

一九九九年春、東亜日報の東京特派員として異動命令が出て、民団中央本部に挨拶に行った時のことだ。幹部たちとこんな会話を交わした。

「私たち在日同胞社会で、何か直すことはないですか」

「何とも言えません」

「なぜですか?何か不満な点でもおありですか?」

「いいえ、日本に来る前まで在日同胞について一度たりとも考えたことが無い人間が、一体何を言えるのでしょう?」

この会話は、日本の中で「寂しい島」扱いされる「在日同胞」を、韓国は「遠い島」と考えていることを表している。

しかし、辛基秀氏はそのようなイメージを拒む。彼の知人たちは、彼が既存の固定観念の枠を必死に越えようと、あるいは壊そうとした人ではなく、そんな枠そのものを、ひょいと飛び越えるような自由人であったと語る。彼は二人の娘たちにも、いつも「どんな場所にいても、先ずは人として何ができるかを考えなければならない。そうすれば、在日同胞だけができること、在日同胞だからこそできることも見えてくるはずだ」と語った。彼について語る時、彼のトレードマークといえる「そろそろ一杯、行きましょうか」という台詞を忘れてはならない。それゆえ私は、彼を評価する時、仕事上だけの業績ではなく、人と付き合うことが好きで、人を恋しがったその人間的な品性までも共に評価しなければならないと信じている。

本をもう一度読み、著者である上野敏彦氏が、さすがはベテラン記者だと感じた。彼は非常に広く細かい部分まで取材しながらも、客観的な視点を維持しようと努力した。それが、この本が、あるひとりの個人の話でありながら、あるひとつの時代の話として読まれる理由である。

日韓関係が最悪な状態に陥った今の時点で、『辛基秀と朝鮮通信使の時代』という本を翻訳出版する理由はどこにあるのだろうか。もちろん、両国関係が今より改善されることを期待しているからであろう。関係改善は可能なのか。辛基秀氏は「そうだ」という。朝鮮通信使が韓流の原点という言葉を聞き、日韓関係の明るい部分を代表する事例となり、日韓共同でユネスコ世界記憶遺産として登録申請することになったのも、彼の研究によるところが大きい。彼は、「先賢」と「後学」を繋いでくれた素晴らしい架け橋であった。

私は、辛基秀氏が望んだように、韓国と日本が、朝鮮通信使に込められた意味を今日にも生かしてゆくことを願っている。通信使が行き交った時代は、日韓両国で王と将軍が国の民の上に君臨する時代であった。現在はそのような時代ではない。しかし、国の指導者のビジョンと意志は今も重要だ。

日韓関係を改善するためには、指導者は消極的に世論を受け入れることや、反映させることだけに終わってはならず、積極的な役割を担うことを恐れてはならない。それがリーダーシップだ。日韓関係では、同じ方法を使いながら異なる結果を期待してはいけない、というのが私の持論である。異なる方法、異なる結果の可能性が、正にこの本の中に書かれている。監修をするほどの実力が伴わないにもかかわらず、その役目を引き受け、必読を強く勧める理由だ。

（二〇一七年九月、東亜日報元論説委員長）

韓国語版の解説――「誠心の交」の心は引き継がれる

波佐場　清

日韓関係はどこに行こうとしているのか。いま、慰安婦問題をめぐる両国政府の動きを見ていると、絶望的にさえ思えてくる。しかし、政府次元ではなく、いったん視線を民間レベルに移してみると、そう悲観する必要はない。本書はそのことに気づかせてくれ、勇気を与えてもくれる。

筆者の上野敏彦氏は共同通信の記者である。駆け出し時代の一九八〇年春、初めて辛基秀さんと知り合ったころのことを私はよく知っている。私自身、当時、朝日新聞大阪社会部の記者として上野氏と同じ記者クラブにいたのである。以来、上野氏は辛さんを通して日本と朝鮮半島のかかわりについて考えてきた。本書はそんなジャーナリストが初心を貫いて結晶させた一つの答えでもある。

辛さんが生きた日本社会は朝鮮半島にルーツを持つ人たちに優しくはなかった。差別と偏見があった。しかし歴史を振り返ると、両民族の関係はそんな時代ばかりではなかった。江戸時代の朝鮮通信使は広く、日本の文化人や庶民層も巻き込んで善隣友好の輪を広げていたのである。

本書は在日二世の辛さんが朝鮮通信使にたどり着いた過程を中心に、通信使の意義や日本の社会にもたらした影響について多角的にスポットを当てている。結果、戦後の在日韓国人史というだけでなく、朝鮮通信使に関する格好の入門書にもなっている。

上野氏は、朝鮮通信使に関する史料掘り起こしなど辛さんの研究の足跡をただ、なぞっただけではない。対馬から江戸までのルートに自ら足を運び、各地でいまも通信使の研究を続ける郷土史家らの話を直接聞いてその熱い思いを詳細に紹介している。それはこの通信使が過去の一過性の出来事だったのではなく、いまも日本の社会に生き続けていることを物語っている。

本書から教えてもらったことは少なくない。京都大名誉教授だった上田正昭さん（一九二七〜二〇一六）が次のようなことを言っていたというのもその一つだ。

『国際化』という言葉は好きではない。国家と国家の関係も重要だが、限界がある。それよりも互いの民族が主体性を尊重し、理解し合う『民族際化』という考えを大事にしたい」

同感である。国と国の関係はたしかに重要である。朝鮮通信使自体、秀吉の朝鮮侵略で破綻した日朝関係の修復へ双方の政治的思惑があった。しかし、それが広い層に根付き、時空を超えて「民族際化」の可能性を開いていったことは本書で見る通りである。

いま、日韓の国レベルの関係は厳しい。一部メディアには「反日」「嫌韓」という言葉があふれている。それをあおり、自らの政治勢力の拡大につなげようとするような動きも日韓双方に見られなくもない。

しかし一方で、足元を見直すとき、もう一つの光景も見えてくる。日韓間ではいまも年間数百万の人々が行き交っている。日本のテレビで韓流ドラマが放送されない日はない。

この春、本書でも紹介されている滋賀県・琵琶湖北岸に近い小さな町の「雨森芳洲庵」を訪ねてみた。江戸中期、対馬藩で朝鮮外交を担った雨森芳洲を故郷で顕彰しているのだが、ここを訪れる人は後を絶たない。館長の平井茂彦さん（七二）はこう話してくれた。

「年間四千人ほどが来てくれ、うち三〇〇〜四〇〇人は韓国からの観光客や修学旅行生です。過疎の町に活気を与えてくれ、とくに韓国からの客人は町民こぞって大歓迎です」

芳洲が朝鮮外交の心構えとして説いた「誠心の交」の心は引き継がれているのである。上野氏のこの本が韓国で出版されることの意味の一つは、この点を確認することにある。

（二〇一七年四月、元朝日新聞ソウル支局長）

江戸時代の朝鮮通信使一覧（三宅英利著『近世日朝関係史の研究』文献出版より）

年代		将軍（主権者）	三使	交聘理由（日本）	交聘理由（朝鮮）	人員	随員記録	備考
一六〇七 丁未	慶長一二 宣祖四〇	徳川秀忠	呂祐吉 慶暹 丁好寛	和好を修める	・南辺のため対日友好の保持 ・国情の探索　・被虜刷還	五〇四	慶七松「海槎録」	回答兼刷還使 国交再開
一六一七 丁巳	元和三 光海君九	同	呉允謙 朴梓 李景稷	大坂平定、日本統一の祝賀	・国情の探索 ・俘虜刷還　・対馬藩牽制	四二八	呉允謙「東槎上日録」 朴梓「東槎日記」 李石門「扶桑録」	回答兼刷還使 伏見交聘
一六二四 甲子	寛永元 仁祖二	徳川家光	鄭岦 姜弘重 辛啓栄	家光襲職の賀	・襲職の賀　・被虜刷還 ・国情の探索	四六〇	姜弘重「東槎録」	回答兼刷還使
一六三六 丙子	寛永一三 仁祖一四	同	任絖 金世濂 黄戻	泰平の賀	・朝鮮政策の確認　・国情の探索 ・対馬藩主擁護　・中国対策	四七八	任参判「丙子日本日記」 金東溟「海槎録」 黄漫浪「東槎録」	通信使号に復旧 将軍称号〝日本国大君〟 日光山参詣
一六四三 癸未	寛永二〇 仁祖二一	同	尹順之 趙絅 申濡	家綱誕生の賀、日光廟増築	・友好の保持　・清朝牽制 ・国情探索	四七七	趙竜洲「東槎録」 申竹堂「海槎録」 作者不明「癸未東槎録」	鎖国体制の成立 日光山参詣

一六五五 乙未	明暦元 孝宗六	徳川家綱	趙 珩 兪 瑒 南竜翼	（日本）家綱襲職の賀 （朝鮮）将軍襲職の祝賀	四八五 （一〇〇）	趙 珩「扶桑日記」 南壺谷「扶桑録」	日光山参詣
一六八二 壬戌	天和二 粛宗八	徳川綱吉	尹趾完 李彦綱 朴慶後	（日本）綱吉襲職の賀 （朝鮮）将軍襲職の祝賀	四七三	金指南「東槎日録」 洪禹載「東槎録」	
一七一一 辛卯	正徳元 粛宗三七	徳川家宣	趙泰億 任守幹 李邦彦	（日本）家宣襲職の賀 （朝鮮）将軍襲職の祝賀	五〇〇 （一二九）	趙泰億「東槎録」 金顕門「東槎録」 任守幹「東槎録」	新井白石、通信使諸式を改変
一七一九 己亥	享保四 粛宗四五	徳川吉宗	洪致中 黄 璿 李明彦	（日本）吉宗襲職の賀 （朝鮮）将軍襲職の祝賀	四七五 （一〇九）	洪北谷「海槎日録」 申維翰「海游録」 鄭幕裨「扶桑紀行」 金 瀗「扶桑録」	吉宗、白石の改変を復旧す
一七四八 戊辰	延享五 英祖二四	徳川家重	洪啓禧 南泰耆 曹命采	（日本）家重襲職の賀 （朝鮮）将軍襲職の祝賀	四七七 （一一〇）	曹蘭谷「奉使日本時聞見録」 洪景海「随槎日録」 作者不明「日本日記」	
一七六四 甲申	宝暦一四 英祖四〇	徳川家治	趙 曮 李仁培 金相翊	（日本）家治襲職の賀 （朝鮮）将軍襲職の祝賀	四七七 （一〇六）	趙済谷「海槎日記」 呉大齢「癸未使行日記」 成大中「日本録」	崔天宗殺害事件
一八一一 辛未	文化八 純祖一一	徳川家斉	金履喬 李勉求	（日本）家斉襲職の賀 （朝鮮）将軍襲職の祝賀	三二八	柳相弼「東槎録」	対馬交聘

参考・引用文献

第1章　映像にかける志

李元植『朝鮮通信使の研究』思文閣出版、一九九七年
李元植／辛基秀ほか共著『朝鮮通信使と日本人』学生社、一九九二年
上田正昭編／高麗美術館企画『朝鮮通信使――善隣と友好のみのり』明石書店、一九九五年
上田正昭編著『アジアの中の日本を探る』文英堂、一九九八年
上田正昭／辛基秀／仲尾宏『朝鮮通信使とその時代』明石書店、二〇〇一年
映像文化協会編『江戸時代の朝鮮通信使』毎日新聞社、一九七九年
上垣外憲一『雨森芳洲――元禄享保の国際人』中公新書、一九八九年
神坂次郎『元禄御畳奉行の日記――尾張藩士の見た浮世』中公新書、一九八四年
勝岡寛次『韓国・中国「歴史教科書」を徹底批判する』小学館文庫、二〇〇一年
金達寿／姜在彦／李進熙／姜徳相『教科書に書かれた朝鮮』講談社、一九七九年
辛基秀『朝鮮通信使――人の往来、文化の交流』明石書店、一九九九年
辛基秀／仲尾宏責任編集『善隣と友好の記録　大系朝鮮通信使　第一巻　丁未・慶長度　丁巳・元和度　甲子・寛永度』明石書店、一九九六年
――『善隣と友好の記録　大系朝鮮通信使　第二巻　丙子・寛永度　癸未・寛永度』明石書店、一九九六年
――『善隣と友好の記録　大系朝鮮通信使　第三巻　乙未・明暦度　壬戌・天和度』明石書店、一九九五年
――『善隣と友好の記録　大系朝鮮通信使　第四巻　辛卯・正徳度』明石書店、一九九三年

――『善隣と友好の記録　大系朝鮮通信使　第五巻　己亥・享保度』明石書店、一九九五年
――『善隣と友好の記録　大系朝鮮通信使　第六巻　戊辰・延享度』明石書店、一九九四年
――『善隣と友好の記録　大系朝鮮通信使　第七巻　甲申・宝暦度』明石書店、一九九四年
――『善隣と友好の記録　大系朝鮮通信使　第八巻　辛未・文化度』明石書店、一九九三年
仲尾宏／李元植／辛基秀／吉田宏志／山路興造／山本尚友／菅澤庸子『朝鮮通信使関係資料目録』（青丘学術論集　第二十一集）韓国文化研究財団、二〇〇二年
中村栄孝『日鮮関係史の研究　下』吉川弘文館、一九六九年
日韓共通歴史教材制作チーム編『日韓共通歴史教材　朝鮮通信使――豊臣秀吉の朝鮮侵略から友好へ』明石書店、二〇〇五年
松田甲『日鮮史話　第一編』朝鮮総督府、一九二六年
歴史教育研究会編『日本と韓国の歴史教科書を読む視点――先史時代から現代までの日韓関係史』梨の木舎、二〇〇〇年
『入門　韓国の歴史　国定韓国中学校国史教科書』（世界の教科書シリーズ④）石渡延男監訳／三橋広夫共訳、明石書店、一九九八年
『わかりやすい韓国の歴史　国定韓国小学校社会科教科書』（世界の教科書シリーズ③）石渡延男監訳、明石書店、一九九八年
「こころの交流　朝鮮通信使――江戸時代から二一世紀へのメッセージ」の図録　京都文化博物館、二〇〇一年
「第一回特別展　朝鮮通信使と民画屏風　辛基秀コレクションの世界」の図録　大阪歴史博物館、二〇〇一年
『小学社会6年上』大阪書籍、二〇〇一年、検定済み教科書
『小学社会　6上』教育出版、二〇〇一年、検定済み教科書
『小学生の社会　6㊤』日本文教出版、二〇〇一年、検定済み教科書

和辻哲郎『鎖国　日本の悲劇』筑摩書房、一九六四年
仲尾　宏『朝鮮通信使をよみなおす』明石書店、二〇〇六年
仲尾　宏『朝鮮通信使—江戸日本の誠信外交』岩波新書、二〇〇七年

第2章　通信使の足跡たどる旅

牛窓町教育委員会編集『牛窓と朝鮮通信使』牛窓町、二〇〇〇年
かみのせき郷土史学習にんじゃ隊『コミック朝鮮通信使物語——海と時を越えて』上関町、一九九七年
姜在彦『朝鮮通信使がみた日本』明石書店、二〇〇二年
北村欽哉／小林達夫ら編著『過去から未来へ——静岡・コリア交流の歴史』「静岡に文化の風を」の会、二〇〇三年
金仁謙『日東壮遊歌——ハングルでつづる朝鮮通信使の記録』高島淑郎訳注、平凡社・東洋文庫、一九九九年
小島敦夫『朝鮮通信使の海へ——日朝交流の歴史をたどる』丸善ブックス、一九九七年
嶋村初吉『李朝国使3000キロの旅　雑学〝朝鮮通信使〟を歩く』みずのわ出版、一九九九年
嶋村初吉編著『対馬新考　日韓交流「宝の島」を開く』梓書院、二〇〇四年
——『釜山発「プシャフ」の旗印を掲げ——韓国大学人　姜南周の世界』梓書院、二〇〇四年
下蒲刈町文化財保護委員会柴村敬次郎編纂『安芸蒲刈　御馳走一番——朝鮮通信使饗応料理「七五三の膳」と「三汁十五菜」』下蒲刈町、一九八九年
辛基秀『朝鮮通信使往来——二六〇年の平和と友好』労働経済社、一九九三年
——『朝鮮通信使の旅日記　ソウルから江戸——「誠信の道」を訪ねて』PHP新書、二〇〇二年

辛基秀編『青丘文化叢書1　わが町に来た朝鮮通信使Ⅰ』（青丘文化叢書Ⅰ）明石書店、一九九三年
辛基秀／仲尾宏編著『図説　朝鮮通信使の旅』明石書店、二〇〇〇年
申維翰『海游録――朝鮮通信使の日本紀行』姜在彦訳注、平凡社・東洋文庫、一九七四年
杉洋子『朝鮮通信使紀行』集英社、二〇〇二年
徐賢燮『日韓あわせ鏡』西日本新聞社、二〇〇一年
高正晴子『朝鮮通信使の饗応』明石書店、二〇〇一年
田代和生『書き替えられた国書――徳川・朝鮮外交の舞台裏』中公新書、一九八三年
――『倭館――鎖国時代の日本人町』文春新書、二〇〇二年
朝鮮通信使の道をたどる旅の会事務局編『文集　朝鮮通信使の道をたどる旅』発行者・辛基秀、一九八四年
曺智鉉写真集『猪飼野――追憶の1960年代』新幹社、二〇〇三年
朴鐘鳴編著『滋賀のなかの朝鮮――歩いて知る朝鮮と日本の歴史』明石書店、二〇〇三年
東アジア学会編『日韓の架け橋となった人びと』明石書店、二〇〇三年
福山市鞆の浦歴史民俗資料館友の会編『古文書・文献調査記録集　朝鮮通信使と福山藩・鞆の津――国際都市鞆が見えてくる　その二（正徳―文化度）』福山市鞆の浦歴史民俗資料館活動推進協議会、二〇〇三年
前田博司『波乱の半世紀――下関をめぐる国際交流の歴史』長周新聞社、一九九二年
――『文明の使者　朝鮮通信使――朝鮮通信使と下関』「朝鮮通信使上陸之地」記念碑建立期成会、二〇〇一年
尹達世『四百年の長い道―朝鮮出兵の痕跡を訪ねて―』リーブル出版、二〇〇三年
李進熙『江戸時代の朝鮮通信使』講談社学術文庫、一九九二年
「交流と連携　朝鮮通信使縁地連絡協議会対馬結成大会」の配布冊子　一九九五年十一月
「特別展　朝鮮通信使　江戸時代の親善外交」の図録　岐阜市歴史博物館、一九九二年

「特別展　東アジアのなかの下関――近世下関の対外交渉」の図録　下関市立長府博物館、一九九六年

第3章　架橋の人

安東仁兵衛『戦後日本共産党私記』現代の理論社、一九七六年
NHK取材班編『責任なき戦場　ビルマ・インパール』（ドキュメント太平洋戦争　4）角川文庫、一九九三年
飯塚繁太郎『日本共産党』雪華社、一九六九年
井ヶ田良治／原田久美子編『京都府の百年』（県民百年史26）山川出版社、一九九三年
『和泉市における在日コリアンの歴史（戦前編）』二〇〇三年
上西法子「『朝鮮通信使』『解放の日まで』の映像作家　辛基秀さんの後姿」（『社会運動』第二七四号、二〇〇三年）
エドワード・W・ワグナー『日本における朝鮮少数民族　1904〜1950年』外務省北東アジア課訳、一九六一年
木村東介『上野界隈』大西書店、一九七九年
定道明『人間ドキュメント　中野重治伝説』河出書房新社、二〇〇二年
ジョン・ダワー『敗北を抱きしめて（上）』岩波書店、二〇〇一年
『資料　戦後学生運動』（第二巻）三一書房、一九九六年
辛基秀「映像で見る学校閉鎖前の民族学校」（『季刊サイ』二〇〇〇年春号）
――「在日韓国・朝鮮人の戦後とは」（大阪市政調査会『市政研究』、一九九五年夏号）
――「戦後の在日朝鮮人と日本人」（『差別とたたかう文化』第一一号、一九九九年）
――「大正区の朝鮮人　1935－45」（大阪国際平和研究所紀要『戦争と平和』、二〇〇〇年）

――「日本の李朝絵画と民画の精神」(『月刊韓国文化』、一九九六年十月号)
――「1945・8・15　在日朝鮮人(その1)」(大阪国際平和研究所紀要『戦争と平和』、一九九三年)
辛基秀インタビュー「その時代を生きる意味」(『季刊サイ』二〇〇一年夏号)
世界人権問題研究センター編『京都人権歴史紀行』人文書院、一九九八年
『占領下の民主主義　昭和22年－24年』(昭和――二万日の全記録　第八巻) 講談社、一九八九年
武井昭夫対話集『わたしの戦後――運動から未来を見る』スペース伽耶、二〇〇四年
田中章「私は委員長を去る――ある異邦人闘士の心境」(『週刊朝日』一九五三年三月十五日号)
追悼集『群描　古林喜楽』(私家版)
中野重治『沓掛筆記』河出書房新社、一九七九年
西村秀樹『大阪で闘った朝鮮戦争――吹田枚方事件の青春群像』岩波書店、二〇〇四年
『ニューズウィーク』日本版特集記事「天皇家と朝鮮」(二〇〇二年三月二〇日号)
『廃墟からの出発　昭和20年－21年』(昭和――二万日の全記録　第七巻) 講談社、一九八九年
朴鐘鳴編著『京都のなかの朝鮮――歩いて知る朝鮮と日本の歴史』明石書店、一九九九年
復刻『民主朝鮮』前編『民主朝鮮』本誌第一巻、明石書店、一九九三年
前嶋雅光／蓮池義治／中山正太郎編『兵庫県の百年』(県民百年史28) 山川出版社、一九八九年
「『世直し』大本教大弾圧の真相」(『日録20世紀1935』講談社)

第4章　人間的連帯を目指して

李進熙編『「在日」はいま、――在日韓国・朝鮮人の戦後五〇年』青丘文化社、一九九六年

伊東順子『病としての韓国ナショナリズム』洋泉社新書、二〇〇一年
岩井好子『オモニの歌』ちくま文庫、一九八九年
「解放の日まで　写真資料集　シナリオから抜粋」青丘文化ホール、一九八六年
姜在彦／竹中恵美子『歳月は流水の如く』青丘文化社、二〇〇三年
金達寿『わが文学と生活』青丘文化社、一九八九年
金賛汀『朝鮮人女工のうた——一九三〇年・岸和田紡績争議』岩波新書、一九八二年
——『異邦人は君ヶ代丸に乗って——朝鮮人街猪飼野の形成史』岩波新書、一九八二年
佐藤忠男『日本映画史　第2巻』岩波新書、一九九五年
辛基秀「日帝支配下の朝鮮映画人の活動をとおして」（映画作家の責任）（『社会評論』第1号、一九七六年）
——「羅雲奎と朝鮮プロレタリア映画運動」（映画作家の責任2）（『社会評論』第2号、一九七六年）
——「ファシズムと闘う朝鮮映画人」（映画作家の責任3）（『社会評論』第3号、一九七六年）
——『アリラン峠をこえて——「在日」から国際化を問う』解放出版社、一九九二年
辛基秀編著『映像が語る「日韓併合」の歴史　一八七五—一九四五年』労働経済社、一九八七年
——『金達寿ルネサンス——文学・歴史・民族』解放出版社、二〇〇二年
新日本出版社編集部編『今井正の映画人生』新日本出版社、一九九二年
杉原達『越境する民——近代大阪の朝鮮人史研究』新幹社、一九九八年
鄭勝云『中野重治と朝鮮』新幹社、二〇〇二年
『追想　朴慶植』私家版、二〇〇〇年
中野重治「雨の降る品川駅」（『改造』一九二九年二月号）
中野重治『現代詩文庫　中野重治詩集』思潮社、一九八八年
野間宏／安岡章太郎編『差別　その根源を問う（下）』朝日新聞社、一九八四年

朴慶植『朝鮮人強制連行の記録』未來社、一九六五年
――『在日朝鮮人運動史――八・一五解放前』三一書房、一九七九年
――『在日朝鮮人――私の青春』三一書房、一九八一年
水野直樹「『雨の降る品川駅』の事実しらべ」（『季刊三千里』一九八〇年春号）
良知会編『100人の在日コリアン』三五館、一九九七年

第5章　秀吉の侵略と降倭

飯沼二郎編著『足もとの国際化　在日韓国・朝鮮人の歴史と現状』海風社、一九九三年
柏井宏之『上からの〈まつり〉と民衆の対抗――『大阪築城400年まつり』の場合」（『新日本文学』一九八四年六月号）
金贊汀『朝鮮総連』新潮新書、二〇〇四年
――『在日、激動の百年』朝日新聞社、二〇〇四年
金泰淳・崔鍾大編、辛基秀・山中靖城監修『金忠善　沙也可　友鹿里』鹿洞書院、二〇〇〇年
片野次雄『徳川吉宗と朝鮮通信使』誠文堂新光社、一九八五年
新屋英子『身世打鈴・ひとり芝居の世界』手鞠文庫、一九八四年
――『演じつづけて――ひとり芝居「身世打鈴」』解放出版社、一九九一年
村上恒夫／辛基秀『儒者姜沆と日本――儒教を日本に伝えた朝鮮人』明石書店、一九九一年
村上恒夫『姜沆　儒教を伝えた虜囚の足跡』明石書店、一九九九年
辛基秀／柏井宏之編『秀吉の侵略と大阪城』第三書館、一九八三年
司馬遼太郎『韓のくに紀行』（街道をゆく2）朝日文庫、一九七八年

――『故郷忘じがたく候』文春文庫、二〇〇四年
『青丘文化　一九九一年創刊号　特集　朝鮮人強制連行』（青丘文化ホール）
高崎宗司、朴正鎮編著『帰国運動とは何だったのか――封印された日朝関係史』平凡社、二〇〇五年
「朝鮮人作家・金達寿氏、三十七年ぶり訪韓後の四面楚歌」（『週刊朝日』一九八一年十月九日号）
鄭大均『在日・強制連行の神話』文春新書、二〇〇四年
寺崎宗俊『肥前名護屋城の人々』佐賀新聞社、一九九三年
東北アジア問題研究所編『在日朝鮮人はなぜ帰国したのか――在日と北朝鮮50年』現代人文社、二〇〇四年
中村栄孝『日鮮関係史の研究　中』吉川弘文館、一九六九年
日本人ジャーナリスト有志編『ジャーナリスト　金哲秀さんの人としごと』新聞労連近畿地連気付、一九八二年
韓光熙『わが朝鮮総連の罪と罰』文春文庫、二〇〇二年
『在日韓国・朝鮮人の生活と健康――ソウル大学・東京大学・青丘文化ホール合同調査』明石書店、一九九二年

第6章　見果てぬロマン

李進熙『海峡――ある在日史学者の半生』青丘文化社、二〇〇〇年
――『李朝の通信使――江戸時代の日本と朝鮮』講談社、一九七六年
上原善広「作家鄭棟柱さんに聞く　朝鮮の被差別民『白丁』の現在」（『週刊金曜日』二〇〇一年三月二日号）
『縁地連朝鮮通信使関係地域史研究会準備会講話記録集』（二〇〇四年七月十日、山口県上関町福祉センターで朝鮮通信使縁地連絡協議会主催）
大阪人権歴史資料館編『衡平社と水平社――朝鮮と日本の反差別運動』大阪人権歴史資料館、一九九三年

『岡倉天心集』（近代日本思想大系7）筑摩書房、一九七六年
小倉紀蔵『韓国人のしくみ――〈理〉と〈気〉で読み解く文化と社会』講談社現代新書、二〇〇一年
『癌を見据えて　風間日記　1982・5－1983・10　追憶の夢』、風間喜樹追悼・遺稿集編集委員会
一九八五年
共同通信社編集局JK取材班編著『日本コリア新時代――またがる人々の物語』明石書店、二〇〇三年
『GLOBE　第32号・辛基秀先生追悼特集』世界人権問題研究センター、二〇〇三年
衡平運動七〇周年記念事業会編／辛基秀監修『朝鮮の「身分」解放運動』解放出版社、一九九四年
野間宏／沖浦和光『アジアの聖と賤――被差別民の歴史と文化』人文書院、一九八三年
辛基秀・ロナルド・トビ「対談・朝鮮人を描いた絵画を読み解く」（大阪人権博物館編『描かれた「異国」
「異域」――朝鮮、琉球、アイヌモシリの人びと』、二〇〇一年）
鄭大聲『焼肉は好きですか？』新潮社、二〇〇一年
中村栄孝『朝鮮――風土・民族・伝統』吉川弘文館、一九七一年
――『日本と朝鮮』至文堂、一九六六年
三宅英利『近世日朝関係史の研究』文献出版、一九八六年
宮塚利雄『「北と南」をつなぐ――アリランとは何か』小学館文庫、二〇〇〇年
――『日本焼肉物語』太田出版、一九九九年
毛利嘉孝編『日式韓流――「冬のソナタ」と日韓大衆文化の現在』せりか書房、二〇〇四年

第7章　父の夢を実現

金井三喜雄編著『21世紀の「朝鮮通信使を歩く」――ソウル―東京友情ウォーク』TOKIMEKIパブリッ

シング、二〇〇八年
仲尾宏、町田一仁共編『ユネスコ世界記憶遺産と朝鮮通信使』明石書店、二〇一七年
このほか、『朝鮮を知る事典』（新訂増補版、平凡社、二〇〇〇年）、『朝鮮人物事典』（大和書房、一九八五年）を座右に置き、朝日新聞、毎日新聞、読売新聞、日経新聞、産経新聞、東京新聞、京都新聞、西日本新聞、長崎新聞、南日本新聞、中国新聞、新潟日報、共同通信、統一日報、解放新聞などの日刊紙と、季刊三千里、青丘文化、週刊アエラなどのバックナンバー関連記事を随時参考や引用にした。

本書は、二〇〇五年九月に刊行された上野敏彦著『辛基秀と朝鮮通信使の時代——韓流の原点を求めて』の増補改訂版です。

著者・上野　敏彦（うえの・としひこ）

記録作家、ジャーナリスト。1955年、神奈川県に生まれ、横浜国立大学経済学部を卒業。1979年より共同通信記者で、社会部次長、編集委員兼論説委員を経て2度目の宮崎支局長を務める。

環境公害や漁業、食文化、日本の近現代史が取材テーマで、民俗学者・宮本常一の影響を受けて、北方領土から与那国島に至る日本列島の各地を歩く。編集委員時代には「追想とメモリアル」や通年企画「戦後70年ゼロからの希望」などを担当。

書評を執筆するほか現在宮崎日日新聞にコラム「田の神通信」、高知新聞にコラム「黒潮還流　明日を求めて」を連載する。

＜著書＞

『新編　塩釜すし哲物語――震災から復興へ』（ちくま文庫、2011年）
『木村英造　淡水魚にかける夢』（平凡社、2003年）
『新版　闘う純米酒――神亀ひこ孫物語』（平凡社ライブラリー2011年）
『千年を耕す――椎葉焼き畑村紀行』（平凡社、2011年）
『闘う葡萄酒――都農ワイナリー伝説』（平凡社、2013年）
『神馬――京都・西陣の酒場日乗』（新宿書房、2014年）
『海と人と魚――日本漁業の最前線』（農山漁村文化協会、2016年）
『そば打ち一代――浅草・蕎亭大黒屋見聞録』（平凡社、2017年）

＜共著＞

『日本コリア新時代――またがる人々の物語』（明石書店、2003年）
『総理を夢見る男――東国原英夫と地方の反乱』（梧桐書院、2011年）
など多数

辛基秀《シンギス》　朝鮮通信使に掛ける夢
——世界記憶遺産への旅

2018年7月25日　初版第1刷発行

著　者　上　野　敏　彦
発行者　大　江　道　雅
発行所　株式会社　明石書店
〒101-0021　東京都千代田区外神田6-9-5
電　話　03 (5818) 1171
ＦＡＸ　03 (5818) 1174
振　替　00100-7-24505
http://www.akashi.co.jp

装丁　明石書店デザイン室
印刷／製本　モリモト印刷株式会社

（定価はカバーに表示してあります）　ISBN978-4-7503-4697-7

ユネスコ世界記憶遺産と朝鮮通信使

仲尾宏、町田一仁 共編

■A5判／並製／156頁 ◎1600円

日本と韓国は歴史の中で、密接な関係を有してきたが、近代以降は絶えず緊張関係が続いた。その中で江戸期に日本を訪れた朝鮮通信使は両国の友好交流の面で特筆される。本書は両国民間団体が世界記憶遺産申請の経緯の紹介と共に、朝鮮通信使を知るためのガイドブックである。

●内容構成●

Ⅰ ユネスコ世界記憶遺産登録、経緯と意義
Ⅱ 日韓市民の相互理解から世界記憶遺産への道
Ⅲ 朝鮮通信使ゆかりの地と登録資料
Ⅳ ユネスコ世界記憶遺産登録資料ガイド

朝鮮通信使の足跡 日朝関係史論
仲尾宏 ◉3000円

玄界灘を越えた朝鮮外交官 李芸 室町時代の朝鮮通信使
嶋村初吉編著・訳 ◉2300円

朝鮮通信使をもてなした料理 饗応と食文化の交流
高正晴子 ◉2200円

豊臣・徳川時代と朝鮮 戦争そして通信の時代へ
貫井正之 ◉4800円

雨森芳洲と玄徳潤 朝鮮通信使に息づく「誠信の交わり」
信原修 ◉6500円

日本人の朝鮮観 その光と影
琴秉洞 ◉3600円

朝鮮通信使をよみなおす 「鎖国」史観を越えて
仲尾宏 ◉3800円

使行録に見る朝鮮通信使の日本観 江戸時代の日朝関係
鄭章植 ◉5800円

〈価格は本体価格です〉